매우 예민한 당신을 위한

유해한 관계로부터
나를 지키는 법

The Highly Sensitive Person's Guide To Dealing With Toxic People
by Shahida Arabi

샤히다 아라비 지음
이시은 옮김

매우 예민한 당신을 위한

유해한 관계로부터 나를 지키는 법

THE HIGHLY SENSITIVE PERSON'S GUIDE TO DEALING WITH TOXIC PEOPLE

문학동네

독자 여러분께,

샤히다 아라비의 책에 추천의 글을 쓰게 되어 대단히 영광스럽고 기쁘게 생각합니다. 저는 지난 5년 동안 샤히다와 함께 나르시시즘적 학대 회복 분야에서 일하는 행운을 누렸습니다. 공인 임상심리사인 저는 내담자들에게 샤히다가 수많은 사례를 접하고 쓴 탁월한 글들을 읽어보라고 조언하고, 유용하고 도움이 되는 정보로 가득한 웹사이트도 살펴보길 권했습니다. 그러면 자신의 상태를 타당화하고 연구에 바탕을 둔 치유 방법을 찾고 회복을 위해 해야 할 일들을 알 수 있을 거라고요.

이 책에서 샤히다는 실제 연구 결과들을 토대로 자신감과 치유를 위한 실질적이고 실용적인 해결책을 제시합니다. 어렵지 않게 읽힐 뿐 아니라 적절하면서도 흥미로운 방식으로요. 학대 관계의 생존자들과 온갖 유형의 유해한 사람들을 상대하는 사람들을 위해 사실과 연민, 경험으로 터득한 전략들을 의학적 연금술로 빚어냅니다. 만약 당신이 양성이든 악성이든 삶에서 만나는 유해한 사람들에 대한 효과적인 접근법을 찾고 있었다면 더이상 헤맬 필요가 없습니다. 제대로 찾아왔으니까요. 이 책은 탄탄한 근거를 기반으로 당신이 지닌 강점에 보다 초점을 맞춥니다. 페이지마다 지혜가 넘쳐흐르지요. 또한 유해한 사람과 친밀한 파트너를 맺게 될 경우 쉽게 실천할 수 있는 전략들을 탁월하게 추천해줍니다. 경계 설정, 치유법, 자기돌봄, 대처 기술 등 주제도 다양합니다.

샤히다가 최근에 쓴 글들은 심리적 학대의 수법, 관계 트라우마가 우리 뇌에 미치는 영향, 조종자들을 다루는 구체적인 전략에 대해 깊이 있는 정보와 통찰력을 제공합니다. 매우 예민한 사람들이 중독적인 학대 주기에서 벗어나고 관계 트라우마를 극복하도록 돕지요. 게다가 이 책에는 생존자가 새롭게 배운 사실들을 기억하고 치유에 혁신적인 방법을 적용해볼 수 있도록 곳곳에 '생각해보기'와 '실행해보기'도 있습니다.

당신은 나르시시즘적인 학대, 매우 예민한 사람, 초민감자, 나르시시스트, 사이코패스, 정서적 학대에 관해 알아보려고 아마 수많은 기사와 웹사이트를 뒤졌을 겁니다. 매우 예민한 사람들과 초민감자들은 자주 학대 관계의 표적이 되는 독특하고 동정적인 집단을 형성합니다. 샤히다는 매우 예민한 사람들과 유해한 사람들 사이의 역동을 전반적으로 분석하고, 회복으로 나아가기 위한 심리적 보호막을 형성하는 실용적인 방법을 제시합니다. 또 매우 예민한 사람들이 타고난 '슈퍼 파워'와 재능을 활용하도록 용기를 북돋우며 그들이 지닌 특징이 건강한 관계를 구별하고 치유 과정에서 유해한 사람과의 경계를 설정하는 데 오히려 도움이 된다고 말합니다. 자신을 더 잘 이해하고, 자신이 어떤 타격을 입었는지 깨닫고, 치유법을 배우고, 앞으로 보다 잘살아갈 방법을 모색하려는 매우 예민한 사람들에게 이보다 더 유용한 추천서가 떠오르지 않습니다.

개인 치료를 받는 내담자들은 샤히다의 글이 그들이 지닌 강점에 온전히 초점을 맞추고 탄탄한 근거를 갖춘 훌륭한 글이라고 입을 모아 말합니다. 샤히다는 생존자가 어떤 경험을 하고 나르시시즘적인 학대에서 회복하기가 얼마나 고통스러운지 정확히 알고 있기 때문에, 유해한 사람들과 나르시시스트들이 실제로 어떤지 확실히 일깨우면서도 읽는 이의 마음에 매우 공감해줍니다. 그는 생존자들이 종종 학대자의 가스라이팅, 책임 전가, 그 밖의 정서적 학대 수법으로 투사된 수치심을 내면화한다는 것을 잘 알고 있습니다. 생존자들이 종종 조종자들이 교묘하게 발전시킨 중독 주기의 후유증에 시달린다는 것도 알고 있습니다. 샤히다는 이 같은 이해를 바탕으로, 건전하고 임상적으로도 효과가 있는 치유 전략을 다정하고 세심하게 알려주려고 최선을 다합니다. 마치 관계 트라우마를 회복하는 여정에서 상처 입은 동지들의 영혼을 위로하는 현명한 친구의 말처럼 들릴 정도예요.

샤히다가 친밀한 파트너에게 받은 학대, 그중에서도 심리적인 학대를 치유하는 분야에서 가장 정통한 사람 중 하나라는 데는 이견이 없을 겁니다. 게다가 진정한 인생 코치이자 연구자, 작가로서 자신이 설파하는 바를 스스로 실천하는, 독자들에게 뛰어난 본보기가 될 만한 사람이기도 합니다. 그는 생존자 집단을 대상으로 연구와 지원 활동을 해나가며 무엇이 그들에게 도움이 되는지 깨달았습니다. 연구와 개인적인 인생 경험, 이 분야의 다른 전문가들과 나눈 내용을 토대로 찾은 치유 방법을 이 책에서 용감하고도 투명하게 꺼내놓습니다.

그러니 독자 여러분은 따뜻한 차 한 잔을 우려 벽난로에 불을 지피고 소파에 앉아 이 책을 읽기만 하면 됩니다. 심리적 학대의 회복과 매우 예민한 사람들에 대한 연구에 크게 기여한 이 놀라운 글을 읽어보세요. 당신은 충분한 자신감을 갖춘 매우 예민한 사람으로 변화하는 방법에 대해 배워나가면서 점차 치유될 것입니다.

안드레아 슈나이더(임상심리사)

차례

일러두기

1. 주석은 모두 옮긴이주다.
2. 본문 중 고딕체는 원서에서 이탤릭체로 강조한 부분이다.

매우 예민한 사람이 유해한 사람들 틈에서 살아가기

내가 쓴 기사 「남을 조종하는 데 능한 나르시시스트, 소시오패스, 사이코패스가 당신의 입을 막는 데 사용하는 스무 가지 주의 전환 수법」은 2016년 입소문을 타면서 전 세계 1800만 명이 넘는 사람들에게 공유되었다. 나르시시스트에게 당한 생존자들뿐만 아니라 정신건강 전문가들까지 열렬한 지지와 공감을 보내주었다. 독자들은 그들이 몸소 겪었던 조종 수법들이 기사에 고스란히 펼쳐지자 경악했고, 내가 나르시시즘에 빠진 그들의 과거 배우자, 형제자매, 부모, 직장 동료를 아는 게 틀림없다는 댓글도 많이 달렸다. 오랫동안 이해하거나 입증해보려고 노력해온 무언가를 내가 밝혀냈다는 말들이 적힌 편지도 받았다.

매우 예민한 사람들은 유독 다양한 유형의 유해한 사람들과 접하는 일이 많다. 남을 조종하는 사람들은 공감 능력과 양심이 있고 정서적 반응을 잘하는 사람들을 착취 대상으로 삼기 때문이다. 나에게 연락해온 많은 피해자들은 유해한 사람 중에서도 가장 심한 축이라 할 만한 나르시시스트, 소시오패스, 사이코패스를 만났다. 피해자들은 아래와 같은 특징을 보인다.

- 연애, 친구 관계, 직장, 심지어 가족 내에서까지 해롭고 나르시시즘적인 사람들을 접한다.
- 이런 유해한 사람들에게 이상화, 평가절하, 방해를 당하다가 결국 잔인하고 냉정하게 버림받는다.
- 수개월, 수년, 심지어는 수십 년 동안 심리적으로 고통을 주고 개인을 파괴하는 언어적·정서적 학대를 당하고 때로는 신체적·성적 학대까지 당한다.
- 남들 모르게 파트너 때문에 고립되거나 강압, 무시, 통제를 경험한다.
- 스토킹, 괴롭힘, 병적인 질투, 분노 발작, 상습적인 불륜, 병적인 거짓말에 시달린다.
- 개인을 서서히 무너뜨려 그들이 지닌 자원을 빼앗으려는 치밀한 사기와 계략의 표적이 된다.

자기치유를 돕는 책을 쓰는 작가인 나는 유해한 사람들에게 당한 수천 명의 생존자들과 연락을 주고받았다. 그 과정에서, 유해한 사람들과 나르시시스트들은 매우 공감 능력이 뛰어나고 양심적인 사람들의 경우 조종을 당하면 자신이 편집증적으로 굴고 있으며 자제력을 잃고 괜히 '과민반응'한다고 생각하기 마련이라는 사실을 이미 간파하고 있음을 알아차렸다. 스스로를 의심하도록 조건형성하기 쉽기 때문에 표적이 되는 것이다.

지금 이 책을 읽고 있다면 당신도 주변의 유해한 사람들 때문에 어찌할 바를 모르고 있을 가능성이 높은 것 같다. 끊임없이 당신을 지적하는 오만한 동료나 매일 당신을 무시하는 폭력적인 파트너 같은 유해한 사람들은 당신의 몸과 마음, 영혼을 다치게 한다. 그나마 '양성' 조종자들은 불편함, 스트레스, 짜증, 불만을 유발하며 가끔씩 침묵시위 수법을 사용하는 정도다. 그러나 공감 능력이 결여된 나르시시스트들 같은 '악성' 조종자들은 남을 조종함으로써 세상과 소통하려 하기 때문에 당신의 건강, 행복, 심지어 생명까지 위협하고 심각한 피해를 입힌다. 악성 조종자들은 타고난 특성이라 변화의 가능성이 낮은 반면, 양성 조종자들은 상대방의 변화와 경계 설정에 따라 반응한다. 이처럼 유해함에도 여러 범주가 존재한다. 다양한 유형에 철저하게 대비하는 것은 매우 예민한 사람들이 반드시 배워야 할 삶의 기술이다.

나에게 편지를 보낸 생존자들은 매우 예민하고 공감 능력이 뛰어난 사람들이다. 그들은 평생에 걸쳐 "너무 예민하다"는 말을 들어왔다. 당신이 스스로 매우 예민한 사람이라고 생각한다면, 이 책은 내면의 목소리를 계속 외면하기보다 그 예민함을 이용하여 사기꾼들을 알아차리는 본능적 직감에 귀기울이는 법을 가르쳐

줄 것이다.

나르시시스트들의 조종과 학대는 매우 은밀히 이루어지므로 당신은 스스로 어떤 일을 겪고 있는지 깨닫기 전까지 침묵 속에서 홀로 고통받게 된다. 이것이 이른바 '가스라이팅'의 흔한 부작용이다. 가스라이팅이란 해로운 관계에서 흔히 보이는 수법으로, 당신의 지각 능력과 현실 인식을 끊임없이 의심하고 부정하여 반대 증거가 넘쳐나는데도 당신이 쓸데없는 상상을 하고 과민반응하며 지나치게 상황을 부풀리고 있다고 생각하도록 세뇌시키는 방법이다. 생존자인 애니는 나르시시스트 파트너와 대화하다가 미쳐버릴 것 같았던 아찔한 경험을 들려주었다. "말다툼을 벌일 때 내가 어떤 사실을 근거로 대면, 그가 그 사실을 가져다가 한참을 왜곡하고 또 왜곡했어요. 말다툼이 끝날 때쯤엔 그 사실을 자기 주장의 근거로 댔죠. 나는 정신이 혼미해지고 '미쳐버리는' 듯한 느낌이 들었어요. 그러면 도망쳐나와서 애초에 왜 내 주장을 내세우려 했는지 스스로에게 되묻곤 했죠."

이렇게 일부러 혼란을 유발하는 행동은 가스라이팅 피해자들이 계속 상대의 눈치를 살피며 스스로를 의심하게 만들기 위해서다. 크리스는 나르시시스트 여자친구와의 관계에서 성적 강압과 정서적·정신적 학대를 경험했다. 그들의 연애는 은밀한 학대에서 매우 흔하게 나타나는 가스라이팅과 심리전으로 점철되었다. "나는 내 직감과 정신 상태를 의심하게 되었어요. 여자친구는 내 신념이 타당하다는 증거들을 무시하며 모순되는 이야기로 나를 혼란에 빠뜨렸습니다. 내가 불편해하는 성행위를 강요했고 요구에 따르지 않으면 수치심을 안겨주었습니다." 크리스는 말했다.

가스라이팅이 극단적인 수준에 이르면 실제 가해자를 피해자로 둔갑시키기도 한다. 사실 이런 일은 학대 상황에서 수시로 벌어진다. 유해한 사람들은 당신을 통제할 수 없으면 종종 남들 앞에서 당신을 비방하고 중상모략하여 당신에 관한 대화를 통제하려 든다. 또다른 생존자인 몰리는 나르시시즘적인 파트너가 그녀를 모함하려고 자살 소동까지 벌이면서 그녀의 정신 상태에 대해 거짓말을 퍼뜨리려 했던 끔찍한 이야기를 털어놓았다. 그녀는 이렇게 썼다. "그는 자기 머리에 총을 겨누고 자살하겠다고 협박하면서 내가 따라 죽지 않으면 영락없이 내가 그를 살해한 것처럼 보일 거라고 말했어요. 그는 자기 가족과 친한 친구들에게 우리가 진정한 사랑을 했다고 말했지만 내가 없을 때는 그들에게 내가 미쳤고 자살 충동에 시달린다고 거짓말을 했죠. 그리고 자기는 나를 도우려고 최선을 다하고 있다고요. 나는 한 번도 자살 충동을 느낀 적이 없어요. 그런데 그 사람 때문에 가장 가까운 친구들과 가족들에게 완전히 신뢰를 잃게 됐죠. 그는 나를 바깥세상으로부터 철저히 고립시키고 하루에 한끼만 먹으면서 갓난아이를 돌보도록 통제했어요."

유해한 사람들 사이에도 차이는 있지만, 그들의 무자비한 잔인함을 과소평가해서는 안 된다. 특히 그들이 나르시시스트처럼 공감 능력이 결여된 상태라면 말이다. 이는 관계에서 충분히 발생할 수 있는 평범한 문제가 아니고 '의사소통' 문제도 아니다. 악질적인 학대 패턴이며 계산적인 심리 조작이다. 나는 피해자에게 보복하려는 나르시시스트들에 대해 수없이 많은 이야기를 들어왔다. 특히 피해자가 그들을 떠나기로 마음먹으면, 그들은 피해자를 스토킹하고 괴롭히는 짓부터 은밀한 사진을 유포하거나 피해자의 직장에 터무니없는 유언비어를 퍼뜨리는 짓까지 온갖 만행을 서슴지 않는다. 일례로 유해한 파트너가 그들의 직장에 마약 중독자라는 유언비어를 퍼뜨리려 했다고 내게 알려온 피해자들도 적지 않았다.

고통이나 상실감에 빠져 있거나 임신, 유산, 심지어 생명을 위협하는 병에 걸린 상황에서 유해한 파트너들에게 버림받은 수많은 사람들의 비참한 이야기도 전해들었다. 생존자인 트레이시는 이렇게 이야기했다. "나는 의사로부터 그날 제거한 종양이 공격적이고 예측 불가능한 암 종류라 제거해야만 했으며 재발하거나 다른 조직과 장기로 전이될 수 있다는 이야기를 들었어요. 그날 밤 레스토랑에서 저녁식사를 하면서 그에게 그 이야기를 했더니 뭐라고 대답했는지 아세요? '오늘 밤새도록 암 이야기만 할 거냐'고 하더군요. 수술한 다음날 아침에 커피 좀 끓여줄 수 있냐고 물었더니 '왜 본인이 직접 못하냐'고 되물었고요."

공감 능력이 있는 평범한 사람이라면 이런 무자비한 반응은 해본 적도 없고 믿기도 힘들다. 그러나 나르시시스트들은 이렇게 살아간다. 유해한 유형의 범주에서 극단에 가까운 사람들일수록 더 가학적이고 고의로 악의적일 수 있다. 또다른 생존자인 폴린은 이렇게 회고했다. "그는 나에게 '매년 당신 생일에 내가 당신을 울리지 않는다면 내 할일을 안 한 거지'라고 말했어요. 그가 말하는 것은 행복해서 흘리는 눈물이 아니에요. 나는 호텔에서 열린 친구 결혼피로연에서 그가 신부 들러리와 함께 침대에 누워 있는 것을 발견했어요. 우리 호텔방 문을 열자 두 사람의 모습이 눈에 들어왔죠. 그는 내게 '당신이 가운데 누울래, 아니면 내가 가운데로 갈까?'라고 묻더군요."

매우 예민한 사람들 가운데에는 가족 중 유해한 사람이 있거나 그들의 손에 길러진 경우도 많다. 생존자인 데이미애나는 그녀의 나르시시스트 어머니가 아픈 그녀를 어떻게 내버려두었는지 묘사했다. "어머니는 하루종일 집에 없었어요. 내가 토한 채 실신하여 쓰러져 있는 것을 아버지가 발견하셨죠. 나는 복막염으로 죽어가고 있었고 결국 응급수술을 받았어요. 병원에서 일주일을 보냈죠. 그동안 어머니는 고작 두세 번 찾아왔고 나를 혼자 내버려둔 일을 결코 사과하지 않았어요. 열두 살 때 일도 생각나네요. 수두를 앓느라 몸 상태가 안 좋았는데, 어머니는 내가 집에서 쉬지 못하게 했어요. 수두에 걸린 날 어머니는 내 방에 들어와 미친듯이 소리쳤어요. '이 집에서 나가! 꼴도 보기 싫어!' 나는 피부에 가려운 딱지가 잔뜩 앉은 채로 길거리에서 며칠을 보내야 했죠. 부끄럽고 창피했어요."

해로운 양육은 피해자들에게 평생 동안 악영향을 미칠 수 있다. 신체적 학대를 일삼는 나르시시스트 아버지 밑에서 자란 어맨다는 성인이 되어서도 여전히 그런 악성 부모를 둔 후유증에 시달린다고 고백했다. 그녀는 스스로 옳은 결정을 내렸는지 확신이 없어 늘 전전긍긍하고 자신의 지각 능력과 행동을 인정받으려고 수시로 다른 사람들에게 기댄다는 이야기를 들려주었다. "나는 어떤 상황에 대한 나의 판단과 반응을 계속해서 곱씹어요. 스스로의 현실감각을 믿지 못하는 것 같아요"라고 말했다. 어맨다는 아버지의 행동이 문제적이었음을 깨달은 후에야 비로소 자신의 트라우마를 이해하고 치유하기 시작했다. "나는 항상 나한테 뭔가 근본적인 문제가 있다고 느꼈는데, 사실 문제는 언제나 아버지였던 거예요"라고 그녀는 결론지었다.

이런 식의 곱씹기는 나르시시즘적인 학대 관계의 생존자들뿐 아니라 나르시시스트 부모를 둔 성인 자녀들에게도 매우 흔하게 나타난다. 나는 이전 책을 쓰면서 나르시시스트 부모를 둔 성인 자녀 733명을 설문조사한 결과, 만성적인 가스라이팅이 끈질긴 자기 회의감을 심어줄 뿐만 아니라 성인이 되어서도 불안정한 자존감을 갖게 한다는 것을 발견했다. 나르시시스트 부모의 성인 자녀들은 취약한 어린 나이에 이런 트라우마를 겪기 때문에 스스로 '결함이 있다'고 느끼기 쉽다. 이는 해로운 수치심과 자기 비난, 자해, 중독, 자살 사고, 그리고 성인이 되어서도 나르시시스트들과 엮이는 관계 패턴에 시달리는 결과를 낳는다.

친구 관계에서도 얼마든지 나르시시즘적인 학대가 나타날 수 있다. 나르시시즘적인 친구들은 대개 그들이 가장 위협감을 느끼거나 질투하는 사람을 표적으로 삼는다. 연애 관계의 패턴과 매우 비슷하다. 나는 나르시시즘적인 친구들이 어떻게 처음에 매우 예민한 사람에게 잘해주고 비위를 맞추면서 신뢰를 얻고 나중에 그들의 삶을 파괴하고 평판을 더럽히는지에 대해 많은 이야기를 들었다. 한 생존자는 친했던 친구의 갑작스러운 배신에 대해 이야기했다. 처음에는 상냥하고 따뜻해 보였지만 나중에는 경악스러운 가학성을 보이며 그녀의 남자친구에게 노골적으로 치근덕댔다. "그 친구는 나의 연애를 망치고 나를 앞질러가는 것처럼 보인다는 데서 자부심을 느꼈어요. 이 이야기를 여러 친구들한테 해서 나를 바보로 만들겠다고 우겼죠." 그녀는 이런 배신과 계획적인 중상모략에 큰 충격을 받은 나머지 고혈압, 식욕 상실, 우울증에 시달렸다. "인간이 얼마나 잔인할 수 있는지를 일찌감치 깨닫게 된 경험이었어요"라고 그녀는 말했다.

매우 예민한 사람들은 이렇게 유해한 조종자들에게 걸려들어 은밀하고 교활한 학대를 당할 때도 자신을 비난하고 자기 내면을 들여다보는 성향이 있다. 사회적으로 우리의 본능을 무시하고 우리의 예민함을 잠재력보다는 문제로 여기도록 배워왔기 때문이다. 그러다보니 유해한 조종자들에게 반기를 들고 궁극적으로는 자신을 옹호하는 일이 마치 사형선고처럼 느껴질 수 있다. 특히 문제의 조종자들이 아주 견고한 가짜 가면을 쓰고 있을 때는 말이다. 생존자인 리베카의 전남편은 '정의의 망토' 뒤에 숨은 유명 인사였다. 그녀는 이렇게 말했다. "나는 여러모로 영향을 받았어요. 나는 내가 누군지도 몰랐죠. 스스로를 위한 선택을 할 수 없었어요. 무력하고 절망적이었죠. 나는 내가 싫었어요. 내가 미쳤다고 생각할 정도였죠." 나는 수많은 생존자들에게 언어적·신체적·성적·경제적·정서적 학대를 가하고도 아무런 학대 행위가 없었다고 사회를 설득하는 데 성공한 나르시시스트들의 이야기를 숱하게 들어왔다.

게다가 우리는 사법 체계, 법 집행기관, 가족, 친구, 때로는 치료사들 때문에 한층 더 무력해지기도 한다. 그들은 이것이 '정상적인' 이별이나 연애 문제가 아니라 생존자의 삶과 정신건강을 완전히 파괴하는 권력관계에서 비롯된 문제라는 것을 깨닫지 못한다. 정서적·심리적 학대는 피해자의 자존감과 자기가치감을 무너뜨려 오랫동안 벗어날 수 없는 파괴적인 영향을 미친다.

이런 유형의 학대가 더 큰 트라우마로 남는 것은 피해자가 겪은 엄청난 고통이 어디에서도 타당화되지 못하기 때문이다. 피해자들은 가끔 이런 학대에 대처할 방법을 알고 싶어 치료사를 찾아가지만, 잘못된 진단을 받거나 학대자들에게 적응하라는 권고를 받을 뿐 그 관계에서 탈출하라는 조언은 듣지 못한다. 심지어 피해자들은 가스라이팅까지 당해 상대방에게 공감 능력과 변화할 의지가 있다고 착각하기도 한다. 또 커플 치료에 함께 참여했다가 나르시시즘적인 파트너가 치료사를 속이고 피해자인 척하는 바람에 치료 과정이 그의 다양한 계략을 위한 놀이터로 변하는 불행한 사태가 발생하기도 한다.

모든 치료사나 학자들이 이런 포식자들의 은밀한 조종과 학대 패턴을 충분히 이해하지는 못한다. 왜 그럴까? 진짜 나르시시스트와 사이코패스들은 법원 명령이 없는 한 치료를 받지 않고 대부분 그럴싸해 보이는 가짜 가면을 쓰기 때문이다. 유해한 사람들은 부정과 특권 의식에 빠져 살고, 남을 착취하는 데서 보람을 느낀다. 그들의 병리적 행동의 속성은 독특하게 감추어져 있을 때가 많아, 그로부터 제대로 벗어나려면 진정으로 그 속성을 '이해하는' 생존자들과 트라우마에 정통한 치료사들의 타당화가 필요하다.

이런 생존자들과 당신처럼, 나도 유해한 사람들이 어떻게 행동하고, 매우 예민한 사람으로 세상을 살아가는 일이 어떠한지 잘 알고 있다. 나는 어릴 때 또래들에게 심한 괴롭힘을 당하고 정서적 학대를 목격한 일을 계기로 극도의 자기돌봄을 추구하는 평생의 여정에 나서게 되었다. 매우 예민하고 공감 능력이 뛰어난 나는 다양한 종류의 유해한 사람들에게 손쉬운 먹잇감이었다. 또 유년기에 그렇게 조건형성된 탓에 공감 능력이 부족한 나르시시스트들과 친구가 되거나 연애하는 일이 잦았다. 그리고 나르시시즘적인 학대의 많은 생존자들처럼 나 역시 해로운 근무 환경에 몸담기도 했다. 나는 이런 상황에 적응하고 대처하며 궁극적으로 빠져나오는 과정에서 나답게 살아가는 법을 계속 배워야 했기 때문에 이런 경험이 없었다면 불가능했을 방식으로 성장했다.

나는 개인적인 경험과 생존자들과의 대화를 통해 이런 유해한 사람들의 파괴적인 영향에서 치유되려면 어마어마한 내적 노력이 필요하다는 것을 알았다. 스무 살의 어린 나이에 이미 매일 명상을 하고 온갖 종류의 요가를 하며 잠재적인 치유법으로 인지행동치료, 안구운동 민감소실 및 재처리 요법, 감정자유기법, 변증법적 행동치료 등을 실험했다. 자기계발서 수백 권을 독파하고 뉴욕대학, 컬럼비아대학, 하버드대학에서 심리학, 정신병리학, 사회학을 공부했다. 나는 책을 쓰기 위해 괴롭힘에 대해 연구하고 나와 비슷한 생존자 수천 명을 설문조사했다. 컬럼비아대학의 석사학위 논문을 쓰려고 면담한 학대 피해자들 중 일부는 후에 나르시시즘적인 데이트 파트너의 표적이 되었다. 이 모든 경험을 통해 나는 유해한 사람들이 즐겨 쓰는 수법과 다양한 맥락에서 그들을 효과적으로 알아보는 방법에 대해 심층적인 이해와 탄탄한 지식을 얻었다.

당신도 알겠지만, 우리는 유해한 사람들과 상호작용하는 과정에서 그전까지 없던 기술과 지식을 습득하기도 한다. 전쟁터에서 살아남은 많은 아이들처럼, 나는 성인이 되었을 때 대부분의 사람들보다 훨씬 더 통찰력 있는 눈으로 유해한 사람들을 알아볼 수 있었다. 나는 유해한 유형에도 스펙트럼이 있다는 것을 배웠다. 어떤 사람들은 본의 아니게 해로운 짓을 하는 반면, 어떤 사람들은 고의로 악랄한 짓을 한다. 극소수의 유해한 사람들은 열심히 노력하고 지독한 자기 성찰을 거쳐 변화하기도 하지만, 대부분의 사람들은 계속 교활하고 공격적인 사람으로 남는다. 나처럼 매우 예민한 사람들은 우리를 해치려는 사람들의 사고방식을 이해하기 위해서 이런 불편한 진실을 받아들여야 한다.

당신이 매우 예민한 사람이라면 아마도 유해한 사람들을 공감능력이 있고 사려 깊은 사람이 되도록 가르쳐보려고 수년간 노력하는 과정에서 스스로를 해치는 습관이 생겼을 것이다. 당신은 아마도 경계를 설정하고 유해한 사람들에게서 벗어나려고 오랫동안 애썼을 것이다. 이 책의 목표는 당신이 그런 해로운 습관에서 벗어나 자기돌봄, 경계 설정, 자기 보호에 다시 초점을 맞추도록 돕는 것이다. 나는 개인적인 경험에서 얻은 삶의 교훈과 지혜에 더해 수천 명의 생존자들과 다양한 전문가들을 만나면서 축적해온 통찰을 바탕으로 유해한 사람들을 대하는 데 유익한 합리적인 조언을 제시하려고 노력했다.

당신은 당신을 지키기 위한 경계를 설정하는 과정에서 상대를 변화시키거나 인간의 기본 도리를 가르치는 일이 당신의 몫이나 책임이 아님을 차츰 깨닫게 될 것이다. 당신은 그들의 부모도 치료사도 아니다. 그런데도 틀림없이 그간 당신의 도움을 받을 자격이 없는 사람들에게 너무 관대했을 것이다. 이제는 그럴 시간에 차라리 그들이 당신의 삶에 끼어들 가치가 있는지, 그들을 '변화시키려고' 노력하며 애착을 키우기보다 거리를 두어야 하지 않을지 고민하기 바란다. 그들은 성인이고 스스로 변화할 수 있다.

이 책은 치료를 대신하지 않는다. 물론 이 책은 공인 임상의에게 감수를 받았지만 오직 자기치유서로서만 의미가 있다. 만약 당신이 트라우마를 치료중이거나 이 책에 나온 제안을 실행에 옮기는 데 의구심이 들거나 당신의 안전이 염려된다면 언제든지 공인된 전문가에게 치료를 받는 방법을 고려해야 한다. 이 책의 자기돌봄 조언은 오로지 당신의 자존감을 키우고 경계를 설정하는 치유의 여정을 돕기 위한 것이다. 당신에게 효과적인 조언을 택하여 처한 환경에 알맞게 적용하면 된다. 나는 당신이 이 책을 통해 매우 예민한 성격이라는 재능을 활용하는 법을 배우고 유해한 사람들을 탐색하는 과정에 전략적으로 접근하길 바란다.

만약 당신이 유해한 사람들에게 자꾸 걸려드는 습성이 있는 매우 예민한 사람임을 깨달았다면, 당신만 그런 것이 아님을 기억하자. 당신은 매우 예민한 사람이 지닌 몇 가지 특성 때문에 정서적 조종자들에게 취약할 수 있지만, 유해한 사람들을 알아보고 견고한 경계를 설정하여 그들의 조종에 맞서는 데 강점이 되는 특성도 지니고 있다.

사회에서는 예민함이 약점이라고 가르쳤을지 모르지만, 어쩌면 최대 강점이 될 수 있다. 당신의 '과한' 예민함은 내면의 경보 시스템이자 방패다. 위험이 닥칠 때면 빠르게 울린다. 당신은 그저 당신의 예민함에 안테나를 맞추고 내면의 목소리를 듣기만 하면 된다. 공감 능력이 뛰어난 당신의 예민함은 슈퍼 파워다. 이어지는 장들에서는 바로 이 슈퍼 파워를 이용하여 여러 유형의 유해한 사람들을 더 잘 구별하고 당신의 매우 예민한 성격과 자기돌봄 욕구에 가장 잘 맞는 방식으로 해로운 관계에 대처하는 방법을 살펴볼 것이다.

1장

삼위일체

매우 예민한 사람, 유해한 조종자, 나르시시스트

하루하루를 강렬한 감정에 압도된 상태로 보내는가? 마치 감정 스펀지처럼 남들의 기분과 상태를 쉴새없이 빨아들이는가? 당신은 다른 사람들과 어울릴 때 그들의 모든 것을 흡수한다. 사람들의 표정 변화, 미묘하게 달라진 말투, 비언어적인 몸짓에 예민하게 반응한다. 남들에게 비난을 당하거나 갈등이 생기면 엄청난 충격을 받아 그날 하루를 완전히 망치기도 한다. 사람들이 많은 곳에 가면 지치고, 밝은 불빛을 보면 불안해지며, 거친 질감이나 강한 냄새에 쉽게 동요한다. 유해한 사람들과의 관계에 휘말리거나 나르시시스트들에게 이용당하는 경우도 많다. 이 책을 집어 들었다면 당신은 아마 이런 상태에 대해 잘 알고 있을 테고 심리학자들이 말하는 '매우 예민한 사람HSP, highly sensitive person'일 가능성이 높다.

당신은 아마 항상 남들과 다르게 느껴왔을 것이다. 남들보다 더 커다란 세상을 마주한 사람처럼 더 많은 것을 느끼며 이 세상을 더 깊고 생생하게 경험해왔을 것이다. 2016년 엘레나 헤어디커로프는 TED 강연에서 매우 예민한 사람을 이렇게 묘사했다. "당신의 모든 감각은 지극히 예민하고…… 당신의 모든 감정은 증폭되어 있습니다. 당신에게 슬픔은 깊은 비애이고 즐거움은 순수한 황홀감입니다. 당신은 비이성적일 만큼 많은 것에 신경을 쓰고 한없이 공감합니다. 당신을 둘러싼 모든 것들이 끊임없이 당신 속으로 스며들고 있다고 상상해보세요." 이것은 유별난 성격 탓이 아니라 실제 유전형질에서 비롯된 축복이자 저주다. 우리는 유전적으로 예민도가 높은 성향이라 자극을 더 깊게 받아들여 처리하고 주변 환경의 미세한 정보까지 포착하며 부정적인 경험이든 긍정적인 경험이든 더 생생하게 지각한다.

매우 예민한 사람들은 유독 자기만 그런 것처럼 느끼겠지만 실은 그렇지 않다. 일레인 에런의 연구에 따르면 전체 인구의 15~20%가 매우 예민한 사람들이다(2016 xxv). 매우 예민한 사람이나 감각과정이 발달한 사람들은 자신과 주변 환경, 타인과의 관계에 대해 정서적·신체적 반응성이 더 높다. 당신이 매우 예민한 사람이라면 주변에서 벌어지는 모든 일을 감지하는 고성능 레이더를 장착하고 사는 셈이다. 이런 특성 때문에 과도한 자극에 노출되기도 쉽겠지만, 탁월한 지각 능력을 활용하는 법을 터득하고 나면 남들과 어울릴 때 뛰어난 통찰력을 발휘할 수 있는 큰 강점이 있다.

우리는 예민도가 높아 유해한 사람들에게 더 취약하다. 매우 예민한 사람들은 이른바 '초민감자empath'라고 불리는 밀접한 집단과 마찬가지로 타인의 감정을 쉽게 자신의 감정으로 받아들이기 때문이다. 우리의 경계는 침투성이 높아서 남들의 고통과 스트레스를 쉽게 떠안고 일상생활에서도 보통 사람보다 자주 남들의 부정적인 성향을 흡수한다. 매우 예민한 사람들은 과할 정도로 양심적이고 공감 능력이 뛰어나며 상대방의 요구에 잘 맞춰주기 때문에 유해한 사람들의 거미줄에 걸려들기 쉽다. 이런 역동을 깊이 파고들기 전에 먼저 높은 예민도의 특성부터 자세히 살펴보자. 자기 자신을 더 잘 이해하면 현재 벌어지는 상황을 정확히 인식하고 매우 예민한 사람으로서 건강하게 살아갈 길을 모색하는 데 도움이 될 것이다.

우리가 예민한 과학적 이유

높은 예민도는 단순한 느낌이 아니라 과학적으로 입증된 사실이다. 비앙카 아세베도와 동료들은 기능적 자기공명영상 스캔 결과를 이용한 연구에서 매우 예민한 사람들의 뇌가 정서를 환기시키는 사진에 더 강하게 반응한다는 사실을 발견했다(2014). 매우 예민한 사람들은 낯선 사람이나 파트너의 얼굴 표정을 볼 때 의식과 공감, 감각 정보의 통합, 보상 처리, 심지어 행동 지향적인 계획과 관련된 뇌 부위가 다른 사람들보다 더 많이 활성화되었다. 이 결과는 매우 예민한 사람들이 대다수의 사람들에 비해 사회적 상황과 타인의 감정에 더 잘 반응하는 이유를 설명해준다. 우리가 왜 그렇게 예민하게 반응하는지를 설명하는 과학적 이론을 좀더 살펴보자.

우리가 더 많이 느끼는 이유: 공감 능력과 거울 뉴런

왜 당신은 남들의 고통에 유독 공감하고 정서적으로 반응하는지 궁금했던 적이 있는가? 타인의 고통을 자신의 고통처럼 느낄 정도로 말이다. 왜 당신은 상처 입은 사람을 보면 주변 사람들보다 더 깊은 슬픔을 느끼는 것일까? 왜 당신에겐 다른 사람들을 '변화시키고' 구하고 치유하려는 성향이 있을까? 그 생물학적인 원인은 바로 매우 예민한 사람들의 거울 뉴런이 일반인보다 더 활성화되어 있다는 사실에 있다. 거울 뉴런이란 우리가 움직이지 않고 다른 사람의 행동을 바라보기만 해도 직접 그 행동을 할 때처럼 당사자의 뇌와 똑같이 발화되는 감각운동 뇌세포의 일종이다(마시와 라마찬드란 2012).

매우 예민한 사람들의 뇌에서 가장 많이 활성화되는 부위 중 하나가 이 거울 뉴런 시스템이고, 이 부위는 우리의 공감 반응, 의식, 감각 정보 처리, 행동 계획 등과 연관되어 있다는 사실이 밝혀졌다. 그렇다보니 우리는 다른 사람들보다 공감 능력이 발달하여 타인의 감정을 그대로 흡수하는 '스펀지'가 된다. 매우 예민한 사람들은 타인의 고통을 목격할 때 다른 사람들보다 더 잘 감정을 이입하고 적극적으로 행동에 나선다(아세베도 등 2014). 우리는 다른 사람이 무언가를 하는 모습을 볼 때 거울 뉴런 시스템을 통해 그가 느끼는 감정을 '느낄' 수 있다. 우리가 실제 그 행동을 할 때 관여하는 뇌 부위가 그대로 활성화되기 때문이다. 따라서 거울 뉴런 시스템이 발달하면 사회적인 상황에서 긍정적인 경험과 부정적인 경험이 모두 증가한다(에런 2016). 기쁜 소식을 들으면 당사자가 느끼는 행복감을 맛보고 누군가의 고통을 목격하면 우리가 몸소 그 고통을 겪는 듯이 느낀다.

예를 들어, 우리는 다른 사람이 우는 모습을 보면 그의 불행과 고통의 무게가 고스란히 느껴져 금방 따라 운다. 사랑하는 사람이 겪은 충격적인 사건을 들으면 일종의 대리 외상을 경험하기도 한다. 그가 충격적인 사건에서 겪었을 끔찍한 시련들을 한 장면씩 상상해가며 마치 우리가 직접 그 상황에서 똑같은 경험을 하듯이 머릿속에 그려보는 것이다. 그러다보면 상대방의 입장에서 생생하게 느끼고 외상을 체험하게 된다.

높은 예민도는 공감 능력이 있는 두 사람 사이를 긴밀하게 연결한다. 그러나 유해한 사람과는 일방적이고 기생적인 관계가 형성될 수 있다. 우리처럼 매우 예민한 사람들은 종종 다른 사람들의 감정과 문제에 대해서까지 책임지려고 한다. 뛰어난 공감 능력과 남을 '구원하려는' 강박은 우리가 적극적인 행동에 나서서 어려운 사람들을 도와야 할 때는 유용하겠지만 우리의 연민을 자극하여 파괴적인 행위를 일삼는 유해한 사람들을 상대할 때는 한층 더 취약해지는 요인이 된다. 우리는 항상 다른 사람들의 고통에 동요되어, 정작 그들이 우리를 어떻게 대하는지는 신경쓰지 않는다. 대신 용납하기 힘든 그들의 행동을 합리화하며 얼른 화해하려고 한다. 남을 조종하는 사람들은 바로 이런 특성을 이용하여 우리를 착취한다. 이에 관해서는 이 장의 뒷부분에서 더 자세히 살펴보도록 하자.

주변 환경을 받아들이는 예민한 감각

매우 예민한 사람들은 남들에게 잘 맞출 뿐만 아니라 주변 환경과도 깊이 교감한다. 연구에 따르면, 매우 예민한 사람들은 섬엽이란 뇌 부위가 보통 사람보다 활성화되어 환경의 변화에 예민하게 반응하고 더 복잡한 수준으로 정보를 처리함으로써 경험에 대한 인식을 향상시킨다. 또 미세한 자극을 더 잘 알아차리고 긍정적인 자극과 부정적인 자극 모두에 더 크게 반응한다(야기엘로비치 등 2011). 섬엽은 자각 기능을 담당하며 의사결정에 영향을 미치는 신체감각을 처리하는 데 중요한 역할을 한다. 연구자 버드 크레이그는 섬엽이 주변 환경과 신체감각, 감정에 대한 정보를 수집하여 현재에 대한 주관적인 경험을 형성하므로 '전반적인 정서적 순간'을 담당한다고 표현한다(2009). 매우 예민한 사람들은 대부분의 사람들에 비해 훨씬 더 깊은 수준에서 주변 환경과 경험을 받아들이고 처리한다고 알려져 있다. 우리는 패턴을 인식하고 식별해 정보를 더 철저하게 수집하며 과거와 현재의 경험을 연결하여 예민하지 않은 사람들보다 한층 더 포괄적이고 직관적으로 의사결정을 내릴 수 있다.

우리는 새로운 사람을 만날 때 '전반적인 정서적 순간'을 경험한다. 상대방의 전체적인 첫인상을 살펴보면서 어조와 감정 상태, 비언어적 몸짓, 미세한 표정 변화 등을 파악하는 동시에 우리 자신의 감정 상태와 신체감각, 주변 환경의 세부 정보까지 처리하는 것이다. 예를 들어 메리를 만난다고 해보자. 메리가 첫눈에 매력적으로 보여도 우리는 그녀의 행동에서 남을 경멸하는 기색, 거들먹거리는 태도, 가식적인 친절한 어조를 감지하는 동시에 우리 자신의 불편과 불안감이라는 본능적인 반응까지 느끼게 된다.

문제는 이런 상황에서도 우리처럼 매우 예민한 사람들은 겉으로 보이는 메리의 멋진 모습에 속아 자신이 관찰한 바를 무시하며 애써 합리화한다는 것이다. 그러지 않으려면 새로운 사람을 만날 때 미묘한 뉘앙스를 포착하는 우리의 능력이 약점이 아니라 강점이란 사실을 깨달아야 한다. 우리 뇌는 방대한 정보를 수집하고 처리하는 능력이 있어 의사결정에 유리하고, 특히 우리 삶에서 해로운 영향을 끼칠 잠재적 가능성이 있는 사람들을 떨쳐내는 데 도움이 된다.

이런 복잡한 수준의 정보 처리는 상황에 따라 두 방향으로 일어난다. 일반적으로 매우 예민한 사람들은 의사결정에 앞서 장점과 단점을 면밀히 따져볼 가능성이 높다. 현재 상황이 과거 상황과 매우 유사하다면 신속하게 정보를 처리하여 당면한 상황의 위험에 즉각적으로 대응할 수도 있다. 일레인 에런의 설명대로 "예민함 또는 반응성이란 결국 다른 사람들보다 미세한 정보에 더 많은 주의를 기울이고 그 정보를 활용하여 더 나은 예측을 한다는 의미를 내포한다(2016 xv)." 이렇게 생각하면 매우 예민한 사람인 당신은 이미 필요할 때마다 유해한 사람을 정확히 가려낼 수 있는 많은 내적 도구를 보유한 셈이다. 그러니 당신의 내면에 귀 기울이는 법을 연습하고 이 책에서 소개하는 행동 방식으로 직감을 보완하기만 하면 된다.

어린 시절이 우리에게 미치는 영향

"넌 정말 예민하고 까다로워." 내가 모욕적인 말을 듣고 운동장에서 울음을 터뜨리자 반 친구가 이렇게 비웃었다. 중학교 때 심한 따돌림을 당했던 경험은 내게 큰 충격을 주었다. 나는 또래 아이들이 너무 무서웠고 어떤 반응을 보이든 끊임없이 경멸당했다. 내 감정은 거의 타당화되지 못했다.

당신이 매우 예민한 사람이라면 아마 어렸을 때부터 '너무 예민하다'는 소리를 들었을 것이다. 극심한 불안이나 우울, 신경과민에 시달렸을 수도 있다. 예민도가 높다고 반드시 이런 증상이 나타나진 않지만, 매우 예민한 사람이 '부정적인 아동기 경험'까지 겪게 되면 그럴 가능성이 높아진다. 부정적인 아동기 경험이란 어린 시절 겪은 트라우마나 심한 스트레스를 준 사건을 의미하며, 신체적·성적·정서적 학대나 신체적 또는 정서적 방임, 가정폭력을 목격한 경험, 가족 구성원의 정신질환이나 중독 증상, 부모의 별거나 이혼, 어머니가 구타당하는 장면을 본다거나 가족 구성원이 감옥살이를 한 경우 등이 그 예다.

미국 질병통제예방센터와 카이저 병원Kaiser Permanente이 행한 부정적인 아동기 경험에 대한 연구는 아동 학대와 방임 피해자들을 대상으로 한 최대 규모의 연구 중 하나였다(펠리티 등 1998). 이 연구에서는 아동기의 학대가 성인기의 건강과 삶의 만족도에 미치는 영향을 평가했다. 그 결과 부정적인 아동기 경험이 많은 사람들은 만성적인 건강 문제, 약물 남용, 자해, 자살 사고의 위험이 더 높은 것으로 나타났다.

만약 매우 예민한 사람이 정서적 방임과 학대, 따돌림으로 얼룩진 어린 시절을 보냈다면 이런 경험과 높은 예민도가 상호작용해 성인기에 여러 가지 문제로 나타날 수 있다. '본성nature'과 '양육nurture'은 상호작용하므로, 매우 예민한 사람들이 어린 시절에 유해한 환경에서 자랄 경우 스트레스에 한층 더 취약해진다. 일레인 에런에 따르면 "똑같이 힘겨운 어린 시절을 보냈더라도 매우 예민한 사람들은 그렇지 않은 사람들보다 더 우울하고 불안해하며 내성적일 가능성이 높다. 그러나 좋은 환경에서 어린 시절을 보낸 매우 예민한 사람들은 다른 사람들에 비해 특별히 그런 위험성이 높지 않다(2016 xi)." 또 매우 예민한 사람들은 뇌에 유전적 변이가 생겨 세로토닌이 감소하는데, 이런 현상도 힘겨운 어린 시절을 보낸 사람들에게서 더 두드러지게 나타난다.

그러나 매우 예민한 사람들의 유전적 변이에는 학습한 것에 대한 뛰어난 기억력, 더 나은 의사결정의 가능성, 전반적으로 우수한 정신 기능 같은 장점도 있다. 에런이 저서에서 언급했듯이(2016) 이런 특성을 지닌 붉은털원숭이들은 (좋은 어미 밑에서 자라면) 이른바 '조숙한 발달'을 보여 사회집단의 리더가 되고 높은 회복탄력성을 보이는 것으로 나타났다(수오미 2011).

매우 예민한 사람들은 설령 부정적인 아동기 경험이 있더라도 세상에 긍정적으로 기여할 수 있는 여러 가지 재능과 능력을 갖고 있다. 당신이 매우 예민한 사람이라면 회복탄력성이라든가 남들이 놓치는 뉘앙스와 세부 정보를 포착하는 능력 면에서는 누구보다 뛰어날 것이다. 이런 능력은 당신에게 불리하기보다는 유리하게 작용한다. 당신이 이런 능력을 발휘하여 관계와 갈등에 능숙하게 대처하는 법을 익히기만 한다면 말이다.

생각해보기

· 부정적인 아동기 경험 ·

다음 질문에 대한 답변을 일기에 적어보자. 당신에겐 부정적인 아동기 경험이 있는가? 그 경험이 성인이 된 당신에게 어떤 영향을 미쳤는가? 당신의 높은 예민도가 상황에 대처하는 방식에 영향을 주는가? 어떤 식으로 영향을 주는가?

나는 초민감자일까?

'초민감자'라는 용어가 사이비 과학의 영역에 속한다고 주장하는 회의론자들도 있지만, 매우 예민한 사람들은 아마 과학적으로 연구 가능한 집단 가운데 초민감자와 가장 유사한 능력을 지녔을 것이다. 초민감자들은 타인의 감정을 몸소 체험한다고 알려져 있다. 의학박사 주디스 올로프에 따르면 "초민감자들은 먼저 느낀 다음에 생각하는데, 이것은 지나치게 주지화된 우리 사회에서 대다수의 사람들이 반응하는 방식과 상반된다. 세상으로부터 자신을 분리시키는 막이 없는 것이다(2018, 5)."

우리가 타인의 감정을 몸소 체험한다는 주장도 비과학적인 것이 아니다. 연구 결과 '감정 전염', 즉 다른 사람들의 감정에 '동화되는' 경향이 생각보다 흔하게 나타나는 것으로 밝혀졌다(햇필드,

카시오포, 랩슨 2003). 셰리 부르 카터는 "찡그리거나 웃는 등 다양한 감정 표현을 흉내낼 때 우리 뇌에서 그 표정을 자신의 감정으로 해석하는 반응이 일어난다는 연구 결과가 나왔다. 간단히 말해 우리는 같은 종으로서 다른 사람의 감정에 '동화되는' 경향을 선천적으로 지니고 있는 것이다"라고 밝혔다(2012).

매우 예민한 사람들과 초민감자들은 타인의 감정과 에너지에 예민하게 반응하는 직감이 발달한 사람들이다. 우리는 대단히 높은 수준의 감정 전염을 경험한다. 매우 예민한 사람과 초민감자는 각기 다른 용어로 존재하긴 하지만 많은 유사점과 특성을 공유한다. 매우 예민한 사람들은 다른 사람들에 비해 감정을 조절하는 뇌 부위의 반응성 자체가 높다. 매우 예민한 사람과 사회에서 말하는 초민감자 사이에는 사실 겹치는 부분이 아주 많다.

당신이 스스로를 초민감자라고 생각하든 매우 예민한 사람이라고 생각하든 상관없다. 이 책에서는 매우 예민한 사람이라는 용어로 통일해 사용하며 두 집단의 공통된 특성에 초점을 맞춘 조언과 전략을 제시할 것이다.

예민하다고 다 같은 예민함이 아니다

일레인 에런에 따르면 높은 예민도는 유전형질이므로 사람마다 그런 형질이 있을 수도 있고 없을 수도 있다. 그러나 앞서 언급했듯이 심리학자들은 본성과 양육이 상호작용한다고 주장한다. 생물학적 소인이 환경적 요인과 상호작용하여 그런 형질이 어떻게 발현될지 정해진다는 것이다. 타고난 높은 예민도는 우리의 정신건강 상태, 트라우마, 부정적인 아동기 경험, 문화적 또는 종교적 배경 등에 따라 제각기 고유한 양상으로 나타난다.

예를 들어 매우 예민한 사람인 나는 맨해튼에서 자랐고 지금도 살고 있다. 맨해튼은 어디를 가나 많은 사람들, 시끄러운 소음과 밝은 불빛으로 가득한 곳이다. 나는 선천적으로 이런 강렬한 자극에 예민하지만 웬만한 사람들보다 잘 견딘다. 어릴 때부터 집이든 학교든 매우 무질서하고 혼란스러운 환경이었기 때문이다. 이런 환경에서 성장하다보니 자극적인 요소들에 익숙해졌고 필요에 따라 그런 요소를 '차단'할 수도 있게 되었다.

작은 마을에서 태어나 자란 매우 예민한 사람들은 시끄러운 소음과 밝은 불빛, 많은 사람들에 더 예민하게 반응할 가능성이 높다. 그들은 이런 환경에 익숙하지 않기 때문이다. 하지만 평온한 어린 시절을 보냈다면 과거에 따돌림이나 학대를 당한 사람들보다 혼란스러운 주변 환경에 안정적으로 반응할 것이다.

이처럼 똑같이 '매우 예민한 사람'으로 분류되더라도 이런 유전형질이 어떻게, 얼마나 발현되느냐는 후천적인 경험에 따라 다르다.

·'매우 예민한 사람' 체크리스트·

매우 예민한 사람들에게 가장 일반적으로 나타나는 사회적 행동들을 살펴보고 자신에게 해당되는 항목에 체크하자. 체크한 항목이 많을수록 매우 예민한 사람일 가능성이 높다.

- ☐ 어떤 상황과 사람에 대해 대부분의 사람들보다 감정적으로 반응한다. '매우 예민하다'는 소리를 자주 듣는다.
- ☐ 다른 사람의 감정 상태에 깊이 공감하고 맞추려 든다. 당신도 모르게 타인의 기분과 감정을 빨아들이는 '감정 스펀지'가 된다.
- ☐ 고통을 겪는 사람들을 도우려 하고 다른 사람들의 정서적 욕구를 헤아린다. 특히 남들이 괴로워할 때 그들을 편하게 해주려고 일부러 애를 쓴다.
- ☐ 사람, 장소, 상황에 대한 직감이 좋은 편이라 당신이 생각했던 바가 나중에 사실로 밝혀질 때가 많다.
- ☐ 당신은 외향성일 수도 내향성일 수도 있지만 (매우 예민한 사람들의 약 30%가 외향성이다) 당신의 경험과 감정을 처리하는 데 혼자만의 시간이 꽤 오래 필요하다.
- ☐ 정보를 깊은 수준으로 처리하여 남들이 놓치는 뉘앙스나 세부 정보를 잘 포착한다. 주변 환경의 변화와 타인의 감정에 대단히 예민하게 반응한다. 겉으로 보이는 것 너머 사람의 마음을 읽는

데 능숙하고 상대방의 거짓말을 잘 '감지'하며 말과 몸짓언어의 불일치를 발견하고 남들이 놓치곤 하는 표정과 목소리, 비언어적 몸짓의 미세한 변화를 알아차린다.

☐ 성찰 능력, 창의력, 상상력이 뛰어나고 다채롭고 풍성한 내면세계를 가지고 있다. 마음을 움직이고 정서적 감응을 일으키는 예술작품에 끌린다.

☐ 인간 심리에 대한 예리한 통찰이 있고 심성이 관대하다. 타고난 치유자로서 돌봄, 리더십, 교육 등과 관련된 직업에 끌리는 경향이 있다.

☐ 주변 환경에 쉽게 영향을 받는다. 특히 사람이 많거나 밝은 조명, 시끄러운 소리, 강한 향이 있는 곳을 힘들어한다. 이런 환경을 어떻게든 벗어나려 하고 그 안에 있으면 감정 기복이 심해진다.

☐ 어떤 사람, 상황, 의사결정에 대해 대부분의 사람들보다 더 오래 반추한다. 신랄한 댓글을 보고 몇 주씩 끙끙 앓는다거나 이별을 극복하는 데 다른 사람들보다 오래 걸린다.

☐ 다른 사람들과의 상호작용에서 쉽게 자극을 받는다. 평소에는 차분하고 여유롭다가도 사람들과 어울리고 나면 감정적 동요를 느끼는데 스스로도 그 이유를 모를 때가 있다.

☐ 타인의 감정에 대해 예민하고 수용성이 높아 감정 전염이 잘 일어나고 우울, 불안, 자기 회의 등에 시달린다. 강렬한 감정을 경험하면 스스로를 정서적으로 '마비시키려고' 다양한 중독에 빠지

기도 한다.

- □ 당신의 경계를 침범하는 유해한 사람들이 수시로 접근해온다. 그들은 마땅한 대가를 제공하지 않고 당신을 착취하거나 고갈시킨다.
- □ 당신의 예민함과 공감 능력을 이용하는 나르시시스트들과 건강하지 못한 관계를 여럿 맺었다.

치료가 필요한 상황일까?

기억하자. 매우 예민한 사람들이 트라우마로 남을 만한 사건을 겪으면 불안과 우울에 빠질 위험이 크다. 높은 예민도가 트라우마와 상호작용하여 정신건강에 문제를 일으킬 수 있기 때문이다. 어린 시절 어떤 환경에서 자랐는지와 상관없이 다음과 같은 경험이 한 번이라도 있다면 치료사와 상의하자.

- 지속적으로 높은 수준의 불안을 느낌 또는 만성적인 공황 발작
- 자기 고립으로 이어지는 극심한 사회불안
- 끝없는 회상, 침투적 사고, 악몽
- 만성적인 부정적 자기 대화 및 자기 방해

- 해리(자기 몸이나 주변 환경, 또는 둘 다로부터 분리된 느낌)
- 자살 사고 또는 자살 계획
- 과거의 자해 경험
- 의학적으로 설명되지 않는 심인성 증상 및 신체적 문제
- 자신의 신체상과 관련된 문제나 섭식장애
- 최근에 겪은 트라우마가 될 만한 사건이나 다른 사람의 트라우마를 목격하여 겪는 간접 외상 경험
- 온갖 강박 행위를 비롯한 강박 또는 중독
- 학대에 가까운 연애나 친구 관계, 착취적인 근무 환경을 경험함
- 정신질환(환각, 환청 등)
- 타인에 대한 애착이나 건강한 관계를 유지하지 못함

유해한 사람들을 끌어당기는 자석

매우 예민한 사람들은 공감 능력이 떨어지거나 비양심적인 유해한 사람들을 만나면 심신과 영혼이 제압당한다. 나르시시즘적인 파트너에게 상처 입은 생존자들이 가장 많이 모여 있는 포럼 '사이코패스 프리Psychopath Free'에서는 어떤 MBTI 유형이 나르시시스트들의 희생양이 되기 쉬운지를 파악하기 위해 온라인

설문조사를 실시했다. 놀랍지도 않지만 나르시시스트들에게 가장 표적이 되기 쉬운 유형은 INFJ 및 INFP로 조사되었다(MBTI 유형에 대한 자세한 설명은 https://www.myersbriggs.org를 참고하자). 이런 성격 유형은 감성이 발달하고 양심적이며 공감 능력과 직관력이 뛰어나다는 점 등을 볼 때 매우 예민한 사람들이 지닌 특성과 유사하다.

매우 예민한 사람들은 나르시시스트, 사이코패스, 소시오패스 등 유해성의 스펙트럼상 최악에 해당하는 사람들에게 표적이 된다. 그러나 우리의 정서적 자원을 갉아먹는 유해한 사람들 중에는 보다 일반적인 유형도 있다. 뒤에서 살펴보겠지만 이런 사람들은 유해성의 스펙트럼상 가장 약한 축에 속한다. 이들은 보통 상대방에게 어떤 고통을 주는지 자각하지 못하다가 뒤늦게 알게 되어 자신의 행동을 반성하고 때로는 개선의 여지도 보인다. 이런 성격 유형으로는 '경계 침범자' '에너지 뱀파이어' '짜증 유발자' '관심 종자' 등이 있다.

나르시시스트들이 쓰는 조종 수법

유해한 사람 중에서도 보다 흔한 유형과 악성 나르시시스트의 구분에 대해서는 2장에서 더 자세히 살펴보겠지만, 우선은 나르시시즘적인 행동을 설명하는 용어들 먼저 알아두기 바란다. 다음의 행동을 일삼아 당신을 혼란에 빠뜨리려는 사람이 있다면, 당신은 위험한 나르시시스트를 상대하고 있는지도 모른다.

가스라이팅 가스라이팅을 하는 사람들은 당신의 현실 인식을 부정하고 본인의 학대 행위나 유해한 행동이 미치는 악영향을 대수롭지 않게 여긴다. 그들은 당신이 '미쳤다'고 주장하고 당신의 감정을 병적인 반응으로 취급하며 본인이 상처 주는 말이나 행동을 했던 사실을 부인하고 당신이 학대당하는 상상에 빠져 있다고 우긴다.

담쌓기와 묵살 당신이 말을 시작하기도 전에 상습적으로 끊어버리거나 말을 걸어도 완전히 무시하는 유해한 사람들에게서 나타난다. 이들은 싸우던 도중에 갑자기 입을 다물고, 사이가 좋을 때도 당신의 말을 묵살한다.

빤히 드러나는 공감 능력 결여와 착취 성향 불륜을 일삼고 당신이 힘든 시기에(아플 때라든가) 당신을 버리거나 궁지에 몰아넣는 식의 파렴치한 행동은 나르시시스트들에게 연민과 공감 능력이 부족함을 보여주는 단적인 증거다. 소시오패스와 사이코패스들은 한술 더 떠 자신의 행동을 뉘우치는 기색이 전혀 없고, 이미 쓰러져 있는 당신에게 더 상처를 주며 가학적인 쾌감을 즐기기도 한다. 혹시라도 그들이 뉘우치는 모습을 보인다면, 대개는 악어의 눈물과 감동적인 이야기로 당신의 동정심을 자아내 얼른 관계를 회복하고 다시 학대 행위를 시작하려는 속셈이다.

병적인 거짓말 나르시시스트들은 크고 작은 모든 일, 아무 상관 없는 일에 대해서도 당신에게 거짓말을 한다. 그들이 툭하면 거짓말을 하는 것은 통제력을 유지하기 위해서다. 어찌됐건 당신이 그들의 거짓말을 눈치채기 전까지는 현실보다 그들의 말에 따라 결정을 내릴 테니 말이다. 그들은 이중생활을 하거나 다수의 불륜 관계를 맺어 당신에게 정서적 피해와 신체적 피해까지 입힌다. 당신을 반복적으로 속이는 사람은 절대 믿지 말자. 마사 스타우트 박사가 『이토록 친밀한 배신자』에서 지적하듯이 "기만은 파렴치한 행동의 핵심이다(2005, 157)." 악성 나르시시스트들은 구제불능 사기꾼이자 거짓말쟁이다.

은근히 또는 대놓고 무시하는 말 나르시시스트들은 피해자들을 업신여기고 모욕하며 언어적 학대를 가함으로써 자존감을 떨어뜨린다. 그들은 당신과 대화할 때 욕설을 퍼붓거나 대놓고 모욕하거나 비꼬는 듯한 칭찬을 하거나 계속 거들먹거리며 당신을 깔아뭉개는 말투를 사용한다. 또 심하게 호통을 치거나 언어적 학대의 흔한 수법인 '농담'을 가장한 교활한 말로 당신을 자극하려 들기도 한다.

통제 및 고립 행위 나르시시스트들은 피해자에 대한 소유욕이 강하고 피해자를 물건 취급한다. 그들은 당신의 옷 입는 스타일, 진로, 주변 사람들까지 통제하려 들며 친구, 가족, 동료로 구성된 사회적 연결망에서 당신을 고립시키려 할 것이다.

방해 랑게, 폴러스, 크루시우스의 연구에 따르면 악성 나르시시스트들은 악의적인 시기심을 느끼며 질투 나는 사람에 대해 기만과 방해, 유언비어 유포까지 서슴지 않는 경우가 많다(2017). 나르시시스트들은 피해자들의 성공을 가로막고 커리어에 좋은 기회를 빼앗으며 공개적으로 망신을 주고 불명예스럽게 만들어 평판을 깎아내리려 든다.

중상모략 당신에 관한 거짓말을 퍼뜨리고 '공모자'들을 모아 위협하며 공공연히 당신을 비방함으로써 명예를 훼손하려는 행위다. 직장에서라면 당신이 그들의 권위를 위협한다는 이유로 직장 내 '블랙리스트'에 올려 좋은 기회를 차단할 수도 있다.

성적 강압 또는 성폭행 자신의 성적 만족을 위해 남들을 이용하는 포식자들은 타인의 성적 결정권을 존중하지 않는다. 그들은 성폭행을 저지르거나 당신이 불편해하는 행위를 하도록 강요하면서 당신의 신체적 경계를 무시하거나 침범할 것이다.

경제적 학대 당신의 소득을 빼앗고 '용돈'을 주거나 의존성을 높이기 위해 일하지 못하게 하는 것, 당신의 재정 상태를 완전히 통제하려 드는 것 전부 다 유해한 나르시시스트들이 흔히 하는 행동이다.

스토킹과 괴롭힘 나르시시스트들이 공통적으로 보이는 행동으로, 특히 피해자가 떠나버려 그들의 권위와 통제력이 위협받을 때 흔히 나타난다. 나르시시스트들은 예상치 못한 순간에 불쑥 나타나거나 모르는 번호로 전화하거나 익명의 계정으로 문자메시지와 이메일을 보내거나 위협적인 음성메시지를 남기거나 당신을 미행한다. 사이버 스토킹을 하거나 심지어 추적장치까지 사용하여 당신의 행방을 감시하기도 한다.

신체적 학대 모든 나르시시스트들이 신체적 폭력을 휘두르지는 않지만 혼란 상태에 빠지면 갑자기 폭력적으로 변하여 주먹질, 매질, 밀치기, 목조르기, 살인미수까지도 저지를 수 있음을 반드시 기억하자. 현재 당신이 어느 정도로 위험한 상황인지 알아보려면 https://www.mosaicmethod.com에서 안보 전문가 개빈 더베커가 개발한 진단 검사를 실시하여 위험성을 평가해 보자. 만약 당신의 안전이 당장 위협받는 상황이라면, 어디든 안전한 장소로 옮겨서 가정폭력긴급전화로 신고하기 바란다.

생각해보기

· 조종 수법 파악하기 ·

위에서 소개한 조종 수법 중 당신이 경험한 것이 있는가? 있다면 가장 많이 당한 방법은 무엇인가?

악성 나르시시스트들의 심리

반사회성, 편집성, 가학성이 있는 나르시시스트들은 이른바 '악성 나르시시스트'로 분류된다(켄베르크 1984). 그들이 어떤 끔찍한 짓까지 저지를 수 있는지 반드시 알아둬야 한다. 2002년 크리스마스이브에 캘리포니아주 머데스토에서 젊은 임신부 라시 피터슨이 실종되었다. 남편 스콧 피터슨은 심문 과정에서 거짓말 탐지기 검사를 거부했다. 그는 아내가 실종될 당시 배를 타고 낚시를 나갔다고 주장했다. 스콧은 다정한 남편처럼 보였고 겉보기에 대단히 매력적이어서, 아내의 살인사건 수사에 개입하여 자신의 행적에 대해 거짓말을 늘어놓으며 많은 사람들을 속였다.

라시와 뱃속의 아들을 위해 밤늦도록 집회가 이어지던 시점에 스콧은 여자친구 앰버 프레이에게 전화하여 그가 파리에서 새해 전야를 어떻게 보내고 있는지 자세히 이야기했다. 소름 끼치게도 스콧은 앰버와 만나기 시작하면서 아내와 사별했다고 거짓말을 했는데, 그때는 라시가 살해당하기 몇 주 전이었다. 그는 몰랐지만 앰버는 사실 함정수사에 동원된 사람이었고, 결국 스콧의 거짓말은 탄로났다. 샌프란시스코만에서 임신한 라시의 시신이 발견되자 수배령이 떨어졌고 스콧은 체포되었다. 그는 머리색을 바꾸고 동생의 신분증과 현금 1만 달러를 소지한 채 멕시코 국경 근처에 머물고 있었다.

평범한 사람들은 대체 무슨 일로 한 남자가 사랑하는 아내와 뱃속의 아이까지 죽이면서 이중생활을 하는지 그 마음을 이해하기 어렵다. 그러나 극단적이기는 해도 비극적인 결말을 맞은 라시 피터슨의 이야기는 나르시시스트와 소시오패스에게 당한 수많은 피해자들의 이야기와 별반 다르지 않다. 학대는 보이지 않는 곳에서 은밀하게 일어나고, 피해자들은 뒤늦게 자신이 얼마나 심각한 위험에 처해 있는지 깨닫는다. 스콧 피터슨은 이웃들에게 곧 아빠가 될 애처가이자 '좋은 사람'으로 비추어졌다. 겉보기에 매력적이고 사람 좋아 보이는 인상은 이런 유해한 사람들에게 흔히 발견되는 특성으로, 양의 탈을 쓴 늑대의 본성을 감춰준다. 스콧은 여자친구와 새 인생을 시작하려고 자기 가족을 죽일 만큼 무자비하고 공감 능력이 지독히 결여된 인간임이 드러났다. 그는 악성 포식자였다. 소시오패스들은 자신의 계획을 가로막는 것은 무엇이든 제거하려 들고, 그러면서도 아무런 양심의 가책을 느끼지 않는다.

이런 악성 나르시시스트들은 보다 일반적인 조종자들처럼 본의 아니게 해로운 행동을 해 피해자들을 좌절시키지 않는다. 그들은 노골적으로 위험한 짓을 한다. 그리고 살인까진 아니더라도 대부분 남들에게 평생 지워지지 않을 트라우마의 형태로 돌이킬 수 없는 상처를 입힌다. 이른바 '나르시시즘적인 학대'란 나르시시스트와 소시오패스들이 정서적 학대를 일삼으며 피해자들에게 가스라이팅, 담쌓기, 조종, 강압, 통제와 같은 행위를 상습적으로 가하는 교활하고 은밀한 형태의 폭력을 말한다. 이들은 때때로 끔찍한 폭행을 저지르거나 피해자들을 자살로 내몰기도 한다.

이런 조종 수법에 더 잘 대처하려면 나르시시스트들의 심리를 이해해야 한다. 우리 사회에서 나르시시스트, 소시오패스, 사이코패스의 수는 이미 무시하기 힘든 수준이다. 마사 스타우트 박사는 미국인 25명 중 1명이 소시오패스인 꼴이라고 설명하는데(2005, 6) 상상만 해도 끔찍한 수치다. 소시오패스들은 양심이 없고 자기 이익과 즐거움을 위해 적극적으로 남을 착취하면서 자신의 행동을 조금도 반성하지 않는다. 사회에 이 같은 포식자들이 몇 안 되는 경우에도 이런 유해한 유형에게는 꼭 숭배자가 여럿 따르기 마련이라 살아가는 내내 많은 피해자들에게 상처를 주는데, 그중에서도 매우 예민하고 공감 능력이 뛰어난 사람들이 주 표적이 된다.

주변 사람이 성격장애를 앓고 있다면

______일부 치료사들에 따르면 미국에서 주변 사람의 성격장애, 특히 자기애성 성격장애와 반사회성 성격장애로 고통받는 사람은 1억 5800만 명 이상으로 추정된다(본채이 2017).

자기애성 성격장애는 과도한 특권 의식, 숭배의 요구, 타인을 착취하려는 경향, 공감 능력 결여와 냉담함, 우월감에서 비롯된 교만한 태도, 과대한 자기감 등이 특징이다.

반사회성 성격장애(흔히 '소시오패스'와 '사이코패스'를 일컫는다)는 위의 특징에 양심과 반성의 결여, 겉보기에 매력적이고 언변이 좋음, 자신의 이익과 쾌락을 위한 타인 착취, 범죄 전력 등이 추가된다(APA 2013).

이른바 '어둠의 성격 3요소(나르시시즘, 정신병질, 마키아벨리즘)'의 기준에 해당하는 사람들은 대단히 위험하고 가학적일 수 있다. 그들은 인지적 공감 능력을 사용해 피해자에게 가장 깊은 상처를 남기는 방법을 궁리한다. 타인에게 고통을 안겨주는 데서 쾌감을 느끼고, 자신의 행동이 피해자에게 어떤 영향을 미칠지 고려하는 정서적 공감 능력이 턱없이 부족하다.

어떻게 인간이 자기 가족에게 그토록 잔인하고 냉혹한 짓을 할까? 우리는 그런 행동이 분명히 정신이상이나 광기에서 비롯하리라 생각하지만 성격장애의 경우 그렇다고 볼 수 없다. 악성 나르시시스트들은 분별력이 부족해서가 아니라 친사회적인 감정이 결여되어 타인에 대한 공격성을 억제하지 못한다. 앞에서 살펴봤듯이 매우 예민한 사람들의 뇌는 공감 능력이 과도하게 발달해 있다. 이제 그와 정반대인 나르시시스트와 사이코패스의 뇌를 살펴보자. 연구에 따르면 나르시시스트들의 뇌에서는 공감 능력과 관련된 부위에 회백질 이상이 발견되었다(슐츠 등 2013). 또 공감 능력과 죄책감과 관련된 부위인 안와전두피질과 복내측 전전두피질, 그리고 공포와 정서 처리를 담당하는 편도체에서 구조적·기능적 이상을 보인다는 결과도 나왔다(글렌과 레인 2014). 양 부위 간 연결성도 원활하지 않아서 편도체에서 타인에 대한 위협이나 해악을 경고하는 정서 관련 정보를 보내도 사이코패스의 의사결정에 영향을 미치지 못하는 것으로 밝혀졌다(모츠킨 등 2011).

보통 사람들이 공포와 위협을 느껴 반사적으로 공격하는 것과 달리, 사이코패스들은 편도체 반응이 감소하면서 보상이나 목표를 얻기 위한 계획적이고 도구적인 공격성을 발휘하게 된다. 그들은 고통이나 위협에 대한 반응으로 남들을 '몰아세우는' 것이 아니라, 공감 능력이 결여되고 혐오 자극에 보통 사람만큼 반응하지 않으며 겁이 없고 타인을 학대할 때 정서적으로 크게 동요되지 않기 때문에 폭력을 휘두른다.

또 사이코패스들에게는 '도덕관념'도 부족하다. 그들은 뇌의 다른 부위들에서도 결함을 보인다. 정서기억을 떠올리고 공포감을 조건형성하여 과거 행동의 결과를 통해 학습하도록 돕는 해마, 더 강한 보상과 자극을 찾게 하는 선조체, 그리고 도덕적 추론과 조망 수용•, 정서 경험과 관련된 이른바 '도덕적 신경망'에 해당하는 후측 대상피질, 내측 전전두피질, 각회 등에서도 결함이 나타났다(글렌과 레인 2014). 뇌에서 드러나는 이러한 차이가 사이코패스들의 공감 능력, 도덕적 의사결정, 처벌에 대한 두려움, 억제 기능을 손상시키고 강렬한 감각 추구, 보상 추구 행동, 기만적인 조종 행위 등을 부추기는 것으로 보인다.

자기애성 성격장애와 반사회성 성격장애(정신병질과는 별개의 진단이지만 겹치는 면이 많다)는 치료가 매우 어렵다. 치료사와 전문

• 스스로를 타인의 입장에 놓고 상상해봄으로써 타인의 생각과 감정, 욕구 등을 추론해보는 능력.

가들은 심각한 수준인 나르시시스트들은 대체로 변화할 가능성이 낮고 그들의 목적에 부합하지 않는 한 치료조차 받으려 하지 않는다고 입을 모아 이야기한다. 나르시시스트들은 자신의 이익을 도모하거나 주변 사람들을 조종하려고 일시적으로 변한 것처럼 보이게 할 순 있어도 진짜 변하기는 쉽지 않다. 그들의 행동은 어린 시절부터 뇌에 굳어진 패턴을 따르기 때문이다.

병리적인 나르시시즘이 어떻게 형성되는지는 임상적으로 결론이 나지 않았지만, 나르시시스트와 사이코패스의 피해자들은 그런 유해한 사람들이 과거의 트라우마를 행동화하는 것으로 짐작하고 그들을 '고쳐주려는' 의무감을 느끼기도 한다. 하지만 겁 없고 무자비한 포식자일수록 변화의 가능성은 낮다. 정신병질 중 불안감이 높은 유형은 아동기의 학대와 연관이 있지만, 불안감이 낮은 유형은 어려서 학대당했을 가능성이 낮고 보통 외상 후 스트레스 장애(PTSD) 같은 정신건강 문제도 겪지 않는다(키모니스 등 2012; 타타르 등 2012). 한 연구에서는 집에서 응석받이로 크며 버릇이 없어지고 과도한 특권 의식을 갖게 된 아이들이 오히려 자기애성 성격으로 자란다는 것을 입증했다(브루멀먼 등 2015). 아이를 과대평가하고 응석받이로 키우는 것이 바람직한 양육은 아니지만, 일반적으로 나르시시스트들이 겪었으리라 예상되는 어린 시절의 트라우마라고 보기는 힘들다. 스펙트럼상 약한 수준의 나르시시스트들은 수치심을 잘 느끼고 쉽게 상처를 받기도 할 테지만, 웅대한 자기상과 특권 의식을 가진 심각한 수준의 나르시시스트들은 피해자들을 공포와 궁지로 몰아넣는다. 우리는 그들이 성격장애를 갖게 된 이유를 일일이 이해해줄 수도 없을뿐더러, 성장 과정에서 어떤 트라우마를 겪었든 간에 학대 행위는 결국 그들이 스스로 선택한 것이다. 가장 극단적인 수준의 나르시시스트들은 종종 피해자에게 학대를 가하면서 변태적인 쾌감을 즐긴다. 반면에 매우 예민한 사람들을 비롯한 많은 학대 피해자들은 학대 행위를 하지 않기로 선택한 사람들인 것이다.

이런 성격장애는 대개 상대방을 조종하고 학대하는 행위와 연관성이 깊다. 관계 폭력 전문가인 임상심리학자 라마니 더바술라는 이렇게 말한다(2018). "나는 가정폭력이나 소위 친밀한 파트너 사이에서 일어나는 폭력 분야에서 연구하고 사람들을 치료해왔다. 가정폭력을 저지르는 사람들은 대부분 나르시시스트나 사이코패스다. 그래서 가정폭력에는 늘 위험이 도사린다. 당신이 그들에게 방해가 되면 그들은 당신을 제거할 것이기 때문이다."

라시 피터슨 같은 사례는 대단히 비극적이지만, 그런 일을 당하는 사람이 그녀 하나는 아니다. 크리스 와츠는 임신한 아내 섀넌 와츠와 뱃속의 아이, 그리고 어린 두 자녀를 모두 살해했다. 그는 두 딸을 유정에 버리고 아이들의 행방에 대해 취재진에게 거짓말했다. 심지어 아내가 먼저 아이들을 죽여서 자신이 격분한 나머지 아내를 죽였다는 주장까지 했다. 극단적인 사례이긴 하지만 진짜 피해자를 중상모략하는 이런 '계략'은 피해자에게 책임을 덮어씌워 자신의 무죄를 주장하려는 나르시시스트를 겪어본 사람들에게는 너무도 익숙하다.

육군 중사 에밀 시리어스가 두 번이나 아내를 살해하려다가 미수에 그친 또다른 끔찍한 사례도 있다. 처음에는 집안에 가스를 누출해 자녀들까지 죽게 만들 뻔했고, 그다음에는 아내의 낙하산을 망가뜨려서 스카이다이빙하는 아내를 살해하려 했다. 다행히도 그녀는 4천 피트를 추락하고도 살아남았다. 에밀 역시 스콧 피터슨과 크리스 와츠처럼 이중생활을 해온 사실이 밝혀졌다. 경찰은 에밀이 여러 명의 불륜 파트너들에게 보낸 문자 수천 건을 적발했다. 그는 수도 없이 불륜을 저질렀고 무분별한 성매매를 일삼았다. 에밀도 아내를 죽인 뒤 숨겨둔 내연녀와 달아날 계획이었다.

예측이 불가능해 위험한 사람들

소시오패스와 사이코패스의 섬뜩하리만치 유사한 범죄 패턴은 그들이 극단적인 경우에 얼마나 위험하고 폭력적으로 변하는지 잘 보여준다. 유해한 사람들 중에 가장 위험한 유형은 감옥에 갇혀 있는 범죄자들이 아니다. 오히려 보이지 않는 곳에서 끔찍한 해악을 저지르며 공동체의 중심에서 '좋은 사람'으로 통하는 사람들이다. 그들은 상대를 무장해제시키는 카리스마와 치명적인 매력으로 당신을 정신이 혼미해지는 연애에 휘말리게 할 수도 있다.

나르시시즘적인 학대의 피해자들을 돌보는 전문 치료사 안드레아 슈나이더는 이렇게 말했다. "학대적인 나르시시스트가 일상에서 흔히 보는 유형이든 악성 유형이든 간에 학대자들의 행동을 예측할 수 있는 수정 구슬 따위는 없다는 것을 기억해야 합니다. 많은 피해자들이 계속 학대를 당하다보면 인지 부조화나 FOG(Fear, Obligation, Guilt 공포감, 의무감, 죄책감) 때문에 가해자에게 내재한 위험성을 정확히 판단하지 못합니다. 당신의 삶이 어떤 식으로든 위험하다고 느끼거나 상습적인 학대에 시달린다면 언제든지 도움을 요청하세요. 성격장애가 있는 사람들은 매우 예측하기 힘드니까 진단명에 지나치게 의존하기보다는 당신이 목격한 행동에 주목하는 것이 훨씬 중요합니다."

당신이 유해한 사람들의 먹잇감이 되는 이유

애초에 당신이 왜 그런 악성 나르시시스트들과 엮이는지 궁금할 것이다. 당신은 매우 예민한 사람이라 그런 사이코패스들과는 아무런 공통점이 없을 테니까 말이다. 당신은 공감 능력이 뛰어나지만 그들은 상대를 조종하는 데 능하고 대단히 파괴적이다. 당신이 가진 가장 큰 장점 때문에 당신은 포식자들에게 매력적인 먹잇감이 된다.

공감 능력, 양심, 다정다감함, 회복탄력성, 베푸는 성격 등은 모두 악성 나르시시스트들이 상대방을 착취할 때 이용하는 특성들이다. 두 사람이 모두 공감 능력이 뛰어나고 서로 정서적으로 조율하는 건강한 관계라면 이런 특성은 좋은 관계로 발전하는 데 도움이 된다. 하지만 나르시시스트들과의 관계에서는 이런 특성이 악용되어 당신에게 불리하게 작용한다. 매우 예민한 사람들은 무언가에 대해 판단할 때 자신이 지닌 옳고 그름의 기준에 따르므로 나르시시스트들도 자신처럼 공감 능력이 있다고 가정하고 본인의 도덕관념과 양심을 그들에게 투사할 가능성이 높다.

이런 가정은 대개 틀렸을 뿐 아니라 위험하다. 매우 예민한 사람들이 나르시시스트에게 보상을 받거나 나쁜 행동이 개선되리라 기대하며 자신의 중요한 가치나 경계를 넘어서면서까지 그의 욕구를 충족시켜주는 데 매달리게 만들기 때문이다. 나르시시스트들을 상대할 때는 우리에게 있는 타인의 고통이나 아픔에 공감하는 능력이 그들에겐 없다는 사실을 기억해야 한다. 그들은 언제나 자기 자신이 최우선이다. 자기 욕구를 채우려고 타인의 권리를 침해할 뿐 그 이상도 이하도 아니다.

매우 예민한 사람과 나르시시스트 사이에는 기생적인 역동이 형성된다. 매우 예민한 사람들은 나르시시스트가 자신의 자원을 갉아먹게 두는 '숙주' 노릇을 한다. 관계 초기에 엄청난 관심과 애정을 쏟아붓는 '애정 공세' 단계에서(3장에서 더 자세히 설명할 것이다) 나르시시스트들은 매우 예민한 사람을 '길들이려는' 목적을 숨긴 채 매력과 조종 수법을 이용해 삶에 침투한다. 그러면 매우 예민한 사람들은 드디어 소울메이트(혹은 완벽한 동업자나 이상적인 친구)를 만났다고 믿고 나르시시스트들에게 많은 것을 내주기 시작한다. 그러다가 상황이 역전되어 나르시시스트들의 가면이 벗겨지면 매우 예민한 사람들은 그들이 트라우마나 불안, 친밀감에 대한 두려움 때문에 건강한 관계를 맺지 못한다는 식으로 학대 행위를 합리화한다. 실은 우리가 목격한 것이 그들의 진짜 모습인데도 말이다. 나르시시스트들은 오로지 한 가지 목적을 위해 관계를 맺는다. 바로 자기애의 충족이다. 이것은 그들이 관계에서 얻는 모든 형태의 칭찬, 관심, 동경, 위안, 돈, 섹스, 그 밖의 자원들을 포함한다.

매우 예민한 사람들은 결국 뛰어난 공감 능력 때문에 유해한 사람들과 만나 위험에 빠진다. 공감 능력을 발휘하여 자신의 도덕관념으로 그들을 이해하고 지나치게 연민어린 시선으로 바라보며 위험 신호를 무시하거나 합리화하거나 축소해석하기 때문이다. 이런 행동은 잘못되었을 뿐만 아니라 자기 파괴적이다. 트레이시 스타인 박사는 대부분의 사람들이 거짓말이나 남을 해치는 행동을 비난하는 '사회적으로 합의된 도덕률'의 관점에서 나르시시스트들의 행동을 바라보기 때문에 악랄한 동기를 직시하기보다 그들의 이중적인 행동을 정당화하고 변명하려 든다고 지적한다(2016). 그동안 얼마나 많은 피해자들이 나르시시스트들의 용납하기 힘든 행동을 단지 그들의 낮은 자존감 혹은 '힘든 시기'나 '문제 많은' 유년기로 인해 '고통스러운' 탓으로 돌리며 합리화해 왔을까? 이 책을 읽고 있는 당신에게도 분명 이런 이야기가 낯설지 않을 것이다.

당신의 동정심을 유발하는 교활한 수법

공감 능력이 발달한 사람들은 타인에게서 가장 좋은 점을 발견하고 상처 입은 사람들을 '도우려고' 노력한다. 특히 상대방이 당신을 조종할 목적으로 '동정심을 유발하는 수법'을 사용하여 실은 가해자이면서 피해자인 척하려는 경우 쉽게 휘말린다. 유해한 사람과 나르시시스트들은 당신이 불쌍히 여겨주길 바라면서 자신의 힘겨운 유년기, 중독 문제, 곤란한 처지를 극적으로 포장할 것이다. 마사 스타우트 박사에 따르면 공격이나 폭행을 가한 후 동정심에 호소하는 이런 왜곡된 방식은 '파렴치한 사람들'

의 특징이다(2005, 107). 조종자들이 호소하는 고통 때문에 당신은 그들의 실수에 대한 변명을 호의적으로 들어준다. 그 결과 학대가 끊임없이 반복되며 계속 이어진다. 그러므로 이런 동정심 유발 수법을 제대로 이해하여 누군가가 당신에게 그 수법을 사용할 때 바로 알아차리는 것이 중요하다.

1단계 악어의 눈물이나 거짓된 사과로 뉘우치는 모습을 보인다. 하지만 실제로는 결코 행동을 바꾸지 않는다.

2단계 학대 행위를 합리화하거나 정당화한다. 자신의 고통을 호소하거나 폭력적인 행동은 우발적이었고 진심이 아니었으며 통제할 수 없었다고 주장할 것이다(예를 들면 폭음이나 당신의 행동 탓으로 돌릴 것이다). 이때 그들을 용서하고 화해하면 다시 학대 주기가 반복된다.

3단계 동정심 유발 수법으로 더이상 상대에게 원하는 반응을 이끌어내지 못하면 피해자에게 가혹하다거나 함부로 판단한다거나 이기적이라거나 혼란스러운 상태라고 비난한다. 그들은 분노에 못 이겨 상대를 몰아세우고 가스라이팅을 하며 피해자가 두들겨맞고 굴복할 때까지 조종 행위를 계속한다.

당신은 어쩌면 이 3단계를 계속 반복해 겪고 있는지도 모른다. 당신처럼 양심적인 사람들은 타인의 입장을 염려하며 상대방에게 끝까지 최선을 다하기 때문이다. 나르시시스트들은 당신이 매우 책임감이 강하다는 사실을 알고, 매우 양심적인 사람들은 무슨 일이 있어도 끝까지 책임을 진다는 걸 안다.

나르시시스트들은 범죄를 저지르고도 거의 뉘우치는 경우가 없지만, 피해자들은 상대방을 폭로하거나 보복하거나 어떤 식으로든 관계를 배반하거나 자신의 의무를 다하지 못할 경우에 도덕적 불안감을 느낀다. 다시 말하건대 당신의 진실함은 긍정적인 특성이고 공감 능력이 있는 사람들과의 관계에는 도움이 되지만 유해한 사람들과의 관계에서는 불리하게 작용한다.

악성의 유해한 사람들은 양심적인 사람들이 어떤 상황이든 상대방에게 호의적으로 해석하고 (매우 예민한 사람들의 신경계에 큰 부담을 주는) 갈등을 피하려고 상대방의 눈치를 살피며 동정심 유발 수법에 쉽게 속아넘어가고 자신이 어떤 피해를 입더라도 상대방을 진심으로 돌본다는 사실을 꿰뚫는다. 성격장애 전문가인 임상심리학자 조지 사이먼은 이렇게 표현한다(2018). "성격장애가 있는 사람들은 대부분 그들에게 결여된 두 가지 자질을 가진 사람들을 표적으로 삼는다. 바로 양심과 지나친 우호성(존중)이다. 당신이 나르시시스트들의 조종에 취약해지는 가장 큰 이유는 양심 때문이다. 조종자들은 당신의 죄책감과 수치심을 주된 무기로 삼는다. 그런 수법이 통하려면 상대방에게 죄책감과 수치심을 느낄 능력이 있어야 한다. 성격장애가 있는 사람들에겐 결여되어 있지만 양심적인 사람들에겐 넘쳐나는 능력이다."

매우 예민한 사람인 당신은 나르시시스트들과의 갈등에서 우울과 불안을 느끼게 될까봐 두려워하기 때문에 그들의 조종이 심신에 미치는 영향에 대단히 취약하다. 그들의 조종을 인식하지 못하고 유해한 행동을 스스로 합리화하는 경우라면 특히 더 그렇다. 그들의 조종을 알아차린 후라도 심각한 트라우마에 시달린다면 학대자를 떠나기 어려울 수 있다.

생각해보기

· 동정심 유발 수법 ·

조종자들이 당신을 함부로 대한 행동을 스스로 합리화했던 경험을 떠올려보자. 당신은 그들에게 명확한 결과를 들이밀면서 책임을 물었는가? 아니면 그들을 가엾게 여겨 쉽게 용서해주고 말았는가? 다음번에는 어떻게 다르게 대처할 것인가?

우리가 유해한 사람을 못 떠나는 이유

"그냥 떠나버리고 연락을 끊기만 하면 되는데 저는 왜 그게 그렇게 어려울까요?" 유해한 관계에 시달리는 매우 예민하고 공감 능력이 뛰어난 사람들이 나한테 가장 많이 하는 질문 중 하나다. 이 질문에 대한 대답이 매우 중요한 것은 우리가 관계를 끊지 못하는 이유가 그 사람이나 그 관계가 좋아서가 아니기 때문이다. 훨씬 더 위험하고 중독적인 이유다.

우리는 해로운 관계에서 트라우마를 겪게 되면 '정서적인 뇌'에 충격이 가해져 편도체와 해마 같은 부위가 영향을 받는 한편 사고를 담당하는 전전두엽피질은 비활성화된다. 이는 우리의 자제력과 충동성, 감정, 위협에 대한 반응, 기억력, 학습, 계획 및 의사결정에 영향을 미친다(반데르 콜크 2014). 또 트라우마를 겪으면 뇌의 좌반구와 우반구 간 소통이 막히고 좌반구가 비활성화되어 **집행 기능**이 멈춘다. 집행 기능은 우리의 경험을 조직화하여 일관된 서사로 정리하고 문제를 해결하며 유익한 결정을 내리는 데 매우 중요한 능력인데 말이다.

스스로 터무니없는 행동을 했다고 자책하기에 앞서 이 점을 기억하자. 극심한 혼란에 빠질 때 우리 뇌는 우리 자신에게 불리하게 작용한다. 학대적인 관계에는 트라우마 전문가들이 말하는 '외상적 유대'가 기저에 깔려 있다. 외상적 유대란 우리가 '가해자'들과 강렬한 정서적 경험을 하는 동안 살아남으려고 그들과 형성하는 유대 관계를 말한다.

패트릭 칸스 박사는 이것을 '배반적 유대'라고 부른다(2015, 6). "착취적인 관계는 배반적 유대를 형성한다. 피해자가 자신을 파괴하는 사람에게 유대감을 느끼는 것이다. 인질이 인질범을 감싸

주고 근친상간 피해자가 부모를 두둔하며 착취당한 직원이 상사의 부정행위를 폭로하지 못하는 일 모두 이 배반적 유대 때문에 벌어진다…… 이것은 상처를 준 사람들에 대한 생각을 마비시키는 대단히 중독적인 애착이다." 칸스 박사는 이런 유대를 형성한 피해자들이 어떻게 학대자들에게 그들의 잘못을 이해시켜 학대 행위를 멈추게끔 노력하는지 설명한다. 피해자들은 대개 학대자를 변화시키려는 노력이 실패로 돌아가는 것을 자책하며, 이런 외상적 유대 때문에 자신의 현실감각에 대한 신뢰를 잃고 더 위험한 상황에 처하게 된다. 학대 피해자들은 관계를 개선하여 더이상의 학대가 일어나지 않도록 애쓰지만, 결국 더 큰 고통에 빠질 뿐이다.

우리가 왜 이런 관계에서 벗어나지 못하는지를 이해하면 자책감에서 벗어나 해로운 관계를 끝내는 데 도움이 된다. 스톡홀름 신드롬과 유사하게, 우리는 외상적 유대 때문에 학대자에게 사로잡혀 끔찍한 정신적·신체적 폭력을 당하면서도 오히려 학대자를 방어한다. 유대감은 한번 형성되면 끊어내기 힘들기 때문에 학대자들은 피해자에게 자꾸 겁을 주며 유대감을 유지하기 위해 온갖 수단과 방법을 가리지 않는다. 어떤 해로운 관계에서도 우리에게 불리하게 작용하는 뇌는 도움이 안 된다. 외상적 유대는 피해자와 학대자의 생화학적인 결합 때문에 더 강화된다. 옥시토신, 도파민, 세로토닌, 코르티솔, 아드레날린 같은 호르몬과 화학물질은 모두 우리가 유해한 사람들에게 중독되는 데 중요하게 작용한다.

무엇보다 강렬한 도파민 도취

사랑은 우리 뇌의 쾌락 중추와 보상 중추를 동시에 자극한다. 그러니 매우 예민한 사람들의 뇌가 사랑에 얼마나 강렬하게 반응할지 한번 상상해보라! 쾌락 중추에 전기 자극이 가해진 쥐들은 충격받을 위험을 무릅쓰고 자극을 주는 전기 레버를 수천 번씩 눌러가며 뇌 전압을 재경험하려고 무슨 짓이든 할 기세를 보인다. 이는 우리가 나르시시스트와의 관계에서 극심한 고통을 겪으면서도 그와 함께했던 '허니문 단계'의 기쁨을 다시 맛보려고 숱한 노력을 반복하는 것과 다르지 않다(올즈와 밀너 1954).

우리는 더 잘 '알아야' 한다고 생각한다. 하지만 문제는 단순히 더 잘 아는 것이 아니라 우리가 어떻게 느끼는가다. 해로운 사랑은 놀랍게도 도파민을 아주 많이 분비시키므로, 매우 예민한 사람들은 그런 감정을 극도로 강렬하게 경험한다. 도파민은 뇌의 쾌락 중추에 관여하는 신경전달물질로 욕망과 중독에 중요한 역할을 한다. 나르시시스트들은 처음 관계를 맺을 때 과할 정도로 칭찬을 하고 관심을 보이며 애정 공세를 퍼붓는다. 이런 애정 공세를 받아 도파민이 넘쳐나면 우리는 약물중독에 빠진 것처럼 극도의 희열을 맛본다. 실제로 안드레아스 바텔스와 세미르 제키가 행한 연구에서 사랑에 빠진 사람의 뇌가 코카인 중독자의 뇌와 유사하다는 사실이 드러났다(2000). 또 헬렌 피셔의 연구에서는 사랑이 이루어지지 않는 경우에도 중독이나 갈망과 관련된 뇌의 여러 부위가 활성화된다는 사실이 밝혀졌다(2016). 그러다보니 나르시시스트 파트너가 거리를 두거나 오로지 다시 밀어내기 위해 당신을 끌어당기는 이른바 '냉온 전략'을 구사할 때도 심한 금단증상을 경험하게 된다.

우리 뇌는 자신에게 유해한 사람에게 집착하도록 재조정되기도 한다. 수전 카넬 박사에 따르면 냉온 전략 같은 학대적인 방법이 우리의 도파민 시스템에 잘 통한다고 한다. 연구 결과 보상이 예측 불가능하게 제공될 때 도파민이 더 쉽게 분비된다는 사실이 입증된 것이다(2012). 고통받는 상황에서 간헐적으로 쾌감을 느끼면, 우리 뇌에 생존하려면 '주의를 집중하라'는 경고와 언제 주어질지 모르는 보상을 얻기 위해 더 노력하라는 경고가 떠오른다. 반면에 즐겁기만 한 경험에 탐닉하다보면 도파민 분비가 줄어드는 경향을 보인다. 우리 뇌가 도파민을 다시 얻으려고 노력할 필요가 없다는 것을 깨닫기 때문이다.

보상 경험 → 도파민 분비 → 도파민 다시 갈구

보상 경험에 탐닉 → 도파민 분비 감소

간헐적인 보상 → 도파민 분비 증가

도파민의 현저성 이론에서는 부정적인 경험을 할 때에도 도파민이 분비되어 생존에 중요한 일들에 우리가 적응하도록 만든다고 주장한다(왕과 세인 2011; 파울러 등 2007). 부정적인 관계에서 경험하는 이런 '좌절-끌림'이 로맨틱한 사랑의 느낌을 감소시키기보다 오히려 고조시킨다는 피셔의 발견(2016)은 그리 놀라울 것이 없다.

나르시시스트들이 해로운 관계에서 사용하는 냉온 전략의 이런 특성 때문에 우리는 실제로 건강하지 못한 중독 상태에 빠진다. 우리 뇌는 단순한 쾌락보다 쾌락과 고통이 결합될 때 더 많은 '보상'을 경험하므로 자연히 쾌락과 고통이 뒤섞인 관계에 더욱 관심을 기울이게 된다. 끊임없는 갈등, 가스라이팅, 혼란, 지속적인 불확실성, 요란한 말다툼, 극적인 학대 행위로 얼룩진 나르시시스트와의 관계는 우리가 이 관계에서 보상을 얻으려고 더 열심히 노력하게 만든다. 이런 관계는 우리 뇌에 건강한 관계보다 훨씬 더 강력한 보상 회로를 형성한다.

생각해보기

· 도파민 러시 ·

당신이 경험했던 가장 안정적인 연애나 우정을 떠올려보자. 어떤 느낌이 들었는가? 안심이 되었는가? 지루했는가? 즐거웠는가? 반대로 냉온 전략이 이루어졌던 유해한 관계를 떠올려보자. 그런 관계가 건강하진 않아도 중독적이거나 짜릿하다고 느꼈는가?

맹목적인 신뢰를 형성하는 옥시토신

옥시토신은 포옹이나 스킨십, 성관계, 그리고 오르가즘을 느낄 때 분비되는 '러브 호르몬'으로 잘 알려져 있으며 애착과 신뢰를 촉진하는 역할을 한다(왓슨 2013). 출산할 때 엄마와 아기 사이에 유대감을 형성하는 것도 바로 이 호르몬이다. 나르시시스트와 처음 관계를 맺는 애정 공세 단계에서는 이 호르몬의 효과가 상당히 강력하게 나타나는데, 특히 파트너와 육체적으로 친밀한 관계일수록 더욱 심해진다.

우리 뇌는 우리가 사랑하는 사람을 맹목적으로 신뢰하는 경향이 있다. 심지어 우리를 배신했던 사람이라도 그렇다. 연구 결과 옥시토신이 분비되면 상대방에 대한 신뢰가 높아져 많은 것을 내주게 되고 신뢰가 깨진 후에도 그런 경향이 이어지는 것으로 밝혀졌다(바움가르트너 등 2008). 우리는 나르시시즘적인 파트너의 불륜과 병적인 거짓말을 알게 된 후에도 그들과의 신체적 유대감에 여전히 압도되어, 악행을 저지른 증거가 버젓이 있는데도 계속 해서 관계를 이어가게 된다. 옥시토신은 우리가 유해한 사람을 계속 믿게 만든다. 아무리 신뢰할 수 없는 인간이라도 말이다.

그렇기 때문에 연애 초기 단계에서 스킨십을 미루면 자신이 공들이는 사람이 그럴 만한 가치가 있는지 제대로 평가하고 분별하는 데 도움이 된다. 성적 친밀감이라는 안개에 인식이 흐려지지 않으면 감정을 더 잘 관리하고 이성적으로 조절할 수 있다.

생각해보기

· 옥시토신의 안개 ·

당신이 경험했던 유해한 관계에서 혹시 스킨십이 너무 일찍 시작되었는가? 그래서 어떤 식으로든 상대의 진짜 모습을 보지 못했는가?

세로토닌, 코르티솔, 아드레날린 탐닉

정신과 의사 도나텔라 마라지티는 사랑에 빠진 사람들의 세로토닌 수치가 강박장애가 있는 사람들과 비슷하다는 사실을 발견했다(마라지티 등 1999). 세로토닌은 기분(특히 우울과 불안)을 조절하는 역할을 한다. 강박장애를 앓는 사람들은 매우 예민한 사람들처럼 이 신경전달물질의 수치가 비정상적으로 낮은 경향이 있다. 세로토닌 수치가 낮으면 강박적인 사고를 유발한다. 이 사실을 알고 나면 우리가 나르시시스트들에 대한 생각을 통제하지 못하는 것도 충분히 납득이 간다.

사랑에 빠지면 세로토닌 수치가 떨어질 뿐만 아니라 투쟁 또는 도피 반응을 도우려고 스트레스 호르몬인 코르티솔 수치가 상승하면서 각성 수준이 높아져 비상사태에 '맞서 싸울' 준비가 된다(반데르 콜크 2014). 코르티솔 수치가 높아지면 두려운 기억의 영향이 강화되고 트라우마가 우리 몸에 '각인되어' 신체적으로 격한 반응이 일어나거나 다양한 건강 문제로 이어질 수 있다(드렉슬러 등 2015).

세로토닌 수치가 감소하고 동시에 코르티솔 수치가 증가하면 우리는 파트너나 연인에게 과하게 몰입하고 집착하게 된다. 그들과의 관계가 마치 죽고 사는 문제처럼 느껴지는 것이다. 그러다보니 해로운 연애 관계에서도 사랑하는 사람을 끊임없이 생각하는 강박적인 성향을 보인다.

세로토닌 수치 하락 + 코르티솔 수치 상승
→ 파트너에 대한 강한 집착

아드레날린과 노르에피네프린도 우리 몸에서 투쟁 또는 도피 반응을 불러일으켜 이런 생화학적인 중독에 한몫한다(클라인 2013). 사랑하는 사람을 보면 아드레날린이 분비되어 심장이 두근거리고 손바닥에 땀이 난다. 그런데 두려울 때도 아드레날린이 분비된다. 우리는 나르시시스트를 상대할 때 심한 두려움을 느낀다.

아드레날린 + 공포 + 각성 → 매력

어떤 데이트 코치에게 물어보든 설렘과 두려움이 공존하는 데이트가 더 기억에 오래 남고 우리 뇌에서 파트너와의 강력한 유대감을 형성한다고 대답할 것이다. 연구에 따르면 두려움에 의한 각성과 매력이 연결되기 때문에 강렬하고 무서운 경험을 함께할 때(예를 들면 롤러코스터를 같이 탄다든가) 파트너에게 더 강한 애착과 끌림을 느낀다(더턴과 에런 1974). 나르시시스트와 함께했던 두려운 경험이 우리 뇌를 속여서 두 사람이 결코 떨어질 수 없는 유대 관계라고 믿게 만드는 것이다.

생각해보기

· 아드레날린 중독 ·

그동안 겪었던 유해한 관계에서 두렵거나 위험한 경험을 했는가?

그 사건을 겪고 난 뒤 평화롭고 안락한 시기가 찾아오지 않았는가?

이쯤 되면 아마 궁금할 것이다. "좋아요. 나르시시스트와의 유대감이 어떻게 생기는지는 알겠어요. 그럼 이제 어떻게 해야 하죠?" 걱정 마시라! 5장에서 이런 생화학적인 유대감을 끊어내는 방법과 보다 건강한 방식으로 나르시시스트에 대한 중독에서 빠져나오는 방법을 살펴볼 것이다.

실행해보기

· 외상적 유대 체크리스트 ·

당신이 유해한 조종자들과 외상적 유대를 맺고 있는지 확인하는 데 도움을 줄 체크리스트다. 아래 문항들을 읽어보면서 해당되는 내용에 체크해보자.

- ☐ 그 사람과 말 한마디만 섞어도 신체적·정서적으로 지쳐버린다. 에너지가 고갈된 것 같고 꼼짝할 수 없거나 몸이 마비된 느낌마저 든다.
- ☐ 그 사람이 주변에 있으면 신체적으로 불안 증세가 나타난다. 예를 들어 심장박동이 빨라지거나 손바닥에 땀이 나거나 갑작스러운 편두통이 생기거나 피부에 발진이 나거나 속이 쓰리거나 하는 등의 건강 문제가 발생한다.
- ☐ 그 사람과 함께 있거나 말을 섞고 나면 학습, 기억, 계획, 집중, 판단, 의사결정에 지장이 생겨 생산성이 저하된다.
- ☐ 그 사람에게 이용당한다는 느낌이 반복적으로 든다. 서로 도움을 주고받는 관계가 아니라 늘 당신만 일방적으로 '주는 사람'이

다. 상대방은 대개 당신의 자원, 시간, 노력 등을 '이용하기만' 하고 당신의 호의에 보답하지 않는다.

☐ 그 사람과 함께 있으면 자존감이 떨어진다. 그의 해로운 행동과 말 때문에 당신이 가치 없고 부족하며 부끄러운 사람이라고 느껴진다.

☐ 그 사람이 해롭고 당신을 조종한다는 것을 알면서도 이 관계를 '끊어버릴' 수 없다고 느낀다. 외상적 유대 때문에 그의 학대 행위를 합리화하거나 부정하거나 축소해석한다. 그가 아무리 끔찍하게 대해도 당신은 여전히 그에게 강렬한 중독을 느낀다.

☐ 그 사람이 곁에 없을 때에도 그의 말과 행동에 집착하고, 그의 실체를 제대로 파악하지 못한다. 또 그와의 관계에 점점 더 심하게 휘둘린다. 간단히 해결할 문제도 그와 대화를 나누다보면 방향을 잃고 혼란스러워진다.

☐ 그 사람과 대화를 나눌 때마다 심한 감정 기복을 경험한다. 자신감과 자기 확신을 느끼다가도 금방 상처를 입고 기진맥진해진다. 이는 조종자가 이중적으로 행동하는 탓이다. 그는 당신에게 무언가를 요구할 때는 상냥하다가도 당신을 통제하려 들 때는 심술궂어진다.

☐ 그 사람과 며칠 또는 몇 주만 떨어져 지내도 기분이 좋아지고 에너지가 생긴다. 그와의 중독에서 빠져나오는 데는 아주 오랜 시간이 걸리겠지만 말이다.

☐ 당신의 현실 인식을 비롯해 모든 것을 다시 곱씹어보게 된다. 유해한 조종자들은 종종 자신이 했던 말이나 행동을 부인하므로 당신은 정말 그런 일이 혼자만의 '상상'에 불과한지 의심하기 시작한다. 그들은 가스라이팅을 통해 당신의 경험과 감정이 옳지 않다고 믿게 만든다.

☐ 그 사람과 말을 섞을 때마다 생각, 신념, 감정이 심하게 상충된다(심리학에서는 이런 상태를 '인지 부조화'라고 부르는데, 극도로 혼란스럽고 고통스러운 상태다). 그 사람은 친절하다가도 일순간 심술궂은 태도로 바뀌기 때문에 당신은 그의 진짜 의도와 성격에 대해 점점 더 불안해지고 혼란에 빠진다.

☐ 당신은 평생에 걸쳐 자존감과 주체성이 저하되는 경험을 하고 있다. 그 사람과 적극적으로 의사소통하려 할 때마다 무력감을 느끼고 학습된 무기력에 빠진다.

만약 당신이 유해한 사람들과 곧잘 엮이는 매우 예민한 사람임을 깨달았다면, 그런 사람이 당신 하나가 아니라는 사실을 꼭 기억하자. 당신은 매우 예민한 사람이 지닌 몇 가지 특성 때문에 정서적인 포식자에게 취약할 수 있지만, 한편으로는 유해한 사람을 감지하고 견고한 경계를 설정하며 그들의 조종에 정면으로 맞서는 데 강점이 될 만한 특성도 지니고 있다.

이번 장에서 소개한 관계의 위험 신호에 대해서는 '건강한 관계 vs. 유해한 관계' 차트를 참조하자(http://www.newharbinger.com/45304). 이 사이트에서 책의 내용을 보충하는 자료들까지 추가로 확인할 수 있다. 이 차트를 출력하여 매일 볼 수 있는 곳에 붙여놓으면 앞으로 맺는 관계에서 무엇을 추구하고 무엇을 멀리해야 할지 잊지 않을 것이다.

2장

유해성의 스펙트럼

✳

유해한 사람들의 다섯 가지 유형

예전에 알던 친구 중에 남자친구를 사귀는 데 집착하는 친구가 있었다. 그 친구는 수시로 연애 관계를 갈아타며 매번 새로운 애인에게 시간과 에너지, 모아둔 돈의 대부분을 쏟아부었다. 그녀가 연애 문제로 고민할 때 나는 거의 늘 인정해주고 지지해주는 입장이었다. 하지만 내가 지독한 상실을 겪었을 때 그녀는 며칠 동안 나를 혼자 내버려두었다. 나중에 그녀에게 그때 위로받고 싶었는데 아무 연락이 없어 상처받았다고 말하자 그녀는 내가 '이기적'이라고 비난했다.

그 친구는 악성 나르시시스트까진 아니어도 유해한 사람이었고, 그래서 나는 그녀가 관계를 회복하려고 계속 연락을 해오는데도 연락을 완전히 끊어버렸다. 그녀는 자신의 연애 외에는 아무것도 신경쓰지 않을 만큼 자기중심적이었고 내 인생에서 가장 힘든 시기에 나를 혼자 내버려두었기에 나는 그녀와의 우정이 회복할 가치가 없다고 확신했다.

그녀가 유해한 성격 중 '양성' 유형이라면, 나르시시스트와 소시오패스, 사이코패스는 '악성' 유형에 속한다. 유해성의 스펙트럼을 따지려면 그 사람이 행동하는 맥락, 자신의 목적을 달성하려고 상대방을 조종하는 빈도, 피드백에 대한 수용성, 타인의 어려움에 공감하고 효과적으로 대처하는 능력 등을 고려해야 한다. 또 우리가 느끼는 안전한 정도와 피해 수준에 따라 경계를 조정할 필요가 있다.

유해한 사람들은 일반적으로 다섯 가지 유형으로 나뉘는데, 그중 세 유형은 양성에 해당하고 두 유형은 악성으로 분류된다. 이번 장에서는 그들의 해로운 행동을 보여주는 사례들을 소개하고, 그런 행동이 당신에게 불러일으킬 수 있는 문제에 대처하는 요령을 제시하고자 한다.

유해한 성격 중 양성 유형

유해한 사람들이 전부 악성 나르시시스트도 아니고 남에게 해악을 끼치는 데서 즐거움을 찾는 것도 아니다. 어떤 사람들은 다른 성격장애나 히스테리 성향으로 괴로워하고, 어떤 사람들은 원가족 문제, 자기중심성, 이기심, 과거의 트라우마 등으로 고통받는다. 몇몇은 예전에 내 친구가 문제에 맞닥뜨렸을 때처럼 가스라이팅과 투사로 반응하기도 하지만, 그렇다고 그들이 꼭 그런 방법으로만 다른 사람들과 관계를 맺는 것은 아니다. 그들의 행동 패턴을 보면 굳이 모든 연락을 끊거나 뚜렷한 낙인을 찍을 필요까지는 없더라도 그들과의 경계를 설정하는 일은 중요해 보인다. 유해한 성격은 어쨌거나 해로우니 어떤 식으로든 대응이 필요하다.

유해한 성격 유형 #1
일상적인 경계 침범자

유해한 성격 유형 중에서도 그나마 양성이지만, 그래도 유해한 건 마찬가지인데다 스스로 얼마나 유해한지 자각하지 못할 수도 있다. 이들은 습관적으로 당신에 대해 평가하고 당신의 사적 공간을 침범하며 당신이 줄 수 있는 것보다 더 많은 것을 요구하고 청하지 않은 충고를 해대며 당신의 시간을 낭비하고 허풍을 떨거나 약속을 깨는 식으로 경계를 침범한다. 이들은 시끄럽고 자기에게만 몰두하며 이기적이고 사회적 단서를 읽지 못한다.

낸시는 회사에서 가장 오지랖이 넓은 동료였다. 그녀는 아침마다 여기저기 돌아다니며 동료들과 쉴새없이 수다를 떨곤 했다. 그러면서 아무도 원하지 않는 충고도 해댔다. "우리집에 새로운 래브라도 강아지가 생겼어요. 아 너무너무 귀여워요. 귀여워 죽겠어요…… 테일러, 파란색 귀걸이를 하면 더 예뻐 보일 텐데. 당신에게 필요한 게 뭔지 알아? 내가 소개팅 시켜줄까? 내 예전 회사 동료 중에 톰이라는 잘생긴 남자가 있는데, 당신이랑 꼭 만나게 해주고 싶네!"

통제 성향이 강한 스티브의 어머니 클라라는 매일, 심지어 일하는 시간에도 아들의 안부를 '확인'하려고 끊임없이 전화를 해댔다. 아들이 교통사고를 당한 후에 생긴 습관이었다. 그녀는 진심으로 아들을 걱정했지만, 그 표현 방법은 건강하지 못했다.

낸시나 클라라 같은 사람에게 경계를 설정하는 방법: 길게 말을 섞으며 상대방의 감정을 북돋우기보다 차분한 태도로 그의 말을 들어줄 수 없다고 정중히 설명하고 대화를 짧게 끝내자. 경계 침범자들은 전혀 나쁜 의도가 없더라도 존재만으로 당신의 에너지를 금방 고갈시킬 수 있다. 낸시가 반려견과 소개팅에 대해 본격적으로 이야기를 시작하기 전에 "잠깐만요, 낸시. 내가 지금 좀 바빠서요. 난 요즘 누구와도 데이트할 생각이 없어요" 같은 말로 그녀를 말려야 한다. 그래도 계속 고집을 부린다면 이야기 도중에 자리를 뜨는 방법도 있다.

경계 침범자와 대화할 때는 대화 시간을 점점 줄여가는 습관을 들이자. 만약 당신이 스티브라면, 어머니에게 주중에는 전화를 받을 수 없지만 가끔씩 문자메시지를 확인하고 매주 한 번씩 전화를 드리겠다고 말할 수 있다. 그런 다음에 직장에서는 어머니에게 걸려오는 사적인 전화를 받지 않는 식으로 실천에 옮기자. 경계 침범자들도 당신이 받아주지 않는 상황에 차차 '적응하면서' 경계를 존중하는 습관이 점점 몸에 밸 수밖에 없다. 보통은 자기 말을 더 잘 들어주는 상대에게 옮겨간다.

유해한 성격 유형 #2
짜증 유발자와 관심 종자

일상적인 경계 침범자의 한 단계 위는 '짜증 유발자'와 '관심 종자'다. 이런 유형들에겐 한 가지 이기적인 목적이 있다. 설령 부정적인 피드백을 받더라도 언제나 관심이 자신에게 머물게 하는 것이다. 이들은 압도적인 관심을 필요로 하기 때문에 칭찬을 받으려고 허풍을 떨거나 극적인 사건을 만들거나 갈등을 유발한다. 자신에게 지나친 관심을 요구하며 대단히 피곤하고 짜증나게 굴지만 더 악성인 유형에 비해서는 다루기 쉬운 편이다.

하이디는 관심을 한몸에 받고 싶어했다. 그녀는 매일 도발적인 옷을 입고 출근해 남자 동료들과 시시덕대며 사무실에서 시시콜콜한 사생활을 큰 소리로 떠들어대곤 했다. 하이디는 직장 내 모든 사람에게 병적으로 관심을 받으려 했고, 동료들은 항상 여기저기 돌아다니며 대화를 독점하려는 그녀 때문에 업무에 집중하기가 힘들었다. 하이디는 원하는 만큼 관심을 받지 못하면 무시당했다는 느낌에 화를 내며 다른 사람들에게 맹렬하게 비난을 퍼붓곤 했다.

동료인 로라는 회의 때마다 계속 하이디에게 가려지다보니 특히 화가 났다. 로라가 아이디어를 내놓으면 하이디가 계속 끼어들어 방해했기 때문이다. 게다가 매일 아침 로라의 자리에 들러 최근 연애 이야기를 한참씩 늘어놓으며 로라의 하루를 시작부터 망쳐놓곤 했다.

하이디 같은 사람에게 경계를 설정하는 방법: 관심을 거두자. 관심 종자들은 당신의 정서적 반응과 에너지를 간절히 원한다. 만약 그들이 당신에게서 원하는 것을 얻지 못하면, 더 쉽게 얻을 수 있는 상대에게로 옮겨갈 것이다. 특히 위의 예에서는 로라가 하이디를 따로 불러 회의 때 자신의 말에 끼어들지 않으면 좋겠다고 말함으로써 하이디와의 경계를 설정할 수 있다. 로라는 이렇게 이야기할 수 있다. "하이디, 당신의 의견을 소중하게 생각하지만 회의 때 당신에게 방해받지 않고 내 의견을 전달하고 싶어요. 그리고 아침에 수다떠는 일도 자제하고 싶네요. 난 아침에 너무 바빠서 사람들과 이야기할 틈도 없고 그럴 에너지도 없거든요."

만약 하이디가 이런 경계 설정을 거부한다면, 로라는 상사와 이 문제를 상의하거나 하이디가 끼어들 때마다 정중하고 단호하게 "실례지만 제가 먼저 하던 말을 마치고 싶네요"라고 말하여 하이디의 방해 패턴을 교란시킬 수 있다. 관심 종자를 공개적으로 호명하면 그를 당황시켜 엉뚱한 주목을 받게 만드는 실질적인 효과를 볼 수 있다. 또 그들의 수법을 방해하면 인정 욕구를 채우려고 타인의 칭찬을 갈구하는 사람들에게 덜 만만한 대상이 되는 데도 도움이 된다. 당신이 다시 자기 자신과 본래의 의도에 관심을 집중하면, 관심 종자가 당신에게 계속 짜증을 유발할 방법을 찾기 어려워진다.

유해한 성격 유형 #3
에너지 뱀파이어

'에너지 뱀파이어'는 다른 책과 기사에서 여러 가지 유해한 성격을 총칭하는 말로 흔하게 사용되었다. 하지만 이 책에서는 공감 능력은 있지만 무리한 요구로 당신의 에너지를 심하게 빨아먹는 유해한 사람들을 의미하는 용어로 사용하려 한다.

로레나의 어머니는 에너지 뱀파이어였다. 그녀는 평소 딸에게 거의 연락하지 않다가 원하는 게 있을 때만 연락했다. 그녀는 워낙 애정에 굶주려 있어 힘든 일이 생길 때마다 딸의 시간과 관심을 양껏 요구했지만, 정작 딸이 어머니를 필요로 할 때는 모른 척했다. 그녀는 아무 예고도 없이 로레나의 집에 찾아왔고 손주들을 보겠다고 고집부리며 자신이 이용당한 이야기를 끝도 없이 쏟아냈다. 로레나는 어머니와의 경계를 설정하기가 힘들었다. 로레나는 성인이 되어서도 어머니의 명령에 순종하지 않는 데 죄책감을 느꼈고, 특히 어머니가 일부러 죄책감을 부추기면 더 심해졌다. 하지만 자기가 도움을 요청할 때마다 어머니는 어디에도 없었다는 사실 역시 알고 있었다.

로레나의 어머니 같은 사람에게 경계를 설정하는 방법: 솔직하고 단호하게 대화를 나누며 경계를 설정해보자. 유해한 사람들에게 두루 쓰기 좋은 일반적인 반응은 "나는 정말 당신을 돕고 싶은데 정서적으로 그럴 여유가 없어요"이다. 명확한 경계를 설정하고 그 경계를 침범할 경우 구체적으로 어떻게 할지 정하자. 그리고 상대방이 경계를 넘어올 때마다 실행에 옮기자. 위의 예에서 로레나는 어머니와 의논하며 이렇게 말할 수 있다. "엄마가 나를 필요로 할 때마다 내가 곁에 있을 수는 없어요. 엄마가 우리집에 올 때 미리 알려주지 않으면 앞으로는 만나기 힘들 것 같아요." 이런 대화 후에 로레나는 전화기를 꺼두고 긴급한 상황이 아니면 전화를 받지 않는다거나 어머니가 연락 없이 불쑥 나타나면 집안에 들이지 않는 식으로 이 문제에 대처할 수 있다.

에너지 뱀파이어를 상대할 때 중요한 것은 말에만 그치지 않고 경계 지키기를 실천하는 것이다. 더 중요한 일에 에너지를 쏟으려면 뱀파이어들이 아무리 죄책감이나 수치심을 자극하더라도 그들에게 에너지를 '쓰지 말아야' 한다. 기생적이고 일방적인 관계를 끊음으로써 에너지 뱀파이어를 '굶겨 죽이는' 것이 중요하다. 당신이 더이상 숙주 노릇을 하지 않으면, 그들은 자연히 다른 숙주에게로 옮겨갈 수밖에 없다.

양성의 유해한 성격에 대처하려면

일상적인 유해한 사람들과 경계에 대해 더 효과적으로 의사소통하려면 내가 만든 CLEAR UP을 기억하자. 경계를 설정하는 데 어려움을 겪는 매우 예민한 사람들은 '싫다'고 말하거나 양성의 유해한 사람들과 타협할 때 예상되는 갈등을 걱정하는 경향이 있다. CLEAR UP은 그런 갈등을 극복하고 건강한 방식으로 자기주장을 펼칠 수 있게끔 돕는다.

Context 맥락

Lay down the law 단호히 말하기

Exercise boundaries 경계 실행

Appreciation 인정

Repetition 반복

Unity 통합

Power posing 당당한 태도

※**참고** 이것은 학대적이지 않은 사람에게 사용하는 전략이다.

이 방법이 통하려면 상대방이 당신의 경계를 기꺼이 존중해야 한다. 나르시시즘적인 사람들은 아무리 잘 이야기해도 당신이 경계를 설정한다는 사실 자체에 발끈한다. 당신의 안전이 가장 중요하므로 이 방법은 당신의 의견을 잘 받아들이는 사람들에게만 사용하자. 이번 장의 뒷부분에서 일상적인 유해한 사람들과는 전혀 다른 전략이 필요한 악성 나르시시스트들과의 소통에 CLEAR UP을 적용하는 방법을 더 자세히 알아볼 것이다. 어떤 위험에든 처할까봐 두려운 상황이라면, 상대와 얼굴을 마주한 상황에서의 대립은 애초에 피하도록 하자.

맥락 전후 맥락을 알려주기 위해 상황을 분명히 설명하는 방법으로 당면한 문제와 잠재적인 해결책에 대한 대화로 나아가는 출발점이 된다. 남자친구가 밤늦게 전화하는 문제에 대해 경계를 설정하려는 나탈리의 예를 들어보자. 나탈리는 "한밤중에 네 전화를 받으면 잠이 깨서 밤새 다시 잠들지 못하고 뒤척이게 돼"라는 식으로 상황을 명확하게 설명할 수 있다.

단호히 말하기 그런 행동이 왜 문제가 되는지를 강조하기 위해 상황의 부정적 영향을 설명하자. 나탈리의 경우라면 이렇게 말을 이어갈 수 있다. "나는 정해진 시간만큼 잠을 자지 못하면 다음 날 하루종일 짜증이 나고 정신이 혼미해져. 우리가 떨어져 있을 때 문자나 전화를 하는 것은 좋지만, 잠을 푹 자는 것도 중요하니까 잠들기 전엔 조심하는 편이 나을 것 같아. 자꾸 이러면 우리 관계가 부담스러워질 거야."

경계 실행 어떻게든 제한된 경계를 설정하거나 안 된다고 그냥 단호하게 말하자. 나탈리의 경우라면 "내가 잠든 후에는 급한 일이 있을 때만 전화나 문자를 주길 바라. 급한 일이 아니면 다음날 연락해주고"라고 말할 수 있다.

인정 상대방이 당신의 경계를 존중할 때 보상을 주어 반응을 강화하자. 간단히 '고맙다'는 말 한마디부터 격려와 감사의 편지까지 어떤 방법이든 다 좋다. 나탈리의 경우라면 남자친구에게 "이해해줘서 정말 고마워. 지금 자려고 누웠는데 잠들기 전에 내 의견을 존중해주는 남자친구가 있어서 얼마나 고마운지 전하고 싶었어"라는 밤 인사를 문자로 보낼 수 있다.

반복 굳건히 당신의 신념을 지키고 (당신의 권리를 존중받겠다는) 목표에 집중하며 유해한 사람들에게 휘둘리는 상황을 거부하자. 상대방이 당신의 의견을 무시하거나 위협하려 들면 당신의 뜻을 계속 반복해서 전달하는 '고장난 레코드판' 전략을 쓰고 그 자리를 피하자.

통합 극복할 수 없는 관점의 차이가 있을 때는 의견 불일치를 인정하자. 상대방이 당신의 요구를 들어주지 않을 때는 대안을 제시하거나 그냥 물어보자. "내가 보기에는 우리 의견이 너무 다른 것 같아. 우리가 이 문제를 해결하려면 달리 어떻게 해야 할까?" 그러고 나서 건설적인 대화를 나눠보자(단, 상대방이 폭력이나 위협 없이 대화를 나눌 생각이 있다고 판단될 때만 이렇게 하자. 학대적인 사람들을 다루는 방법은 3장의 조언을 참고하자).

당당한 태도 경계를 지키느라 긴장이 되더라도 당당하게 행동하자. 눈을 마주하고 단호한 어조를 사용하는 것이 양성의 해로운 사람과 갈등을 해결하는 데 도움이 된다.

생각해보기

· CLEAR UP 연습하기 ·

지금까지 다양한 상황에서 CLEAR UP을 사용하는 방법을 알아보았다. 그렇다면 당신이 처한 상황에는 어떻게 적용할 수 있을까? CLEAR UP 전략을 하나씩 짚어가며 각 항목에 대한 당신의 대답을 적어보자.

맥락: 당신의 삶에서 양성의 유해한 사람과 해결하고 싶은 문제를 명확히 설명해보자.

단호히 말하기: 그 문제가 왜 그렇게 심각한가? 어떤 결과를 초래하는가?

경계 실행: 당신이 처한 상황에서 경계를 지킬 수 있는 방법을 한두 가지 적어보자.

인정: 상대에게서 기대하던 행동이 나타날 때 어떻게 보상을 주어 반응을 강화할 수 있을까?

반복: 당신이 목표한 일에 집중하는 데 유해한 사람이 방해가 된다면 그에게 당신의 입장을 전달하기 위해 반복할 수 있는 말을 생각해보자.

통합: 상대가 당신의 요구를 들어주지 않거나 들어줄 수 없을 때 그와 타협하거나 스스로 요구를 충족시킬 방법을 생각해보자(예를 들어 나탈리의 경우 아무리 이야기해도 남자친구가 계속 밤늦게 전화를 걸어온다면 휴대폰을 미리 꺼놓는 방법이 있다).

당당한 태도: 당신이 처한 상황에서 CLEAR UP을 행동에 옮기기가 두렵다면, 상대방과 만나거나 대화하기 전에 어떻게 해야 자신감과 에너지가 생길 수 있을지 생각해보자(달리기, 긍정적인 말 반복하기, 다른 사람과의 사전 대화 연습 등).

유해한 성격 중 악성 유형

지금까지는 유해한 사람들 중에 그나마 양호한 유형을 살펴봤다. 그렇다면 악성인 유형은 어떨까? 우리는 어떻게 그들을 알아보고 대처할 수 있을까? 이 유형의 사람들과 의사소통하기는 매우 어렵지만 당신이 자기돌봄을 최우선시한다면 경계를 설정하는 것이 가능하다. 그들과 함께 있을 때 우리 자신을 보호하려면 먼저 그들이 생각하고 조종하는 방식을 이해해야 한다. 그래야만 그들의 목적, 세상을 대하는 착취적인 방식, 그리고 그들과의 우정이나 연애에서 안전하게 벗어나는 데 필요한 기술에 대한 통찰을 얻을 수 있다.

유해한 성격 유형 #4
나르시시스트

나르시시스트들은 자기 외에 남들의 욕구를 신경쓸 만한 공감 능력이 부족하므로 위험하리만치 해로울 수 있다. 1장에서 말했듯이, 나르시시스트들은 자기 자신에게만 몰두하고 자기중심적이며 지독한 특권 의식을 지닌다. 나르시시즘의 정도에 따라, 작은 일에도 나르시시즘적인 분노가 촉발되는 사람이라면 학대적으로 변할 수 있다. 기억하기 쉽게 나르시시스트의 특성과 행동을 머리글자를 따 NARCISSIST로 요약

하면 다음과 같다.

Never admits to being wrong 자신이 틀렸다는 것을 절대 인정하지 않는다
Avoids emotions and accountability 감정과 책임을 회피한다
Rages if anyone challenges them 누구든 반론을 제기하면 화를 낸다
Childish when they don't get their way 자기 뜻대로 되지 않으면 유치하게 군다
Instills doubt in their victims 피해자들에게 의심을 심어준다
Stonewalls during conflicts 갈등이 생기면 소통을 거부한다
Smears and slanders you 당신을 중상모략하고 비방한다
In denial and gaslights you 사실을 부정하며 당신을 가스라이팅한다
Subjects you to the silent treatment 당신의 말을 묵살한다
Triangulates you and tears you down 삼각관계화를 통해 당신을 무너뜨린다

조앤의 남자친구는 나르시시스트였다. 그는 끊임없이 조앤을 깎아내리고 의견이 충돌하면 대화를 끝내버렸으며 조금이라도 모욕당했다고 느끼면 화를 냈다. 또 조앤을 통제하고 친구들과

가족들로부터 고립시키려고 했다. 나중에는 가스라이팅을 통해 조앤이 학대당하는 것은 스스로의 잘못 때문이라고 믿게 만들었다. 물론 항상 이랬던 것은 아니다. 연애 초반에는 그도 매력적이고 너그러웠다. 하지만 연애 관계가 오래 지속되면서 태도가 바뀌고 본색을 드러냈다. 그는 냉정하고 무심했고 조앤이 아파도 거의 신경쓰지 않았으며 그녀가 가장 취약한 순간을 골라 언어적·정서적 폭력을 가했다.

나르시시스트와의 경계 설정

학대적인 나르시시스트들은 일상적인 유해한 유형처럼 함께 경계를 설정하고 지키기가 힘들다. 그들은 아무렇지 않게 당신의 경계를 짓밟고 침범하며 당신의 권리 역시 침해할 것이다. 당신이 경계를 주장하면 그들은 오히려 그 사실을 무기 삼아 당신에게 더 큰 상처를 주거나 당신을 더 자극하려 든다. 다시 말해 당신이 어떤 행동에 상처받는지를 알게 되면 그들은 더 집요하게 그 행동을 하려 든다. 그러므로 그들과 직접 좋은 말로 소통하려고 노력해도 원하는 결과를 얻지 못할 때가 많다.

당신이 언어적·정서적·심리적·육체적·성적 학대 가운데 어떤 학대를 당하든 간에 거기에서 벗어날 권리가 있음을 깨달아야 한다. 특히 폭행이나 신체적 공격을 당할 위험이 조금이라도 있다면 반드시 학대자에게서 벗어날 안전 계획을 세우자. 이런 상황에서는 당신이 완전히 떠나 안전한 곳에 정착할 때까지 학대자에게 떠난다는 말을 하지 않는 편이 낫다. 그후에 그들에게 알릴 때도 사실만 짧게 전달하여 나르시시스트가 다시 당신의 삶에 비집고 들어올 틈을 남기지 말아야 한다.

하지만 당장 떠날 형편이 안 되거나 직장처럼 피할 수 없는 상황에서 나르시시스트들을 계속 상대해야 한다면 어떻게 해야 할까? 혹은 평생 당신에게 '들러붙어' 있는 가족이라면? 나르시시스트와의 경계를 지키기 위한 몇 가지 요령을 소개한다.

그들의 조종 수법과 도발에 감정적으로 반응하지 말자. 어린아이가 당신에게 욕하고 짜증내고 공격한다고 거기에 정색하고 반응하겠는가? 마찬가지다. 물론 오해는 하지 말자. 나르시시스트들은 성인이고 자신의 행동에 전적으로 책임을 져야 한다. 하지만 우리가 관심과 반응을 갈구하는 그들의 요구를 충족시켜줄 필요는 없다. 가능하다면 개인적 관계를 떠나 무심한 외부인의 시선으로 그들의 분노를 관찰해보자. 그들의 말과 행동이 얼마나 터무니없는지를 확인하고, 가급적 짧게 반응하고 감정적으로 멀찍이 거리를 두자.

아울러 부적절한 의무감이나 죄책감 때문에 그들의 감정적 조종 행위에 휘둘리지 않도록 스스로 경계를 설정하자. 나르시시스트의 성격장애를 유발한 사람은 당신이 아니므로, 그들을 바로잡아야 할 책임도 없다. 그들의 치료사가 아닌 이상 타인을 파괴하는 그들의 행동을 '바로잡거나' '치료하거나' 일방적인 피해를 감수하는 것은 당신의 몫이 아니다(설령 당신이 그들의 치료사라도 경계를 유지하며 도움을 제공하는 역할을 할 뿐이다). 그들을 치유하고 고치는 것은 그들 자신에게 달려 있다. 당신이 해야 할 일은 당신 자신을 보호하는 것, 즉 누군가 당신의 안녕감을 해치고 있음을 알아차리고 언제 그들과 거리를 두고 물러나야 할지를 깨닫는 것이다. 그들이 기대하는 대로 반응하여 그들의 짜증 유발 행위를 더 부추기지 말자.

가급적 짧게 접촉하고, 다정하게 대하더라도 관계로 엮이지는 말자. 나르시시스트들은 혼란스러운 도발로 당신의 주의를 분산시켜 중심과 균형을 잃게 만드는 데 선수다. 그러므로 그들에게 조종당할 때는 얼른 그 사실을 깨닫고 당신의 진짜 목표에 집중해야 한다. 만약 직장에서 최선의 성과를 내는 것이 당신의 목표라면, 그 목표에 집중하기 위해 가능한 모든 노력을 기울이며 나르시시스트 동료의 대책 없는 심리전에 말려들기보다 질 높은 성과를 내는 데 힘써야 한다. 만약 자녀 양육권을 지키는 것이 당신의 목표라면, 나르시시스트 파트너가 아무리 심하게 도발해도 법정에서 당신에게 불리할 증거를 제공하는 함정에 빠지지 말아야 한다(특히 문자나 음성메시지처럼 기록이 남는 방법으로는 말이다). 만약 가족 행사에 참석하여 유해한 부모에게 시달리지 않는 것이 당신의 목표라면, 유해하지 않은 다른 식구들과 주로 시간을 보내고 갈등을 빚을 만한 대화는 정중히 끊어내며 나르시시즘적인 부모와의 대화를 줄이는 데 초점을 맞추자.

안전하지 않은 주제로 대화가 흘러가면 화제를 전환하자. 나르시시스트들과의 대화를 피할 수 없다면 안전하지 않은 화제로 대화가 옮겨갈 때마다 화제를 돌리거나 대화를 끝내는 습관을 들이자. 예를 들어 나르시시즘적인 여동생이 자꾸 당신의 연애 이야기를 꺼내며 비웃는다면 동생이 관심을 가질 만한 다른 주제로 화제를 돌려버리자. 나르시시스트들은 자기 얘기를 할 수 있는 주제가 나오면 언제든 대화의 초점을 당신에게서 자신으로 옮겨갈 것이다.

언젠가 탈출할 방법을 고민해보자. 지금 당장 해로운 직장에 갇혀 있다고 영원히 그곳에 머물러야 하는 것은 아니다. 지금 당장 해로운 관계를 떠날 수 없다고 평생 그 관계에 머물러야 하는 것은 아니다. 미래의 계획을 세우자. 돈을 모으고 신용을 쌓고 다른 선택지를 찾아보자. 만약 나르시시스트와 결혼했다면 심한 갈등으로 인한 이혼 전문 변호사와 자산관리사의 도움을 받자. 당신이 처한 상황을 이해해주는 상담사나 모임, 친구와 가족들에게 지원을 받자. 나르시시스트들이 당신의 계획에 끼어들지 못하게 막자. 그들은 분명히 당신의 계획을 방해하려고 들 것이다.

모든 것을 기록해두자. 특히 직장에서 나르시시스트들과 관련된 기록이 필요한 경우가 많다. 학대나 착취당한 증거가 필요하다면 합법적인 범위에서 이메일, 문자나 음성메시지, 대화 소리나 영상 등을 남겨두자. 학대자를 상대로 법적 소송을 제기할 생각이라면 증거 기록은 더욱더 중요하며, 나르시시스트의 가스라이팅에 맞서는 데도 큰 도움이 될 수 있다.

마음 챙김과 자기돌봄을 연습하자. 7장에서 이야기하겠지만 유해한 사람에게 위협당할 때는 자기돌봄이 대단히 중요하고 그런 사람에게 에너지를 다 빼앗길 때도 자기돌봄이 꼭 필요하다. 명상, 요가, 안전한 장소 떠올리기 등은 모두 당신이 현재로 돌아와 나르시시스트와 마주하는 상황에서 새로운 에너지와 자신감을 불어넣어주는 훌륭한 방법이다.

유해한 성격 유형 #5
소시오패스와 사이코패스

'소시오패스'와 '사이코패스'는 반사회성 성격장애인 사람들을 지칭하는 데 흔히 쓰이는 용어다.

반사회성 성격장애는 최신 정신질환 진단 및 통계 편람에서 이 정신병질을 가장 잘 설명하는 진단이다. 반사회성 성격장애가 있는 사람은 대체로 사회적 규범에 따르지 못하고 타인의 권리를 침해하며 짜증과 공격성, 기만성, 충동성, 일관된 무책임성, 양심 결여, 자신과 타인에 대한 지나친 무관심 등의 특성과 행동을 보인다. 반사회성 성격장애가 있는 사람들이 모두 소시오패스나 사이코패스는 아니지만, 많은 소시오패스와 사이코패스들이 반사회성 성격장애의 진단 기준에 들어맞는다. 앞서 이야기했듯이 이론상 좀더 불안도가 높고 충동적인 적대감을 보이는 소시오패스들은 후천적인 환경의 영향으로 생겨나는 반면, 불안이 낮고 사전에 계획된 도구적 공격성을 보이는 사이코패스들은 '만들어지기'보다 타고난다. 당신이 상대하는 사람이 소시오패스든 사이코패스든 간에 그들에게는 공통된 특성이 많다.

반사회성 성격장애는 만 18세가 되기 전에는 진단받을 수 없으므로, 증상이 확실한 사람들은 대개 15세 이전에 품행장애 진단을 받는다. 품행장애 진단은 어린 시절에 작은 동물을 죽이거나 고문하고 다른 사람을 괴롭히고 도둑질이나 방화, 병적인 거짓말을 하는 등 문제 행동을 보이면 내려진다.

정신병질 전문가 로버트 헤어 박사는 『헤어 정신병질 체크리스트 개정판』에서 사이코패스의 이런 특징을 추가적으로 명시했다.

- 허울뿐이고 피상적인 매력
- 병적인 거짓말
- 기생적인 생활방식
- 교활하고 타인을 조종함
- 충동성
- 냉담성과 공감 능력 결여
- 얕은 감정
- 자극 갈구
- 피상적인 정동
- 무책임성
- 자신의 행동을 책임지지 못함
- 현실적인 장기 목표의 부재
- 성적 문란
- 쉽게 권태에 빠짐
- 어린 시절의 품행장애 또는 청소년 범죄
- 짧은 결혼생활의 반복
- 다양한 범죄 전과
- 웅대한 자기상

소시오패스와 사이코패스는 유해한 사람들 중에서도 가장 악성인 유형이다. 그들은 공감 능력이 부족할 뿐만 아니라 양심과 반성하는 태도도 결여되어 있다. 일부는 폭력적인 성향을 보이며 범행을 저지르기도 한다(앞에서 언급한 스콧 피터슨과 크리스 와츠처럼 아내를 살해하는 남편들을 떠올려보라). 일부는 반듯하게 생활하는 시민처럼 보이지만 가면을 쓰고 남몰래 부정을 저지른다. 어느 쪽이든 위험한 행동, 반복적인 불륜, 이중적인 사기 행각, 자기 이익을 위한 타인 착취 등을 일삼을 가능성이 높다. 이들은 여러 피해자를 낳고 다른 사람을 해치는 데서 가학적인 쾌감을 느낀다. 기억하기 쉽도록 사이코패스의 대표적인 특성들에서 머리글자를 따 PSYCHOPATH로 요약하면 다음과 같다.

Pathological liar 병적인 거짓말

Superficially charming 피상적인 매력

Yearns for constant stimulation 끊임없는 자극의 갈망

Conscienceless and callous con artist 파렴치하고 냉담한 사기꾼

Hides double life 비밀리의 이중생활

Overestimates self, grandiose 스스로에 대한 과대평가, 웅대한 자기상

Parasitic lifestyle and promiscuity 기생적인 생활방식 및 성적 문란

Aggressive and impulsive 공격성과 충동성

Taunts and traumatizes for fun 재미삼아 남들을 조롱하고 상

처 주는 행동

Hides in plain sight 우리 주변에 많으나 알아채기 어려움

메리 조 버타푸오코의 악명 높은 사례를 보자. 그녀의 사이코패스 남편 조이는 어린 소녀와 바람을 피우고 상습적으로 아내를 속이면서도 그 소녀가 직접 메리 조의 집으로 찾아가 그녀의 머리에 총을 쏠 때까지 들키지 않았다. 다행히도 메리 조는 살아남았다. 그녀가 저서 『내 둔한 머리를 뚫고』에서 말하듯이, 남편이 불륜을 부정하는 말들은 대단히 설득력 있고 변명 역시 그럴싸했다. 메리 조는 말한다(2009, 27). "많은 소시오패스들이 가진 가장 두드러진 특징 중 하나가 처벌을 피하거나 단순히 재미있으려고 천재적인 능력을 발휘해 남들을 조종하고 자신에게 유리하게 말을 바꾸는 것이다…… 당신이 소시오패스의 마력에 걸려든 적이 없다면 그저 감사해야 한다. 그들은 대단히 유혹적으로 행동하며 검은색을 흰색이라고 속이려 들 것이고, 그러면 당신은 그렇게 믿게 될 것이다."

소시오패스나 사이코패스와의 경계 설정

이런 포식자 유형과 경계를 설정하는 데는 위험이 따르기 때문에 다른 기준과 안전 지침이 필요하다. 만약 당신이 상대하고 있는 사람이 소시오패스나 사이코패

스 같다는 의심이 들면 그냥 지나치지 말고 어떤 대면 접촉도 피하자. 반드시 당신의 안전을 최우선으로 생각해야 한다. 이 경우 지켜야 할 기본 지침은 다음과 같다.

주변의 신뢰할 만한 사람들에게 당신이 위험한 사람을 상대하고 있음을 알리자. 신뢰할 수 있는 치료사, 친한 친구, 가족 구성원(가급적 상대방과 친하지 않은 사람)에게 그가 무슨 짓을 할까봐 우려되는지를 미리 말해두자. 그러면 설령 당신에게 무슨 일이 일어나더라도 적어도 몇 사람은 어떤 상황인지 짐작할 것이다.

스토킹이나 추행, 협박 등을 당하고 있다면 경찰에 알리자. 그동안 모은 증거자료(문자, 이메일, 음성메시지 등)를 이용해 당신의 주장을 뒷받침할 수 있다. 상대방에게 당신의 행방을 알리지 말자. SNS에서 사생활 보호 기능을 설정하여 개인정보 공개에 제한을 두자.

데이트 초기에는 당신의 신원과 개인정보를 철저히 보호하자. 통화할 때 실제 전화번호 대신 문자 앱이나 구글 보이스 번호를 사용하자. 당신이 어디에 사는지 밝히지 말고 항상 사람이 많은 곳에서 만나자. 처음부터 서로의 집에 방문하는 일은 가급적 피하자. 상대의 성격을 제대로 파악하기 전까지는 당신의 소득이나 개인적인 트라우마를 말하지 말자. 상대를 잘 알기 전에는 선불리 돈을 빌려주거나 당신 집으로 들이지 말자. 소시오패스와 사이코패스는 항상 그들이 이용해먹을 수 있는 취약점을 가진 사람, 즉 그들이 기생하거나 사기칠 대상을 찾아다닌다.

생각해보기

·포식자 파악하기·

당신의 삶을 조종하는 유해한 사람들은 누구인가? 이번 장에서 다룬 행동을 보이는 사람들의 목록을 작성해보자. 이름 옆에는 유해한 다섯 가지 유형 중 어디에 속하는지 적어보자. 분류가 끝났다면 다음번에 그들을 만날 때 어떤 전략을 실제로 적용할 수 있을지 살펴보자.

그나마 '길들여진' 에너지 뱀파이어와 경계 침범자, 짜증 유발자 등은 공감 능력과 변화를 기대해볼 여지라도 있지만, 악성인 유형들은 거의 타협이 불가능하여 그들과 안전하게 상호작용하려면 전혀 다른 기술들이 필요하다. 다음 장에서는 이런 기술에 대해 더 자세히 알아보자.

3장

유해한 사람들의 조종 수법

휘말리지 않기 위한 요령들

오래전 일이지만, 나는 아직도 생애 최초로 접근금지명령을 신청하러 새벽 3시에 맨해튼의 동네 경찰서까지 걸어갔던 밤을 생생히 기억한다. 그때 나는 전 남자친구에게 또다시 협박 메시지를 받고 911에 신고한 참이었다. 경찰서에서 피해 신고서를 조심스레 작성하는 동안 손이 덜덜 떨렸고 심장은 정신없이 뛰었다. 다행히도 나는 필요한 모든 증거를 확보하고 있었다. 그가 나를 조롱하고 다시 관계에 옭아매려고 매일같이 보내온 수많은 문자메시지, 익명의 번호로 걸려온 수십 통의 부재중 전화, 가짜 이메일 주소로 보내온 메일 등을 전부 저장해둔 것이다. 심지어 그는 항상 나를 지켜보고 있고 방해하려 애쓴다는 것을 상기시키려고 내 책들을 언급하는 가짜 메일 계정을 내 이름으로 만들기도 했다. 사귀는 동안에도 늘 내게 병적인 질투심을 쏟아내던 그를 생각하면 놀라운 일도 아니었다.

이번에는 나도 각오가 되어 있었다. 애정 공세를 퍼붓거나 분노로 펄펄 뛰는 쉴새없는 메시지 공격에 맞서, 나는 그에게 침착하게 사실만을 언급하며 더이상 나를 괴롭히지 말라고 경고했다. 그래도 그가 멈추지 않자 그에게는 알리지 않고 바로 경찰에 신고했다. 하루 정도 걸렸지만 결국 전 남자친구는 나를 괴롭힌 행위로 체포되었고 석방된 후에도 접근금지명령을 받았다. 그후로 다시는 내게 연락하지 않았다.

안타깝게도 모든 피해자들이 나처럼 운이 좋지는 않다. 파트너를 떠난 지 수년이 지나도록 여전히 괴롭힘과 스토킹을 당하는 피해자들이 수두룩하다. 심지어 살해당하는 경우도 있고, 접근금지명령으로 상황이 더 악화되는 경우도 있다. 나르시시스트와 유해한 사람들을 효과적으로 상대하려면, 우리도 준비를 해야 한다. 무엇보다 그들의 행동을 속속들이 파악해야 한다. 그들이 왜 그렇게 행동하는지, 그들의 목적이 무엇인지, 그리고 우리를 보호하려면 어떻게 대응해야 가장 좋을지 등을 말이다.

우리는 1장에서 유해한 사람들의 행동에 대해 간략히 살펴보았다. 이번 장에서는 다양한 행동을 더 자세히 다룰 텐데, 다음과 같은 차이점을 유념하기 바란다. 양성의 유해한 사람들은 자신이 원하는 바를 얻으려고 가끔씩 조종 수법을 사용하고 일부는 자신이 그런 수법을 사용한다는 것도 인지하지 못한다. 하지만 악성인 유형은 이런 조종 수법이 아예 삶의 일부다. 그들은 자신의 목적을 달성하거나 타인의 정서적 반응을 도발하려고 이런 수법을 수시로, 과도하게 사용한다. 대부분은 우리를 깔아뭉개고 입다물게 하려는 견제의 목적으로 사용된다. 지금부터 소개하는 이야기들을 읽으면서 그동안 맺어왔던 관계에서 이런 수법과 행동을 조금이라도 눈치챈 적이 있는지 돌아보자.

담쌓기와 묵살

연인 관계에서 말다툼이 일어날 때, 한 사람이 마음을 가라앉히려고 잠시 '휴식'을 원할 수 있다. 그럴 때 사람들은 보통 생각할 시간이 필요하다고 정중히 말한다. 양성의 유해한 유형이나 '회피성'인 사람들은 관계에 위협이 되는 말다툼을 피하기 위해 때때로 '담쌓기(완전히 소통을 거부하는 행위)'를 하기도 한다(쿠스터 등 2017). 하지만 악성의 유해한 사람들은 확연히 다르다. 나르시시스트들은 피해자의 말을 가로막고 감정을 부인하기 위해 극단적으로 담쌓기를 이용한다. 이런 방법은 피해자들에게 극심한 정서적 고통을 안겨주고 통제력을 잃게 만든다. 키플링 윌리엄스와 스티브 니다의 연구에 따르면 담쌓기나 묵살을 당할 때처럼 사회적으로 배척당하거나 무시당하는 경험을 하면 물리적 고통을 처리하는 뇌 부위인 전대상피질이 활성화된다고 한다(2011). 다시 말해 소통을 차단당하는 경험은 주먹으로 얼굴을 맞는 것만큼이나 고통스러울 수 있다는 것이다.

생존자인 로런은 이렇게 묘사한다. "내가 전 남자친구의 못된 말이나 행동, 또는 경계를 넘는 행위들에 대해 감정을 표현하려고 하면 나르시시스트인 그는 터무니없이 긴 시간 동안 나를 완전히 묵살하는 식으로 보복하곤 했어요. 그는 계속 냉담하게 굴다가 내가 아버지의 폐암 판정 소식을 들었을 때 내게서 떠나갔죠."

담쌓기를 일삼는 사람들은 당신이 자신과 다른 생각, 의견, 인식을 가지도록 놔두지 않는다. 그들은 당신에 대해 지적하고 당신의 말을 막거나 아예 소통 창구를 끊어버리기 일쑤다. 그들은 당신의 견해와 감정을 인정하지 않고, 당신의 어떤 우려도 귀담아듣지 않으며, 결론만 제시하여 두려움과 의무감에 지친 당신이 그들의 요구에 따르도록 강요한다. 연구에 따르면 담쌓기 피해자들은 정서적으로 억압되고 자신의 진짜 감정에 따르지 못해, 안녕감과 관계의 질이 저하된다고 한다(임페트 등 2012).

연구자 존 가트먼은 향후에 깨질 수밖에 없는 관계를 예측하는 네 가지 의사소통 방식을 발견하고 '묵시록의 네 기사'라고 불렀는데(1994), 그중 하나가 바로 담쌓기다. 나머지 세 가지는 방어, 경멸, 비난으로, 모두 이번 장에서 소개할 여러 가지 조종 수법에서 두드러지게 나타나는 특성이다.

건강한 관계에서는 '한 사람이 파트너의 감정을 타당화하거나 조언과 실질적인 지원을 제공하여 상대방의 스트레스 신호에 협조적으로 대응하는' 공동 대처가 관계의 안정적인 기반이 된다(쿠스터 등 2017, 578). 공동 대처는 관계의 질, 친밀감, 안정성에 대한 신뢰할 만한 예측 변수다. 두 사람이 서로의 욕구에 맞추어 조율하고 서로의 경험을 투명하게 인정할 때, 그 관계에서 감정을 나누어도 안전하다고 느끼고 상대가 자신을 봐주고 자신의 말을 들어주고 지지해줄 것이라고 믿게 된다. 대화를 시작하기도 전에 차단하는 것은 관계에서 책임을 회피하고 친밀감과 공동 대처를 가로막는 가장 확실한 방법이다.

이렇게 관계에서 한 사람은 철수하고 다른 사람은 점점 더 요구하며 반응을 갈구하는 '요구-철수' 패턴이 이어지면 피해자의 우울감과 관계 갈등은 한층 더 심해진다(슈로트 등 2013). 일부 파트너(특히 남성 파트너)들은 갈등을 피하려고 담쌓기를 이용하는데, 이는 더 심한 정서적 긴장과 풀리지 않는 문제들을 누적시키기만 할 뿐이다.

담쌓기는 상대방을 조종하려는 의도로 냉담하게 행해질 때 그 효과가 더 크다. 악성 나르시시스트들이 관계에서 철수하는 것은 당신이 그들의 인정을 구걸하게 만들려는 의도다. 심리학자 제프 파이프는 말한다(2014). "관계에서 담쌓기는 정서적으로 상대방의 산소를 차단하는 행위나 다름없다. 담쌓기에 내재된 정서적 냉담함은 유기와 같다." 담쌓기가 시작되면 처음에는 공포감이 들다가 점차 분노감이 치밀며 담쌓는 사람에게서 어떤 반응이나 해결책이라도 이끌어내려고 부질없는 노력을 하게 된다. 이런 시도가 실패했을 때 담쌓기를 당한 사람은 더이상 돌봄이나 사랑을 받지 못하고 상대에게 버림받은 느낌이 든다. 리디아의 사례를 살펴보자.

리디아는 파트너 존이 자신을 대하는 방식이 염려스럽다. 존은 걷잡을 수 없이 화를 내며 매몰차게 그녀를 비난하곤 한다. 리디아는 생일날 저녁식사를 하다가 존의 행동에 대해 이야기를 꺼냈다. 그러자 존은 리디아가 과민하게 반응한다며 그녀의 말을 인정하지 않았다. 리디아가 최근 존이 한 말에 얼마나 상처를 받았는지 설명하려 하자 그는 "나는 더이상 할말 없어!"라고 외치고는 아무런 설명도 없이 갑자기 아파트를 뛰쳐나가 생일날 그녀를 혼자 남겨두었다.

리디아가 계속 연락을 해도 존은 매번 전화를 수신 거부하고 그녀가 보낸 문자메시지도 읽지 않았다. 리디아는 걱정이 되어 밤새 울면서 뒤척였지만 그는 돌아오지 않았다. 리디아가 원했던 생산적인 대화는 시작조차 못한 채 끝나버렸고, 존은 그녀의 생일을 완전히 망쳐버렸다. 그는 다음날 전화를 걸어 아무 일도 없었다는 듯이 행동했다. 리디아가 존에게 어디 있었냐고 묻자 존은 "당신은 정말 치료를 받아야 해"라고 말하곤 그녀의 대답도 듣지 않고 전화를 끊어버렸다.

보다시피 존은 또다시 담쌓기를 하며 리디아의 감정을 타당화하지 않고 대화의 방향을 멋대로 바꾸면서 관계의 표면 아래에서 곪아가고 있는 문제들을 직면하려 하지 않는다. 그로 인해 리디아는 파트너에게 버림받았다는 깊은 상처는 물론이고 불필요한 긴장과 트라우마까지 겪으며 더 큰 고통에 시달린다. 존은 리디아의 고통에 조금도 공감하지 못하고 특별한 날에 그녀를 버리고 가는 것으로 봐서 전형적인 나르시시스트다. 만약 존이 잠시만이라도 리디아의 걱정을 함께 나눴다면 훨씬 더 생산적이고 평화로운 결말을 맞이했을 것이다(물론 그는 그럴 만한 정서적 능력이 결여되어 보이지만 말이다).

담쌓기는 진행중인 대화를 끝내는 것에 불과해 보이지만 실제로는 많은 의미를 담고 있고, 당하는 입장에서는 매우 잔인하고 모욕적인 메시지를 전달받는다. 담쌓기를 하는 사람의 의도와 무관하게, 이런 행동은 파트너에게 "당신은 하찮은 존재야, 당신 말엔 대답할 가치도 없어, 당신의 생각과 감정은 나에게 중요하지 않아, 당신 따위는 나한테 중요하지 않아" 같은 메시지를 전달하는 것이다.

묵살은 담쌓기가 변형된 형태로, 일종의 처벌이다. 묵살은 아무런 이유 없이, 또는 당신에게 경계를 설정하면 파괴적인 결과가 따른다는 것을 조건형성하려는 목적으로 행해진다. 조종자들은 종종 묵살을 이용해 당신의 두려움과 의무감, 죄책감을 부추겨 당신이 그들의 인정을 구걸하거나 무리한 요구를 받아들이게 만든다. 공인 정신건강 상담사 리처드 즈왈린스키는 묵살이 나르시시스트들이 즐겨 쓰는 수법이라고 단언한다(2014). "묵살은 학대 수법이며, 아이들이 떼쓸 때 쓰는 '상대가 항복하여 내가 원하는 것을 들어줄 때까지 숨을 참는' 방법의 나르시시즘적인 성인 버전이라 할 수 있다."

만약 당신이 이런 조종 수법을 견뎌왔다면 버림받은 느낌이 드는 것도 당연하다. 나르시시스트의 담쌓기와 묵살은 상대방을 몹시 고통스럽고 괴롭게 만든다.

담쌓기와 묵살에 대처하는 요령

만약 당신이 묵살당하고 있다면, 자유를 누리면서 스스로를 돌볼 기회로 활용하자. 당신을 무시하는 사람에게 애써 손을 내밀기보다는 당신의 감정을 돌아보며 그가 당신에게 어떤 느낌을 주는지부터 파악하자. 파트너로부터 거리를 둘 기회이자 당신이 그런 대접을 받을 이유가 없음을 상기시키는 기회로 삼자. 또 나르시시스트가 담쌓기나 묵살을 할 때는 당신의 반응을 기다리고 있다는 점을 기억하자. 그들은 당신이 자기 뒤를 쫓아다니며 관심을 달라고 애원하기를 바란다. 어떻게든 당신을 자극하고 싶어한다. 당신을 깔아뭉개고 통제하고 싶은 것이다.

담쌓기를 당해 상대방에게 감정을 전하려 해도 아무 소용이 없다면, 당신이 문제가 아니라는 사실을 깨달아야 한다. 이런 일이 자꾸 반복된다면 자책하지 말고, 결코 만족하지 않을 상대방의 비위를 맞추려고 눈치보는 일을 그만두자. 유해한 사람의 의사소통 패턴은 본인이 바뀌기 전에는 절대 변화시킬 수 없다.

두 사람이 역기능적인 패턴을 바꾸려고 기꺼이 노력하는 건강한 관계라면 담쌓기도 개선의 여지가 있겠지만, 병리적인 파트너와의 건강하지 못한 관계에서는 자기돌봄과 자기 보호가 무엇보다 중요하다. 당신의 말을 듣는 데 관심이 없는 파트너라면 그냥 말 걸기를 멈추고 떠나는 편이 훨씬 나을 수도 있다. 그러지 않으면 당신이 그들의 악의적인 심리전에 오히려 먹이를 제공하게 될 수도 있기 때문이다. 나르시시스트가 담쌓기를 할 때는 진짜로 당신을 존중하는 다른 사람들을 위해 말을 아끼고 자기돌봄에 힘쓰자.

생각해보기

· 담쌓기를 당한 경험 ·

한참 이야기하던 도중에 대화를 차단당했던 경험을 생각나는 대로 적어보자. 기분이 어땠는가? 어떤 이야기를 전할 수 없었는가? 앞으로 담쌓기를 당할 때 어떻게 하면 자신을 더 잘 돌볼 수 있겠는가?

가스라이팅

가스라이팅은 상대방의 현실감각을 무너뜨리려는 교활한 조종 방법이다. 가스라이팅을 할 때 유해한 사람들은 상대방의 생각, 과거 경험, 감정, 인식을 부정하고 그가 제정신이 아니라고 주장하여 상대방을 미치게 만든다. 나르시시스트와 소시오패스, 사이코패스는 가스라이팅을 이용하여 당신이 그들에게 대항할 수 없을 정도로 지치게 만든다. 당신은 유해한 사람에게서 건강하게 벗어날 방법을 찾는 대신, 당신이 경험한 일에 대한 확신과 인정을 구하려는 노력을 거듭하다 지쳐 나가떨어진다.

'가스라이팅'이란 용어는 패트릭 해밀턴이 1938년에 발표한 연극 「가스등Gas Light」에서 처음 유래했다. 이 작품은 교활한 남편이 아내를 조종하여 현실감각에 의심을 품게 하고 결국 미치게 만드는 내용이다. 1944년에 잘 알려진 영화 〈가스등〉으로 각색되었는데, 유명한 오페라 가수를 죽이고 그녀의 조카 폴라와 결혼한 그레고리 앤턴이란 남자가 주인공인 심리 스릴러물이다.

그레고리는 아내 폴라를 병원에 입원시키고 그녀의 유산을 차지할 목적으로, 아내에게 고모 집에서 유령이 나온다고 믿게 하여 그녀의 현실감각을 혼란에 빠뜨린다. 그는 집안의 물건들을 수시로 재배치하고 가스등을 껐다 켰다 하며 다락방에서 일부러 거슬리는 소리를 내는 등 사람을 미치게 만드는 상황을 연출하면서 이 모든 사건이 그녀의 상상에서 비롯된 망상이라고 폴라를 속인다. 또 그는 아내를 고립시켜 그녀가 겪는 공포에 대해 누구의 도움도 받을 수 없게끔 만든다. 심지어 이런 거짓된 현실을 공고히 하기 위해 수많은 제3자를 동원하기도 한다. 예를 들어, 그는 하녀들을 불러 그들이 그림을 옮기지 않았다는 것을 확인시켜줌으로써, 폴라에게 그림을 옮긴 기억이 없어도 그녀가 옮긴 것이 분명하다고 주장한다. 폴라는 외부인인 조사관이 가스등이 정말로 깜빡인다는 사실을 확인해준 후에야 비로소 자신이 미쳤던 게 아님을 깨닫는다.

이 영화는 수많은 생존자들이 남모르게 학대받고 고립될 때 겪는 상황을 고스란히 반영한다. 많은 생존자들이 스스로 미쳐간다고 생각하여 자기 자신조차 믿지 못하게 된다. 그들은 보통 자신의 인지능력이 정상임을 확인해주는 각자의 '조사관'을 만난 후에야 비로소 자신을 취약하게 만들려는 치밀한 시도를 알아차린다.

가스라이팅은 어째서 그토록 효과적일까? '대안적 사실'을 반복해서 언급하는 것만으로도 사람들이 진실을 믿지 못하게 하는 강렬한 힘을 발휘할 수 있기 때문이다. 연구자들은 특정 문장을 여러 차례 반복하면(설령 그 문장이 명백히 거짓이고 피험자들이 거짓임을 알고 있는 경우라도) 단순한 반복 효과로 인해 그 문장이 진실로 평가될 가능성이 높아진다는 사실을 발견했다(해셔, 골드스타인, 토피노 1977). 이런 단순 반복 효과는 듣는 사람이 피곤한 상태거나 다른 정보에 정신이 팔려 있을 때 더 강력해지는데, 학대자에게 현실을 부정당하고 충격받은 가스라이팅 피해자들은 이런 상태일 가능성이 높다. 또 반복되는 주장에서 느껴지는 익숙함은 그 주장을 믿느냐 마느냐를 결정할 때 중요하게 작용하며, 때로는 주장의 신뢰성보다 더 큰 영향력을 발휘하기도 한다(베그,

아나스, 파리나치 1992; 제라치와 라자람 2016).

역사를 다시 쓰려고 가스라이팅을 하는 조종자들은 이런 '거짓 진실 효과'를 자신에게 유리하게 이용한다. 그들은 거짓말을 수없이 되풀이하여 피해자들의 머릿속에 반박할 수 없는 진실처럼 자리매김하게 한다. 피해자들이 스스로의 현실감각과 정신건강 상태를 의심하고 자신의 인식에 대한 믿음을 잃게 되면 조종자들은 문제 행동을 하고도 처벌을 모면하기가 더 쉬워진다. 그들이 한창 역사를 다시 쓰느라 분주할 때, 피해자들은 자신이 보고 듣고 목격한 내용을 유해한 사람의 주장과 절충시키느라 바빠 자신의 경계가 어떻게 침범당하는지 제대로 파악하기 힘들다. 악성 나르시시스트들은 피해자를 가스라이팅할 때 흔히 "나는 그런 말을 한 적이 없어" "당신이 과민반응을 보이는군" "당신은 너무 예민해" "과장이 너무 심하잖아"라고들 말한다.

나르시시스트들의 또다른 가스라이팅 수법은 마치 불안정한 환자를 진단하는 권위 있는 의사처럼 행동하며 피해자들을 환자 취급하는 것이다. 일부 가정폭력 가해자들은 피해자가 '제정신이 아니다'라는 증거를 더 만들어내려고 나서서 피해자의 정신건강을 해치기도 한다. 그러면 피해자들의 말에 신뢰성이 떨어져 그들이 학대에 반대하는 목소리를 낼 때도 그저 불안정하거나 혼란스러운 상태로 치부된다. 실제로 국립가정폭력긴급전화는 피해자와 학대자의 커플 치료를 권장하지 않는다(2018). 치료하는 과정에서 피해자들이 또 한번 경계를 침범당하고 가스라이팅당할 우려가 있기 때문이다. 국립가정폭력긴급전화와 국립가정폭력외상정신건강센터가 진행한 연구에서는 긴급전화를 건 사람 중 89%가 어떤 식으로든 학대자 때문에 정신건강에 위협을 받았고 43%는 약물 남용을 강요당한 것으로 추산한다(워쇼 등 2014). 이런 학대자들은 파트너의 정신건강을 위협하거나 적극적으로 약물 남용을 부추긴 다음, 자녀 양육권 분쟁 등의 법적 소송에서 그 정보를 상대방에게 불리하게 사용하겠다고 협박했다.

일상적인 가스라이팅은 잘못이나 오해에서 비롯될 수 있지만, 고의적인 가스라이팅은 뚜렷한 목적을 두고 행해진다. 심리 치료사 스테파니 사키스가 지적하듯이, 악성 나르시시스트들은 분명한 목표를 가지고 가스라이팅을 한다(2017). "그들의 목표는 피해자들이 자신의 현실감각에 의문을 품고 가스라이팅 가해자에게 의존하게 만드는 것이다. 반사회성 성격장애 같은 성격장애가 있는 사람들은 다른 사람들을 통제하려는, 결코 채워지지 않는 욕구를 갖고 태어난다."

가스라이팅 가해자들은 피해자들이 저항하면 수치심 주기, 처벌하기, 그들의 감정을 인정하지 않기 등을 무기로 사용한다. 만성적인 가스라이팅은 엄청난 수준의 두려움, 불안, 자기 회의, 인지 부조화를 야기할 수 있다. 인지 부조화란 모순되고 상충되는 믿음 때문에 내적인 혼란을 겪는 상태다. 피해자들은 한편으로는 무언가 옳지 않고 잘못되었다고 느끼면서도 다른 한편으로는 권위적인 가스라이팅 가해자에게 계속 현실과 인식을 부정당하면서 자신의 경험을 신뢰할 수 없다고 느낀다.

빈번히 가스라이팅을 당한 피해자들은 남들의 눈치를 살피며 자신의 인식보다는 가스라이팅 가해자의 거짓말을 믿고 따른다. 『그것은 사랑이 아니다』(2007)의 저자 로빈 스턴 박사에 따르면, 피해자들에겐 가스라이팅 가해자에게 인정받고 싶은 욕구가 있고 학대가 지속될수록 그 욕구가 강화된다.

카테리나는 남편 데일이 바람을 피운다고 의심하고 있다. 데일은 요즘 들어 퇴근이 늦을 뿐만 아니라 수시로 전화기를 들고 화장실에 가고 한밤중에 깨어 수상한 전화를 받고 저녁식사 내내 쉴새없이 문자를 보내곤 한다. 카테리나는 심지어 침대에서 자기 것이 아닌 속옷을 발견하기도 했는데, 데일은 카테리나의 것이 맞다고 우긴다. 카테리나가 남편에게 어디에서 누구랑 무엇을 했는지 추궁하려 들 때마다 데일은 딱 잡아떼며 그녀가 헛된 망상에 빠져 '제정신이 아니고' '애정에 굶주렸으며' '의부증'이라고 비난한다. 데일이 바람피운다는 물증이 점점 늘어나는데도 카테리나는 자신이 정말 의부증인지 의심하기 시작한다. 그 속옷이 정말 자기 것이었을까? 어쩌면 데일의 주장처럼 정말 동료들에게 걸려온 전화였을 수도 있다. 어쩌면 데일의 말처럼 그가 자꾸 거리를 두는 것은 그녀의 탓일지도 모른다. 어쩌면 데일은 그냥 혼자만의 시간이 필요한 것일지도 모른다.

카테리나는 가급적 데일과의 충돌을 피하고 그를 기쁘게 해주려고 최선을 다한다. 그녀는 더 사랑스럽고, 다정하고, 자상한 아내가 되기 위해 많은 노력을 쏟는다. 그녀는 남아 있는 의심을 잠재우려 노력하다가, 직장에서 일찍 돌아온 어느 날 옆집 여자와 침대에 누워 있는 데일을 발견한다.

가스라이팅에서 벗어나는 요령

만약 당신이 가스라이팅을 당하고 있다는 의심이 들면 이런 은밀한 학대에서 벗어나게 도와주는 트라우마 전문 치료사처럼 당신을 지지해주는 제3자에게 도움을 청하자. 관계에서 벌어진 일에 대한 당신의 이야기를 그와 함께 철저히 검토해보자. 현실감각을 되찾기 위해 당신이 경험한 일을 적어보자. 꾸준히 일기를 쓰면서 당신의 감정, 생각, 느낌, 인식을 기록해보자. 그러면 지금까지 있었던 모든 일을 설명할 수 있을 것이다.

의심이 들 때는 다시 한번 당부하건대 모든 내용을 기록해놓자. 직장에서 가스라이팅을 당하는 경우에는 기록이 더욱 중요하다. 메일 내용을 출력하고, 문자메시지를 캡처해두고, 음성메시지를 저장하고, 합법적인 선에서 대화 내용을 기록해두면 된다. 가스라이팅 가해자에게 설명이나 인정을 바라는 함정에 빠지지 말고 스스로를 타당화하자. 그동안 겪어온 학대의 실체를 눈으로 직접 확인하고 나면, 나르시시스트를 극복하는 데 한 걸음 다가서게 될 것이다. 실제로 벌어진 일에 확고한 기반을 두고, 아무도 당신의 현실을 다시 쓰지 못하게 하자.

생각해보기

· 현실 똑바로 보기 ·

가스라이팅 가해자가 아닌 **당신의** 관점에서 당신 이야기를 기록하여 적절한 맥락을 파악하자. 당신의 변화를 추적하며 현실을 글로 써나간다면 학대자들의 행동을 개별적인 사건이 아니라 오랫동안 지속되는 반복적인 패턴으로 파악할 수 있다. 이를 통해 권리를 침해당한 사실을 토대로 학대자들의 실체와 목적을 알아차리고, 그들의 주장에 의존하지 않고 당신의 경험에 확신을 가질 수 있다. 자기 신뢰를 회복하려 애쓰는 과정에서 겪는 자기 비난과 인지 부조화를 완화하는 데도 도움이 된다. 예를 들어 다음과 같이 일기를 작성할 수 있다.

짐한테 못되게 굴지 말라고 여러 번 말했는데도 오늘 내게 욕을 하며 내 외모를 모욕했다. 짐이 그렇게 행동하고도 아무런 사과를 안 해서 나는 너무 굴욕스럽고 비참한 기분이 들었다. 그래서 그에게 따졌더니 그는 농담했을 뿐인데 내가 과민하게 군다고 말했다. 하지만 나는 그만두라고 이미 여러 번 부탁했고, 그는 매번 내 부탁을 무시했다. 그는 계속 내게 언어적 학대를 가하며 내 감정을 무시한다. 그에게는 내 감정이 전혀 중요하지 않은 것 같다.

애정 공세

애정 공세는 사이비 종교에서 신도들을 길들이는 데 사용하는 조종 수법이다. 나르시시스트 같은 유해한 사람들이 애정 공세를 퍼부으면 당신은 그 사람이라는 종교의 신도가 된다. 애정 공세란 보통 연애나 우정, 동업이 시작될 때 과도한 칭찬과 감언이설, 끊임없는 관심과 애정을 퍼부어서 피해자들이 초반부터 관계에 많은 것을 내어놓도록 유도하는 수법이다. 관계에 투자한 것이 많을수록 조종자가 본색을 드러낸 후에도 피해자들이 관계에서 벗어나기가 힘들기 때문이다.

생존자 대니엘의 이야기를 들어보자. "처음 데이트를 시작했을 때 그는 오래전부터 알던 사람 같았어요. 우리는 긴 시간 이야기를 나눴는데 관심사도 비슷하고 취미도 비슷했거든요. 데이트를 한 지 얼마 되지 않아 그는 문자메시지로 내게 사랑한다고 고백했어요. 내가 그의 소울메이트이고 언젠가 나랑 결혼하고 싶다는 메시지였죠. 나는 너무 서두른다는 느낌이 들었지만 그런 착하고 성실하고 자상한 남자를 놓칠까봐 두려웠어요."

애정 공세는 우리의 가장 취약한 지점과 욕망을 공략한다. 누군가가 우리의 말을 들어주고 우리를 바라봐주고 관심을 가져주고 인정해주고 소중히 여겨주길 바라는 바로 그 마음 말이다. 이런 취약점과 욕망 때문에 우리는 나르시시즘적인 파트너들에게 중독되기 시작한다. 나르시시스트들은 우리가 그들에게 생화학적인 유대감을 느끼고 사적인 정보를 빨리 공개해야 우리를 쉽게 조종할 수 있으므로 관계 초반에 애정 공세를 퍼붓는다. 그리고 이 전략은 효과적이다! 아서 에런과 동료 연구자들은 낯선 두 사람이 서로에 대해 점점 더 개인적인 질문을 주고받다보면 친밀감이 높아진다는 사실을 발견했다(1997). 긴밀한 유대 관계는 "지속적이고 상호적이며 점점 더 사적인 정보를 공개하며 형성된다."

나르시시스트들은 관계 초기에 이런 '때 이른 친밀감'을 형성하는 데 상당한 공을 들인다. 그들은 보통 (진실이든 거짓이든) 자신의 사적인 이야기를 먼저 털어놓아 우리도 안심하고 깊은 속내를 터놓게 만든다. 그들은 우리에게 얻은 정보를 바탕으로 우리가 갈망하는 이상적인 파트너의 가면을 뒤집어씀으로써 우리로 하여금 평생 경험하기 힘든 유대감을 느끼게 한다. 또 거짓 미래를 약속하는 수법으로 관계의 초반부터 결혼, 자녀, 삶에 대해 이야기하며 약속된 미래라는 당근을 매달아둔다. 그러면 우리는 결코 실현되지 않을 미래에 맹목적으로 투자하기 시작한다. 가망

없는 사기꾼에게 우리의 시간과 정력, 경제력을 정신없이 쏟아붓는 것이다.

애정 공세는 아직 상실이나 트라우마에서 치유되지 못한 사람이나 삶에서 공허감을 느끼는 사람에게 믿기 힘들 만큼 강력한 힘을 발휘한다. 데일 아처 박사는 이렇게 설명한다(2017). "새로운 로맨스로 분출되는 극도의 도파민은 건강한 자아상을 가진 사람보다 그렇지 않은 사람에게 훨씬 더 강력한 효과를 발휘한다. 애정 공세는 스스로 채울 수 없는 욕구를 채워주기 때문이다."

유해한 사람들은 일단 피해자들이 충분히 관계 안으로 들어오면 애정 공세를 그만두고 그들을 떠받들던 태도에서 돌변한다. 이 단계를 '평가절하'라고 한다. 이때 유해한 사람들은 주기적으로 피해자들에게 이상화• 단계를 '찔끔찔끔' 맛보게 하여 그들이 달콤했던 순간으로 돌아가려고 더 안간힘을 쓰게 만든다. 심리학에서는 이것을 피해자의 반응을 부추기기 위한 긍정적 보상의 '간헐적 강화'라고 부른다(자세한 설명은 앞으로 나올 내용을 참조하자). 학대자들은 피해자들이 떠나려 할 때마다 '착한 남자'나 '착한 여자' 행세를 하여 피해자들이 학대자들의 본색과 자신의 판단력에 대해 헷갈리게 만든다. 매우 예민한 사람들은 워낙 감정이 쉽게 자극되어 포식자들이 조금만 관심을 보여줘도 크게 반응

• 부정적인 측면을 무시하고 긍정적인 측면만 과장하여 추켜세우는 것.

하기 때문에 이런 애정 공세의 희생양이 되기 쉽다.

애정 공세에 휘말리지 않는 요령

어떤 관계를 시작할 때든 감언이설이 지나치다 싶으면 수상쩍게 생각하자. 아직은 서로를 알아가는 중이므로 당신이 들은 칭찬이 설령 맞는 말이라도 피상적이라는 사실을 기억하자. 잘 모르는 사람에게 무턱대고 시간과 정력을 쏟아붓지 않고도 칭찬을 정중하게 받아들일 방법은 많다. 자연스러운 친분이 생기려면 지나치고 부적절한 관심을 열광적으로 표현하기보다는 오랜 시간에 걸쳐 꾸준한 존중과 신뢰를 보여주어야 한다. 자존감, 자기애, 자신감을 길러서 당신의 마음을 훔치려는 사람에게 쉽게 흔들리지 않도록 노력하자.

데이트 초반에는 관계가 진전되는 속도를 늦추고 스킨십을 피하면서 상대방이 당신을 대하는 태도를 관찰하자. 그들은 당신의 경계를 존중하는가? 아니면 성급하게 관계를 진전시키려 하며 당신이 원하는 속도보다 더 빨리 가까워지길 강요하거나 화를 내며 통제하려 드는가? 그렇다면 경고 신호다. 순간적인 화학작용보다는 시간이 지날수록 쌓여가는 진정한 유대감을 믿자. 누군가 당신에게 애정 공세를 퍼붓더라도 지나치게 관계에 빠져들거나 상대방의 관심도에 맞춰주는 식으로 대응하지 말자. 그럴수록 상대방이 시간이 지나도 한결같은 행동으로 그의 공허한 말을 증명하는지 지켜볼 필요가 있다는 경고 신호로 받아들여야 한다. 자존감을 키워서 스스로 애정 공세를 퍼붓고 타인과의 관계가 깊어지는 속도를 늦추자. 자신의 가치를 알면 남들의 칭찬에 연연할 필요가 없어진다.

생각해보기

· 애정 공세 막기 ·

당신에게 애정 공세를 퍼부었거나 현재 퍼붓고 있는 유해한 사람을 생각해보자. 어떻게 하면 관계가 진전되는 속도를 늦출 수 있을까? 만약 과거에 그랬다면, 거리를 두기 위해 어떤 행동을 취할 수 있었을까? 애정 공세를 중단시키는 방법에는 끊임없이 오는 문자메시지에 응답하지 않는 것, 주중에는 서로 만나지 않기로 하는 것, 스킨십의 속도를 늦추는 것 등이 있다.

간헐적 강화

간헐적 강화는 보통 학대적인 관계에서 피해자가 가해자의 인정을 받으려고 더 애쓰도록 조종하는 데 사용된다. 심리학자 찰스 퍼스터와 B. F 스키너는 보상이 예측할 수 없거나 '간헐적으로 제공'될 때 동물들이 자극에 반응할 가능성이 더 높아진다는 사실을 발견했다(1957). 예를 들어, 쥐들은 지렛대를 누르면 보상이 꼬박꼬박 주어질 때보다 무작위로 주어질 때 더 열심히, 끈질기게 지렛대를 누른다. 슬롯머신을 하는 도박꾼도 마찬가지다. 그들은 계속 돈을 잃으면서도 아주 드물게 주어지는 보상 때문에 희망을 품고 게임을 멈추지 않는다. 결국 우리가 얻기 힘들거나 한때 가졌던 것을 다시 손에 넣을 수 있다는 실낱같은 희망이 있을 때 더 열심히 노력한다는 의미다. 앞에서 이야기했듯이 간헐적 강화는 유해한 파트너와의 생화학적 유대감을 형성하는 데 특히 강력한 효과를 발휘한다.

나르시시스트들은 본능적으로 이 사실을 알고 그들이 목표로 삼은 사람에게 간헐적 강화를 사용한다. 그들은 심하게 학대하는 동안에도 피해자들이 완전히 포기하지는 않게끔 단편적인 애정이나 관심, 애정 공세나 허니문 단계에서 보여준 친절한 모습을 감질나게 보여준다. 그러면 피해자들은 해로운 관계에서 벗어날 방법을 궁리하기보다 나르시시스트의 애정을 되찾으려고 더 끈질기게 노력하게 된다. 만약 학대자들이 계속 못되게만 군다면 피해자들이 그 관계에 머무를 이유가 없을 것이다.

임상심리학자 조 카버는 학대자들이 이렇게 간헐적으로 애정을 표현하면 피해자들은 그것을 '작은 친절'로 인식하게 된다고 설명한다(2014). 고통스러운 학대를 견디는 피해자들이 상대방의 아주 작은 다정한 말이나 행동을 크게 부풀려 해석한다는 의미다. 심지어 피해자들은 학대가 잠시 멈추는 것조차도 '애정'의 증거로 받아들이는데, 마치 전쟁터에 익숙한 병사들이 잠시 공포가 사라지기만 해도 선물처럼 느끼는 것과 마찬가지다. 굶주린 사람에게는 작은 빵부스러기도 큰 덩어리처럼 보이듯이, 피해자들은 학대자들이 가끔씩 사소한 친절을 보이면 그게 학대를 유지하는 수법이 아니라 그들의 본디 너그러운 성격을 드러내는 증거라고 착각한다. 나아가 언젠가 학대자가 달라질 것이라는 헛된 희망까지 품는다.

테리는 아내 미셸에게 엄청나게 학대를 당했다. 미셸은 툭하면 그에게 물건을 집어던지고 고함을 지르며 아이들을 데리고 떠나겠다고 협박했다. 테리는 집에 들어갈 때마다 아내의 분노에 찬 공격을 예상하고 두려움에 떨었다. 그녀의 행동은 어찌나 변덕스러운지 예측 불가였다. 거의 매일 화가 나 있고 시무룩했다. 가끔 진정되어 보이는 날도 있었다. 그런 날이면 미셸은 테리에게 푸짐한 음식을 차려주었고 아낌없이 애정 표현을 하며 앞으로의 계획에 대해 신나게 이야기하곤 했다. 그런 평화로운 밤들에 테리는 미셸에게 특별한 애정을 느꼈다. 두 사람이 처음 만났을 때 그녀가 얼마나 매력적이었는지, 그리고 둘이 하염없이 이야기를 나누다 얼마나 많은 새벽을 함께 맞이했었는지가 떠올랐던 것이다.

불행히도 다음날이면 어김없이 미셸은 다시 학대를 가했다. 미셸의 위험한 행동에도 불구하고, 테리는 여전히 그녀에게 애착을 느꼈다. 그는 미셸과 평생 한 번뿐인 특별한 관계를 맺고 있다고 확신했다. 어쨌거나 좋을 때는 정말 좋았고 나쁠 때는 정말 나빴던 것이다. 그는 좋은 때를 맞이하려면 나쁜 때를 견뎌야 한다고 합리화했다. 이것이 바로 학대자들이 긍정적인 행동을 간헐적으로 강화하여 피해자들을 계속 애착 외상과 학대 주기에 가두는 전형적인 방법이다.

간헐적 강화에 대처하는 요령

상대방의 행동이 좋았다 나빴다 하는 주기를 반복한다는 것을 알아차리면 일시 중지 버튼을 누르고 관계에서 손을 떼자. 한동안 해로운 행동을 일삼다가 마침내 '좋은' 행동을 보이는 사람에게 긍정적으로 반응하여 이런 학대 주기를 유지시키지 말자. 상대방의 좋은 행동이 당신에게 '놀랍게' 느껴지고 안도감을 준다면, 그 관계를 지속하라는 청신호가 아니라 적신호로 봐야 한다.

변덕스러운 행동에 동요되지 말고 당신을 무시하는 사람들과 거리를 둠으로써 당신의 행동을 일관되게 유지하자. 상황에 따라 그들과 완전히 관계를 끊을 수도 있고 그들의 삶에서 서서히 '사라질' 수도 있다. 두번째, 세번째, 네번째 기회를 주는데도 학대 행동이 계속된다면 그들은 더이상 기회를 얻을 자격이 없다. 그들을 변화시키려고 시도하지 말자.

기억하자. 그들은 절대 변하지 않으리라는 사실을 반복적으로 증명해 보였고, 설사 그들이 진짜 변한 것처럼 보여도 단지 신뢰를 회복하여 당신을 착취하려고 잠시 처음 만났을 때의 모습으로 돌아간 것뿐이다. 속아넘어가지 말자. 학대 주기를 있는 그대로 바라보자. 그것은 매번 해로운 시작점으로 돌아가는 끝없는 폐쇄회로일 뿐이다. 상대방이 변덕스러운 행동을 반복한다면 그와의 관계를 영원히 끊어내야 한다.

생각해보기

· 조건형성 억제하기 ·

상대방의 변덕스러운 행동을 몇 가지 적어보자. 상대방이 냉담해졌을 때 당신은 어떻게 반응했는가?(예: 그의 관심을 끌려고 몇 번이나 전화했다) 앞으로는 어떻게 반응할 것인가?(예: 그에게 연락하지 않고 나를 아끼는 사람과 시간을 보내거나 내가 좋아하는 일을 찾아서 할 것이다)

후버링

일부 유해한 사람들은 관계가 끝나거나 경계에 맞닥뜨렸을 때, 또는 관계가 끝난 지 한참 후에도 자꾸 당신에게 연락을 시도하여 경계를 시험한다. 그들은 후버 진공청소기처럼 당신을 다시 외상적 관계의 소용돌이로 빨아들이려고 마수를 뻗쳐온다. 이런 수법을 '후버링'이라 부른다.

후버링을 하는 유해한 사람들은 각자의 삶을 살아가던 도중에 뜬금없이 피해자에게 연락을 해온다. 이를테면 학대를 일삼던 전 파트너가 어느 휴일에 둘이 함께 보낸 행복했던 순간을 떠올리며 피해자에게 문자메시지를 보내는 식이다. 해로운 어머니가 성인이 된 딸을 완전히 묵살하다가 갑자기 전화를 해서 후버링하기도 한다. 흔해빠진 나쁜 남자가 한때 만나던 여자에게 다시 화해하자며 연락하는 일도 있다. 또 가해자의 메시지를 '전달'하는 제3자나 SNS 스토킹을 통해 간접적으로 이루어지는 후버링도 있다. 그런 방법에는 애정 공세를 퍼붓는 메시지, 그들이 얼마나 극적으로 변했는지에 대한 이야기(그들은 변하지 않았다), 평가절하하거나 도발하는 메시지, 거짓으로 지어낸 긴급 상황이나 꾀병, 심지어 새로운 파트너를 자랑하는 가학적인 메시지까지 사용된다.

일반적으로 생각하는 것과 달리, 유해한 사람이 갑자기 연락을 해오는 등의 후버링은 당신을 그리워하거나 사랑해서가 아니다. 저스틴 모길스키와 리사 웰링의 연구에서는 자기애성, 정신병질, 이중인격 같은 성격장애자들이 전 애인과 친구로 지내려고 한다면 그것은 상대를 그리워하거나 사랑해서 또는 자신의 파괴적인 행동을 반성해서가 아니라 자기 멋대로 간섭하거나 섹스를 하고 상대방의 자원에 접근하기 위해서라는 사실이 밝혀졌다(2017). 그러니 온라인에서든 실생활에서든 해로운 전 애인에게 '친구로 지내자는 요청'을 받으면 조심하자. 그들의 의도는 당신의 생각만큼 순수하지 않을지도 모른다.

공인 심리사 토니 페레티는 이렇게 지적한다. "나르시시스트들은 실패하거나 지는 것을 싫어하고, 본인이 관계를 끝낼 생각이 없으면 무슨 수를 써서든 관계를 유지하려 들 것이다…… 그들은 중요한 자원에 접근하려고 전 애인들과 관계를 유지하기도 한다. 또 전 애인들의 취약성과 약점을 속속들이 알고 있어 그들을 착취하고 통제하는 데서 권력과 통제감을 느낀다(투르제 2016)."

나르시시스트들은 피해자들을 자극하여 원하는 반응을 얻으려고 온라인 플랫폼에 자극적인 게시물을 올리는 일도 서슴지 않는다. 디지털 플랫폼이 보편화되면서 그들은 더 악랄하게, 더 빠르게 피해자들을 후버링, 스토킹하며 괴롭힐 수 있게 되었다. 예전에는 유해한 사람들이 피해자를 후버링하려면 신호를 주거나 편지를 보내야만 했다. 하지만 이제는 페이스북, 인스타그램, 트위터, 스냅챗을 이용하고, 앱으로 여러 개의 가짜 전화번호를 생성하며, 심지어 피해자들의 기기에 스파이웨어를 깔아놓기도 한다.

후버링을 당한 피해자들은 '이번에는 다를 것'이란 희망 때문에 자신의 삶에 대해 완전한 통제력을 되찾지 못하고 나르시시스트들의 해로운 거미줄에 계속 걸려 있게 된다. 나르시시스트들은

'미끼를 던져' 피해자들의 반응과 개입을 이끌어낼 수만 있다면 그들을 다시 관계로 끌어들일 수도 있다고 생각한다.

후버링에 넘어가지 않는 요령

후버링을 막으려면 유해한 사람들의 전화번호, 이메일과 모든 SNS 계정을 차단하자. 온라인이든 오프라인이든 그들이 당신을 염탐하는 데 이용할 만한 모든 공통 친구와의 관계도 끊자. 물론 이렇게 해도 나르시시스트들은 익명 계정이나 스토킹 등 다른 수단을 통해 후버링을 시도할 것이다(이런 경우에는 나르시시스트들이 연락한 기록을 저장해두고 상황을 봐서 경찰에 신고할 수 있다).

어떤 식의 후버링에도 넘어가지 말자. 유해한 사람들이 다시 연락을 해오는 것이 당신을 그리워하기 때문이라는, 반사적으로 떠오르는 생각을 버리자. 대신 스스로에게 이렇게 말하자. "그들이 그리워하는 것은 내가 아니라 나를 통제하는 즐거움이다"라고. 과거에 그들에게 학대와 천대를 당했던 현실을 외면하지 않도록 그들이 행한 학대 행위의 목록을 작성해보자(만약 이 작업이 힘들다면 상담사와 함께 진행하자). 그러면 거짓된 약속이나 환상에 넘어가지 않고 다시 현실에 발붙이게 될 것이다. 후버링을 당할 때마다 이렇게 자기중심을 잡는 습관을 들이자.

후버링에 대응해야만 하는 경우라면 가능한 한 피해를 최소화하자. 예를 들어, 상호작용을 피할 수 없는 직장 동료나 자녀를 공동 양육하는 전 파트너가 있다면 사실에만 기반을 두고 매사를 간단명료하게 처리하자. 가급적 그들의 수법에 감정적으로 반응하지 말자. 만약 학대적인 아버지가 추수감사절 저녁식사에 올 건지 물어보려고 당신에게 문자메시지를 보낸다면, 구구절절한 변명을 늘어놓거나 감정에 호소하여 죄책감을 유발하려는 아버지의 시도에 넘어가지 말고 그냥 이번에는 못 간다고만 통보하자. 만약 질척거리는 전 애인이 새 파트너에 대해 자랑하는 게시물을 올리거나 얼마나 행복한지 당신에게 문자메시지로 알려온다면, 그가 괴롭혔다는 증거가 필요할 경우에 대비하여 그 메시지만 저장해놓고 그의 전화번호와 SNS 계정을 차단하자. 반드시 기억하자. '싫다'는 말은 타협이나 설득을 바라는 말이 아니다. 후버링을 당하더라도 절대 말려들지 말자. 그저 차단, 저장, 삭제만이 답이다.

생각해보기

· 해로운 소용돌이에 빨려들어가지 않기 ·

현재 어떤 플랫폼과 미디어에서 유해한 사람들과 접촉하고 있는가? 어떻게 하면 그들이 당신에게 접근해오는 것을 막고 당신의 사생활을 보호하며 후버링당할 위험을 줄일 수 있을까? 예를 들어 공동 양육자로 지정된 상황이라면 '아워 패밀리 위저드Our Family Wizard'

같은 앱을 이용하여 두 사람의 상호작용을 법원용으로 기록하는 시스템을 통해 소통할 수 있다. SNS에는 유해한 사람들을 차단하고 당신의 정보를 모두가 볼 수 없게 제한하는 옵션이 있다. 스토킹이나 괴롭힘을 당해 법적 조치를 취하기로 결정했다면 가능한 모든 증거를 기록으로 남기자.

창피 주기

유해한 사람들은 당신을 조종하지 못할 때 당신이 독자적인 의견, 선호, 필요, 욕구를 지닌 사람이라는 데 죄책감과 두려움, 의무감을 갖게 하려고 자꾸 창피를 준다. 누구나 상습적으로 창피를 당하다보면 자존감이 떨어진다. 연구에서는 남자든 여자든 자존감이 낮은 사람들이 남들의 요구에 더 쉽게 따르고 순응하는 것으로 나타났다(월스터 1965; 구드욘손과 시구르드손 2003). 그래서 나르시시스트나 유해한 사람들이 그들의 욕구를 충족시켜주지 않는다고 당신을 지나치게 창피 주거나 지적하면 실제로 당신이 그들의 요구를 들어주려 허겁지겁 나설 가능성이 있다.

창피 주기는 또 유년기의 핵심적인 상처를 건드려 트라우마 치료사들이 말하는 '내면의 비판자'를 일깨우기 때문에 효과적이다(워커 2013). 심리학자 존 브래드쇼는 저서 『상처받은 내면아이 치유』에서 건강한 수치심과 해로운 수치심을 구분한다. 건강한 수치심은 우리의 한계를 일깨우는 반면, "해로운 수치심은 우리에게 인간보다 나은 존재(완벽한 존재)가 되거나 인간보다 못한 존재가 되도록 강요한다(1990, 199)." 우리는 성인이 되어서도 유해한 사람에게 창피를 당하면 무가치한 비난에도 죄책감을 느끼고 다시 유년기의 강렬했던 감정과 믿음으로 퇴행하게 된다.

재러드의 동생 벤은 끊임없이 형에게 돈을 빌려달라고 했다. 재러드가 동생의 요청을 거절하며 경계를 지키려 할 때마다 벤은 그에게 창피를 주었다. "형은 너무 인색해. 항상 자기한테만 돈을 쓰지." 벤은 재러드가 새 신발 같은 자기 물건을 살 때마다 이렇게 말했다. 불과 일주일 전에도 벤의 공과금을 납부하는 데 재러드가 돈을 꽤 보탰는데 말이다. 벤의 말은 경계를 지키려는 재러드에게 죄책감을 심어주려는 조종적인 비난일 뿐 현실적인 근거가 없다.

유해한 사람들이 창피 주는 말을 즐겨 사용하는 것은 마치 상대방이 문제인 듯한 느낌을 주기 때문이다. 실제로는 유해한 사람들이 성격장애 때문에 타인을 지나치게 판단하고 비난하는 것인데도 말이다. 매우 예민한 사람인 우리는 타인의 기분에 예민하게 반응하고 타인의 기분에 미치는 영향에 대단히 양심적이라 이런 수치심을 내면화한다. 유해한 사람들의 건강하지 못한 판단과 창피 주기는 우리에게 많은 영향을 미친다. 특히 학대 가정에서 자라 자신의 가치가 다른 사람을 기쁘게 하고 인정받는 데 있다고 생각해온 사람이라면 더 그렇다.

창피 주기를 피하는 요령

유해한 사람이 창피를 줄 때 그 수치심을 내면화하지 않도록 마음속으로 밀어내자. 수치심을 스펀지처럼 흡수하려는 자동적인 충동을 참고 숨을 길게 내쉰 후에 창피를 준 사람에게 그 수치심을 '돌려주자'. 마음속으로 이렇게 말해보자. '이 수치심은 내가 아니라 당신이 느껴야 해.' 그에게 인정받으려고 애쓰거나 그의 욕구를 충족시키려는 충동에 저항하자. 대신 스스로 '정서적 플래시백(어렸을 때의 상처와 감정으로 퇴행하는 것)'이 일어나는 시점을 받아들이고 그 상처를 치유하기 위한 내면 작업의 기회로 삼자.

상처를 치유하려면 스스로에게 자비를 베풀어야 한다. 임상심리학자 타라 브랙은 자기 자비를 돕기 위해 'RAIN'이라는 훌륭한 약어를 만들었다(2020). 즉, 지금 일어나는 일을 **인식하고**Recognize, 있는 그대로의 삶을 **허용하며**Allow, 따뜻한 애정으로 **살펴보고**Investigate, 스스로를 **양육하라**Nurture는 것이다. 한 손을 심장이나 뺨에 대고 이렇게 지지하는 말을 해보자. "너를 사랑해. 너는 네게 일어난 끔찍한 일을 당할 이유가 없었어. 너는 최고의 삶을 누릴 자격이 있어. 네가 그런 일을 겪어서 유감이야. 나는 너를 위해 여기 있어. 나는 너를 수용하고 인정해." 이처럼 스스로에게 인정, 타당화, 애정, 관심, 사랑을 주게 되면 남들의 악의적인 창피 주기 수법에서 당신을 보호하는 건강한 장벽을 세울 수 있다. 또 해묵은 상처로 인한 자기 비난도 줄어든다. 수치심을 자기 자비로 대체하자.

생각해보기

· 내면아이에게 말 걸기 ·

어렸을 때 처음 수치심을 느꼈던 순간에 대해 적어보자. 감정적으로 너무 심한 자극이 느껴지면 상담사와 함께 진행하자. 그 순간을 떠올리며 순진하고 무력했던 어린 시절의 자신을 머릿속에 그려보자. 그 아이에게 사랑과 연민을 전해주자. 상냥하게 말을 걸며 누군가 필요할 때마다 당신이 곁에 있어줄 테니 더이상 창피해할 필요가 없다고 알려주자. 그동안 견뎌낸 학대를 당할 이유가 없었고 단지 좋지 않은 환경의 무고한 피해자였을 뿐이라고 말해주자.

투사

유해한 사람들은 본인의 단점과 문제를 다른 사람에게 떠넘긴다. 바로 '투사'라는 방어기제다. 남에게 창피 주는 사람들이 대개 본인의 수치심 때문에 그러듯이, 투사는 유해한 사람들이 자신의 부정적 행동과 특징을 타인에게 전가하여 책임을 회피하려는 방법이다. 누구나 어느 정도 투사를 하지만, 나르시시즘 임상 전문의 린다 마르티네즈 루이 박사는 나르시시스트들의 투사가 심리적 학대인 경우가 많다고 단언한다. 나르시시스트들은 일부러 피해자들을 공포에 떨게 하고 피해자를 가해자로 몰아가려고 악의적인 투사를 사용한다는 것이다. 마르티네즈 루이 박사는 "숨은 나르시시스트들은 분노 폭발, 모욕 주기, 사람을 위축시키는 비판 등 지속적이고 추악한 원시적 투사를 통해 파트너에게 끔찍하고 악몽 같은 환경을 조성한다. 숨은 나르시시스트들의 파트너나 배우자는 항상 심리적·정서적 포위 상태에서 살아간다"라고 썼다(2018).

나르시시스트들의 왜곡된 비난으로 뒤틀린 세계에서는 매일매일이 '반대의 날'•이다. 나르시시스트들은 똑똑하고 성공한 사람들에게 게으르거나 멍청하다고 욕하며 그들이 자기 생각만 한다고 비난한다(나르시시스트들의 자기중심성과 오만함을 생각하면 이는 매우 아이러니한 투사다). 나르시시스트들은 파트너에게 언어적 학대를 가하며 아름답고 성공한 사람들을 볼품없고 매력 없다고 비난한다. 그들은 애정어리고 인정 많고 공감 잘하는 사람들이

• 본래의 의도나 판단과 정반대로 말하고 행동하는 날.

괴물이라고 말하거나 정직한 사람들의 기만과 불륜을 주장한다. 그들은 당신이 실제와는 정반대의 모습이라고 우긴다. 당신은 친절하고 아름답고 똑똑하고 유능한데다 공감 능력도 뛰어난데 말이다. 나르시시스트들의 악의적인 투사는 전부 그들 자신의 이야기일 뿐 당신과는 아무 상관이 없다. 가만히 지켜보면 그들이 당신에게서 보는 것은 사실 거울에 비친 자기 모습에서 스스로 인식하지 못한 부분이다.

프리양카의 소시오패스 남자친구 네이선은 그녀 몰래 불륜을 저지르고 다니면서도 오히려 그녀가 바람을 피운다고 비난했다. 그는 프리양카가 다른 남자들과 통화한다는 '단서'를 찾으려 수시로 그녀의 핸드폰을 확인했고 '현장을 덮치겠다'며 예고도 없이 그녀의 집에 들이닥치곤 했다. 결국 그가 데이트 사이트에서 여러 개의 계정으로 다섯 명의 여자들과 피임 없이 성관계를 맺어왔다는 사실이 발각된 후에야 관계는 끝이 났다.

조지에게는 항상 창의적이지 않다고 비난하는 나르시시스트 상사가 있었다. 조지가 회의에서 아이디어를 내면 그 상사는 독창성이 부족하다고 비난해놓고 나중에 조지의 아이디어를 훔쳐 자신의 아이디어인 척했다. 결국 이 상사가 여러 직원들의 아이디어를 도용하여 그들의 공로를 가로챘다는 사실이 드러났다.

베스의 룸메이트 첼시는 주변 사람들을 미치게 만들었다. 첼시는 엉뚱한 일로 끊임없이 말다툼을 벌였고 술에 잔뜩 취해서 씩

씩대며 집에 돌아오기 일쑤였다. 베스가 첼시에게 스트레스 받아서 못 살겠다며 집에서 나가달라고 정중히 부탁하자 첼시는 베스가 '별것도 아닌 걸로 오버하는 드라마 퀸'이라며 비난했다.

투사를 밀어내는 요령

유해한 사람들에게 투사를 당하면 그들이 실은 자기 이야기를 하고 있다고 생각하며 밀어내자. 예를 들어, 나르시시스트인 전 파트너가 당신을 아주 형편없는 부모로 취급한다면 실은 본인이 그렇다는 이야기임을 깨닫자. 진짜 끔찍한 부모는 바로 그다. 유해한 친구가 당신이 싱글이라고 지적한다면, 그가 결혼생활의 불행을 당신에게 투사하고 있음을 깨닫자. 어떤 사람의 투사도 받아줄 필요가 없다. 투사는 그냥 투사로 보고, 비난받은 말을 반추하기 전에 본인에게 되돌려주자.

나르시시스트들의 말을 번역해서 듣자. 특히 그들이 병적으로 당신을 시기한다면 더 그렇다. 물론 번역한 바를 나르시시스트들에게 직접 말하지는 말자. 그들의 분노를 자극할 가능성이 높다. 이것은 그저 당신을 위한 훈련이다. 예를 들어 나르시시스트가 "당신은 항상 과민반응을 하지! 당신은 정말 짜증나고 가증스러워!"라고 말한다면 그들이 아주 사소한 무시만 당해도 발끈하며 맹렬한 비난을 퍼붓는다는 사실을 떠올려보자. 실제로 과민반응을 하는 사람은 누구일까? 누가 진짜 '짜증나고 가증스러운'

사람일까? 또 나르시시스트의 말에 내포된 의미를 해석해볼 수도 있다. 만약 그가 당신의 성공을 깎아내린다면 이런 식으로 해석할 수 있다. "나는 당신이 이룬 업적에 질투가 나서 미치겠어. 그게 나의 우월감을 위협하니까. 내가 스스로를 더 좋게 느끼려면 당신을 더 위축되게 만들어야만 해."

투사를 극복할 수 있는 몇 가지 구체적인 방법은 다음과 같다.

투사에 반대되는 증거를 수집하자. 공감 능력이 있는 사람들에게 받았던 피드백을 기억하자. 우리 뇌는 긍정적인 정보보다 부정적인 정보에 더 집착하는 경향이 있다. 주변 위협에 맞서 살아남기 위해 우리를 둘러싼 환경에서 위험한 요소를 찾아내는 데 익숙하기 때문이다. 그리고 우리는 부정적인 것에 더 강하게 반응하므로 더 깊은 영향을 받게 마련이다. 로이 바우마이스터와 동료 연구자들이 말하듯이 "나쁜 감정, 나쁜 부모, 나쁜 피드백이 좋은 감정, 좋은 부모, 좋은 피드백보다 더 큰 영향을 미친다…… 쉽게 말해, 50달러를 얻을 때의 행복보다 50달러를 잃을 때의 분노가 더 크다는 말이다(바우마이스터 등 2001, 323-326)." 앤드루 뉴버그 의학박사와 마크 월드먼의 연구에서는 부정적인 말 단 한마디만으로도 공포와 불안을 느끼는 중추인 편도체 활동을 활성화시킬 수 있다고 지적한다(2013). 정서적 시소의 균형을 맞추는 것이 중요하다. 당신의 '생존 뇌'가 나르시시스트의 부정적인 피드백을 진실로 받아들이느라 놓치고 있는 긍정적인 말들이 훨씬 더 많을 것이다. 건강한 피드백과 나르시시스트의 투사에 반대되는 사실을 떠올리고 기록해두자. 나르시시스트가 아니라 당신을 위해서 필요한 일이다.

나르시시스트의 잘못된 비난을 반박하는 사실, 성취, 칭찬 목록을 작성해보자. 당신이 해낸 자랑스러운 일들을 회상하는 녹음테이프를 만들자. 당신 인생의 즐거운 순간들을 담은 사진을 걸어두자. 친절한 문자, 이메일, SNS 댓글 등을 스크린숏으로 저장하여 당신이 진짜 어떤 사람이고 어떤 일을 할 수 있는지 스스로 일깨우는 도구로 삼자. 자기 회의가 들 때마다 이런 자료를 반복적으로 찾아보자. 우리의 칭찬, 성취, 긍정적인 경험을 정신적으로 음미함으로써 나르시시스트의 비열한 비난이 절대 진리가 아님을 알아차리고 거부할 수 있다. 나르시시스트의 병적인 질투에서 비롯된 투사 대신 긍정적인 피드백을 기억하도록 스스로를 단련하자.

스스로를 타당화하고 고통을 성공으로 이끌 수 있도록 잠재의식을 재훈련하자. 명상, 긍정적인 말, 최면은 나르시시스트들이 당신에게 늘어놓는 파괴적인 거짓말을 놀라울 정도로 다르게 보게 한다. 연구 결과 이런 치유법들은 정서 조절, 불안 대처, 자기가치감에 긍정적인 영향을 미치는 것으로 밝혀졌다(라자르 등

2011; 카시오 등 2015; 장 등 2017; 카이저 등 2018). 이런 치유법에 대해서는 마지막 장에서 더 살펴볼 것이다. 나르시시스트에게 비난을 들으면 그들이 틀렸음을 입증하고 말겠다는 마음으로 당신의 인생, 목표, 꿈을 위해 노력할 수도 있다. 당신이 스스로를 타당화하고 과거에 겪은 고통을 당신에게 최대한 바람직한 방향으로 역이용한다면, 나르시시스트의 악의적인 투사를 성공적으로 극복할 수 있다.

서로 상호작용할 수밖에 없어 나르시시스트의 투사에 대응해야만 하는 상황이라면, 간결하게 대응하자. 대화를 마치기 전에 차분하게 이렇게 말해보자. "그 말은 솔직히 나보다는 당신에게 더 해당하는 말 같은데." 단 나르시시스트들이 그들의 투사가 스스로를 반영한다는 사실을 인정할 리 없다는 것은 미리 알아두자. 그러므로 당신은 스스로를 타당화하고 투사를 있는 그대로 바라보려고 애쓰는 편이 낫다. 투사는 어차피 나르시시스트들이 당신을 자기 문제를 내던지는 쓰레기통으로 취급하려는 시도일 뿐이다.

생각해보기

· 해로운 투사 번역하기 ·

유해한 사람들에게 받았던 비난을 쭉 적어보자. 그리고 그 말의 진짜 의미를 번역해보자. 나르시시스트들이 당신에게 떠넘기려던 투사 말이다. 그런 다음에 당신이 실천할 수 있는 행동과 태도의 변화를 적어보자. 예를 들면 다음과 같다.

나르시시스트가 나한테 한 말 : 당신은 너무 자기밖에 몰라. 너무 이기적이라고!
번역 : 나는 나밖에 모르고 이기적이다. 나는 당신이 자신만만하고 경계를 지키는 것을 참을 수 없다. 그러면 나의 통제감, 힘, 관심을 빼앗기기 때문이다. 그래서 당신에게 그런 행동에 대한 죄책감을 떠안기고 싶다.
행동 변화 : 나르시시스트가 내게 죄책감을 불어넣어 경계를 무너뜨리고 자신감을 빼앗으려 하는 것을 알았으니 앞으로는 더욱 경계를 지키고 자신만만하게 행동할 것이다.

이런 작업을 최대한 많이 하면서 나르시시스트의 비난에 대한 당신의 관점이 어떻게 바뀌고 그들의 숨겨진 동기가 어떻게 밝혀지는지 살펴보자.

트집잡기, 잔소리하기, 골대 옮기기

유해한 조종자들이 우리를 통제하는 방법 중 하나는 '트집잡기', 즉 우리가 하는 모든 일을 샅샅이 조사하고 감시하는 것이다. 그들은 우리의 외모, 성격, 라이프스타일, 업적, 재능, 직업윤리, 선택 등에 대해 트집을 잡는다. 나르시시스트들이 생각하기에는 이 모든 것이 공정한 비난이다. 그들은 우리가 고유한 취향, 의견, 세계관을 가진 독립적인 인간이란 이유로 우리를 모욕함으로써 자기 파멸로 이끈다. 임상심리학자 사이먼 셰리는 CTV 뉴스 인터뷰에서 트집잡기가 다른 사람을 파괴하고 '갉아먹는' 나르시시즘적인 완벽주의의 일종이라고 일갈했다. "비난은 멈추지 않을 겁니다. 만약 당신이 그들의 고상한 기준에 미치지 못하면 그들은 당신을 혹독하게 깎아내릴 것입니다(맥도널드와 셰리 2016)."

트집잡기는 나르시시스트들이 손에 피를 묻히지 않고 정서적 살인을 저지를 수 있는 무기다. 하지만 정작 본인들은 타인에게 요구하는 그 높은 기준에 한참 못 미치는 경우가 대부분이다. 만일 나르시시스트의 가혹한 렌즈를 통해 스스로를 바라보도록 무의식적으로 길들여진다면, 우리는 안정적인 자부심을 느낄 수 없고 자신의 성취에 기뻐할 수도 없다. 그럴수록 나르시시스트들은 우리의 자기 인식, 자존감, 자기효능감을 통제할 힘이 커진다. 예를 들어, 틈만 나면 딸의 체중에 대해 잔소리하는 나르시시스트 어머니 밑에서 자란 딸은 성인이 되어서도 자해와 섭식장애로 고생할 가능성이 높다. 트집잡기는 심지어 자살 사고로까지 이어질 수 있으며, 특히 발달단계상 취약한 어린 나이에 트집잡기에 시달린다면 더 그렇다.

건설적인 비판은 (보통) 당신을 도우려는 의도지만, 파괴적인 비판은 당신의 자기감을 무너뜨리려는 목적을 지닌다. 건설적인 비판과 파괴적인 비판의 가장 큰 차이점은 아마도 인신공격과 불가능한 기준 제시의 유무일 것이다. 파괴적인 비판자들은 당신이 발전하도록 도울 생각이 없다. 그들은 게임을 조작하여 당신이 실패하게 만들고 싶어한다. 그들은 흠을 잡아 당신을 끌어내리고 무슨 수를 써서든 희생양으로 삼으려 한다.

유해한 사람들은 당신이 그를 위해 무슨 노력을 하든 상관없이 당신에게 끝없이 불만스러워하려고 '골대 옮기기' 수법을 사용한다. 당신이 그들의 제멋대로인 요구를 충족시키려고 고군분투하고 당신의 입장을 타당화할 온갖 증거가 있다 해도, 당신에게 또다른 기대를 걸거나 더 많은 증거를 요구하거나 새로운 목표를 부여하는 식이다. 그들이 내거는 조건은 계속 바뀔 테고, 심지어 아무 상관 없는 조건일 수도 있다. 이런 조건에는 당신이 나르시시스트의 인정을 받으려고 더 애쓰게 만드는 것 외에는 다른 의미가 없다.

유해한 사람들은 기대치를 점점 더 높이거나 갑자기 기대치를 변경하는 식으로 당신에게 전면적인 무가치감과 결코 '충분히' 잘할 수 없다는 느낌을 심어준다. 나르시시스트들은 무관한 한 가지 사실을 계속 반복하거나 당신이 잘못한 일만 흠잡으며, 당신의 강점과 성취는 무시하고 당신의 있지도 않은 결점만 부각시킨다. 그러면 당신은 약점에 강박적으로 매달리며 다음번에 충족시켜야 할 그들의 요구를 미리 걱정하기에 이른다. 그러다가 결국 그들이 말한 모든 걸 충족시키려고 최선을 다했음에도 그들의 끔찍한 학대 방식을 조금도 바꾸지 못했다는 사실만 깨닫고 만다.

골대 옮기기에 말려들지 않고 자기수용에 이르는 요령

골대 옮기기에 대응하는 방법은 자기 타당화다. 스스로 가치 있고 충분하다는 느낌이 내면에서 차오르면 당신을 폄하하는 어느 누구에게도 당신을 증명할 필요가 없다는 것을 깨닫게 된다. 만약 자꾸 당신을 증명하라는 요구를 받게 된다면 조종의 적신호로 인식하자. 트집잡기와 골대 옮기기에 말려들지 말자. 누군가가 당신의 주장을 타당화하지 않거나 그들을 만족시키려는 당신의 노력을 인정하지 않는다면, 그들이 당신을 더 잘 이해하거나 건설적인 피드백을 주려는 것이 아님을 기억하자. 그들의 동기는 당신을 계속 자극하여 자신들이 유리한 입지를 점하는 것이다. 그러니 당신이 스스로를 타당화하고 인정하자. 유해한 사람들에게 이렇게 말해주자. "나는 이미 그 기대에 부응했어. 더이상 나 자신을 당신에게 입증하는 데 관심이 없어."

그 밖에도 다음과 같은 방법을 시도해볼 수 있다.

- 당신의 부정적인 신념 체계를 상담사와 함께 재구성한다.
- 새롭고 건강한 믿음을 심어주는 보완책으로 최면요법을 사용한다.
- 당신이 평생 동안 들었던 모든 칭찬과 친절한 말들, 특히 유해한 사람들의 비난과 관련 있는 말들을 써내려가보자. 그 목록은 당신이 건강하고 진실한 사람들에게 얼마나 많은 지지를 받고 살아왔는지 깨닫는 데 도움이 될 것이다. 이는 유해한 사람들에게 모욕을 당할 때 그에게 당신을 조종하려는 의도가 있음을 상기시켜준다. 골대에 휘둘리지 않고 자기수용에 이르려면 스스로 일어서야 한다.
- 의심과 불안감을 진정시킬 수 있도록 매일 스스로에게 들려줄 긍정적인 말들의 목록을 작성하자. 그리고 휴대폰이나 녹음기에 녹음해두자. 그런 말을 자신의 목소리나 자기계발서 저자 루이즈 헤이의 제안처럼 사랑하는 사람의 목소리로 들으면 자기 인식을 변화시키고 부정적인 혼잣말을 억제하는 데 큰 도움이 된다. 나르시시스트들의 모욕적 발언이 일깨운 내면의 비판자의 힘도 약해질 것이다.

직장이든 연애 관계든, 어떤 상황에서도 당신이 부족하거나 무가치하다고 끊임없이 느낄 이유가 없다는 사실을 잊지 말자. 움직이는 골대를 따라가지도 말자. 당신의 자기가치감에 집중하자. 당신은 지금 그대로 충분하다.

생각해보기

· 비난에 맞서는 긍정적인 말 ·

비난을 곱씹게 될 때마다 스스로 할 수 있는 몇 가지 긍정적인 말을 적어보자. 예를 들어, 유해한 사람이 당신의 외모를 지적하던 순간이 떠오를 때마다 그 말을 반추하기보다 "나는 내면도 외면도 아름다워" 같은 긍정적인 말을 스스로에게 해주자. 시간이 지날수록 부정적인 반추보다는 긍정적인 쪽으로 마음이 기울 것이다.

파괴적인 조건형성

______유해한 사람들은 우리의 강점, 재능, 행복한 추억에 대해 학대, 불만, 무례함으로 반응한다. 그들은 우리의 가장 행복한 순간과 관심, 열정, 꿈을 그들의 냉담하고 잔인한 처벌과 연결시키는 이른바 '파괴적인 조건형성'을 사용한다. 심리학에서 말하는 '정적 처벌'의 일종으로, 긍정적인 측면에 혐오스러운 결과를 연결시켜 우리의 목표 지향적인 행동을 막는 방법이다. 성취에 대해

처벌받는 일이 반복되다보면 나르시시스트들의 공격을 피해 안전감이나 안도감을 얻으려고 처벌과 연관된 행동을 피하게 되는 '부정적 강화'의 패턴이 나타난다. 그러면 우리는 파블로프의 개처럼 시간이 지날수록 한때 행복과 성취감을 느끼던 일을 두려워하는 한편 친구와 가족들로부터 고립되어 정서적으로나 경제적으로 유해한 사람에게 의존하게 된다.

관계 초반의 허니문 단계가 끝나면 나르시시스트들은 한때 이상화하던 당신의 자질과 특성을 은밀하고 노골적으로 깎아내리기 시작할 것이다. 그들은 열심히 추켜세우던 당신을 끌어내리고 헐뜯을 것이다. 또 당신의 휴일, 방학, 생일, 기념일, 특별한 날을 망칠 것이다.

나르시시스트들은 우리의 열정을 꺾고 출산이나 사업 성공 등 기뻐해야 할 순간에 찬물을 끼얹어 파괴적인 조건형성을 시도한다. 이는 어떤 경험이나 성취에 대해 흥분감을 표현하여 그 일에 대한 긍정적 인식을 형성하는, 관계 연구에서 말하는 이른바 '자본화'에 방해가 된다(라이스 등 2010). 기쁜 소식을 파트너와 나눌 때마다 처벌이나 무시를 당하게 되면 축하할 일에 느끼는 기쁨도 시들해진다. 나르시시스트들은 중요한 사건이나 성취로부터 어떻게든 자신에게로 다시 우리의 관심을 돌려, 언제나 자기가 관심을 받아야만 직성이 풀리는 병적인 욕구를 드러낸다. 실제로 생존자들이 인생에서 가장 행복했어야 할 순간에 어떤 일들을 겪었는지 들어보자.

브룩 "우리 아버지는 내 인생에서 축하받을 일이 생길 때마다 훼방을 놓고 기어이 자기가 주인공이 되려고 했어요. 고등학교, 대학교, 대학원 졸업식 때는 말할 것도 없고 임신 축하 파티와 심지어 내 아이의 세례식에서까지 말이에요."

어맨다 "엄마는 명절 때마다 우리에게 화낼 구실을 만들었어요. 우리는 스스로가 명절에 엄마를 혼자 내버려두는 끔찍한 사람들처럼 느껴졌죠. 엄마는 내 고등학교 졸업식에 오지 않았어요. 내 임신 축하 파티에 대해서도 촌스럽다고 말해서, 엄마에게 그래도 꼭 와달라고 거의 빌어야 했죠. 엄마는 우리가 결혼할 때마다 한바탕 성질을 부리며 결혼식 중간에 가버리겠다고 협박했어요. 이런 일이 셀 수도 없이 많아요. 우리는 행복을 느끼거나 우리 인생의 소중한 순간을 누릴 수 없었죠."

메건 "내가 약혼했을 때 새엄마는 나가서 자기가 낄 2캐럿짜리 다이아몬드 반지를 사 왔어요. 내가 약혼반지를 받고 사람들에게 관심을 받으며 신나하는 모습을 봤으니까요. 또 언젠가 내가 황록색 지프 그랜드 체로키가 내 드림카라고 말했더니 일주일 후에 그 차를 사 왔더군요."

레이철 "남편은 휴일이나 중요한 날에 매번 짜증을 내거나 심술궂은 말을 해서 내 기분을 망치곤 했죠. 한 번도 빠짐없이 그랬어요. 어머니의 날엔 내게 끔찍한 욕을 했고, 크리스마스에는 실수로 자기 선물까지 뜯었다고 내게 선물들을 집어던지고, 불빛 하나 없는 깜깜한 밤에 가파른 절벽을 타고 해변까지 걷기를 싫어한다는 이유로 온갖 욕을 퍼부었죠. 이것은 시작에 불과했어요."

나르시시스트들은 우리 삶에 대한 그들의 통제력을 위협하는 것이면 무엇이든 파괴하려 든다. 그들은 병적으로 질투가 심하고 누구의 방해도 받지 않고 우리에게 영향력을 행사하고 싶어한다. 만약 우리가 그들이 아닌 다른 사람에게 인정, 존경, 사랑을 받을 수 있음을 알게 되면 그들을 떠나버릴 테니 말이다. 악성 나르시시스트들에게는 작은 조건형성도 우리가 계속 자신의 눈치를 살피며 꿈에 다가가지 못하게 막는 데 큰 도움이 된다.

파괴적인 조건형성은 우리에게 학습된 무기력감을 심어준다. 그런 상태가 되면 인생에서 일이 잘 풀릴 때마다 유해한 부모, 파트너, 형제자매, 친구, 동료, 상사 등이 나타나 우리의 행복을 빼앗아갈 것이라는 막연한 공포감에 시달리게 된다. 또 우리가 기쁨을 얻는 일들이 보잘것없이 느껴지거나 근본적으로 더럽혀지고, 심지어 부당한 이유로 그것을 누군가에게 완전히 빼앗길 수도 있다고 느끼게 된다.

파괴적인 조건형성에 대처하는 요령

우리는 나르시시스트에게 처벌받지 않고 목표 지향적인 행동을 반복하여 성취의 두려움에 맞설 수 있을 때 파괴적인 조건형성 반응에서 비로소 벗어난다. 나르시시스트들의 학대로 얼룩진 당신의 과거 업적, 성공, 행복했던 순간, 그 밖에 기쁨을 주는 것들의 목록을 작성하자. 나르시시스트들이 당신을 어떻게 방해했고 그런 방해를 겪었을 때 당신은 어떻게 느꼈으며 어떤 후유증에 시달렸는지 적어보자. 그런 다음 나르시시스트로부터 벗어나 기쁨의 원천에 다시 접근할 방법을 생각해보자. 몇 가지 예를 들면 다음과 같다.

- 나르시시스트 친구가 늘 당신이 꿈꾸던 직업에 대해 비아냥거렸다면, 어떻게든 그 목표를 추구할 방법을 생각해보자.
- 유해한 부모님이 당신의 생일 파티를 엉망으로 만들었다면, 특별한 날에는 당신에게 지지적인 친구나 친척들만 초대하는 습관을 들이자.
- 나르시시스트들에게 행복한 일이나 최근에 이룬 성취에 대해 말하지 말자.
- 유해한 사람을 제외한 특별 행사와 모임을 개최하여 당신의

업적을 자주 기리자.

나르시시스트들이 무시했던 당신의 열정, 취미, 관심, 열망, 성취가 건강한 자부심이나 흥분감과 연결되도록 새롭게 조건형성하자. 당신은 스스로의 성취에 대해 충분히 기쁨을 만끽할 자격이 있다. 그들의 병적인 질투심에 당신이 마땅히 누려야 할 기쁨을 빼앗기지 말자.

생각해보기

· 자신의 업적 기리기 ·

스스로 자랑할 만한 업적을 적어보자. 분야별로 세 가지씩 적어보면 도움이 될 것이다.

· 직업과 학술 분야
· 사회생활
· 자기계발
· 육아/인간관계
· 피트니스/건강
· 정신건강

각 항목 옆에 당신의 성취를 축하할 방법을 적어보고, 지금 당장 축하하고 스스로 보상할 수 있는 방법도 한 가지 이상 찾아보자.

중상모략

은밀한 포식자들은 당신의 평판을 해치고 신뢰감을 떨어뜨리려고 유언비어를 퍼뜨린다. '중상모략'은 당신이 의지하는 관계망을 무너뜨려, 학대자와의 관계를 끊고 떠나지 못하게 막으려는 선제공격이다. 나르시시스트들은 뒤에서 당신을 험담하고 마치 자기가 피해자인 척하며 당신을 학대자로 몰아가는 이야기를 지어내고 자신이나 당신이 사랑하는 사람들에게 당신을 비방하며 당신에게 비난당할까봐 두려운 자신의 행동을 오히려 당신이 했다고 주장한다. 그들은 또 뻔뻔한 거짓말, 루머, 가짜 '암시'를 통해 당신의 정신 상태와 성격을 의심하게 만들 수도 있다. 심지어 증거를 조작하는 짓도 마다하지 않는다. 일부러 은밀하고 계획적으로 당신을 자극하여 학대에 대한 당신의 정서적 반응을 당신이 불안정하다는 증거로 이용하기도 한다.

중상모략은 타인의 눈에 비친 당신의 이미지를 조작하여 아무도 학대당한다는 당신의 말을 믿지 않게 하려는 가스라이팅의 일종이다. 유해한 사람들은 당신의 자기 인식을 통제할 수 없으면 당신에 대한 다른 사람들의 인식을 통제한다. 그들은 억울한 피해자나 순교자인 척하며 당신을 유해한 사람으로 낙인찍는다. 학대자들은 자기 행동에 대한 책임을 모면하기 위해 당신을 학대자로 몰아가는 데 열을 올린다. 당신에 대한 진실을 '폭로한다'는 미명하에 당신이나 당신 지인들을 스토킹하고 괴롭히기도 한다. 이런 폭로는 그들의 학대 행위를 감추는 동시에 당신에게 그들의 행위를 투사하는 전형적인 수법이다. 어떤 경우에는 중상모략 때문에 두 사람이나 두 집단 간에 싸움이 붙기도 한다. 피해자들은 학대 관계를 유지하는 동안 자신에 대해 어떤 이야기가 오가는지 모르다가 나중에야 허위 사실을 발견하게 된다.

중상모략은 연애 관계, 직장, 친구 무리, 대가족 내에서 시작되거나 매체를 통해 시작된다. 병적으로 질투심이 강한 소시오패스들이 승진의 '위협 요인'을 제거하려고 열심히 일하는 동료에 대해 상사에게 거짓 정보를 흘리는 일도 드물지 않다. 더 높은 권력 계층으로 편입된 나르시시스트들은 경쟁자라고 생각되는 사람들을 제거하는 등 훨씬 더 큰 파멸도 초래할 위험이 있다. 전 FBI 프로파일러인 조 내버로가 『위험한 사람들』에서 말했듯이, "나르시시즘은 높은 권력 계층이나 신뢰받는 전문직에서 위험 수위에 이르며 권한 남용과 위반을 통해 파괴적인 결과를 불러오기도 한다(2017, 41)." 나르시시스트들이 가진 권한이 커질수록 피해자에 대한 중상모략은 더 파괴적인 결과를 낳는다. 게다가 이런 중상모략으로 인한 피해는 오래 지속된다.

중상모략에 대처하는 요령

어떤 식으로든 중상모략이나 비방을 당하고 있다면, 계속 진실을 고수하여 당신의 결백함이 저절로 드러나게 하자. 부당한 비난을 받는 경우에도 오로지 사실만을 제시하자. 최고의 '복수'는 당신 자신의 삶을 살고 신뢰할 만한 사람들과 지지적 관계망을 꾸려 성공을 향해 나아가는 것이다. 나르시시스트들을 지지하기로 선택한 사람들은 그냥 내버려두자. 그들은 얼마나 잘못된 선택을 했는지 스스로 깨닫게 될 것이다. 그들을 설득하는 것은 당신이 할일이 아니다. 이번 기회에 당신의 진정한 친구가 누구인지 깨닫게 된 것을 축복으로 여기자.

또, 쉽지는 않겠지만 공공장소에서 감정적으로 반응하지 않도록 주의하자. 나르시시스트들은 당신을 '미친' 사람으로 몰아가려고 그런 감정적 반응을 당신에게 불리하게 이용할 것이다. 중상모략에 맞서는 행동의 법적 효력에도 주의하자. 소송을 하려면 가능한 한 꼭 학대 증거를 기록해두자. 명예훼손법에 관해 알아보고, 필요한 경우 심각한 갈등을 다루는 변호사의 도움을 받자.

힘든 시기에 당신을 격려해주는 건강한 지지적 관계망을 구축하자. 이 관계망에 성격장애를 이해하는 트라우마 전문 치료사와 당신과 비슷한 일을 겪은 생존자들이 포함되어 있으면 더할 나위 없다. 이 지지적 관계망은 당신을 지지하는 진실하고 믿을 만한 사람들로 구성되어야 하며, 당신에게 유해한 사람을 지지하거나 응원하는 사람들로 구성되어서는 안 된다. 당신이 중상모략을 당하고 있을 때 가장 피해야 할 일이 추가로 가스라이팅을 당하거나 상태를 타당화받지 못하고 재외상을 입는 일이다.

일부 독자들은 "나르시시스트를 공개적으로 폭로하려고 일부러 수고할 가치가 있나요?"라고 질문한다. 일반적으로 혼자서 사이코패스를 쓰러뜨리려는 시도는 위험할 수 있으니 무엇보다 당신의 안전을 최우선시하고 변호사나 정신건강 전문가와 상의하여 당신의 사건을 철저히 검토할 것을 강력히 권한다. 누군가를 공개적으로 폭로하는 데는 여러 결과가 따를 수 있고, 설령 당신이 한 말이 모두 사실일지라도 악성 나르시시스트들이 당신을 명예훼손으로 고발하여 보복할 가능성이 높다. 기억하자. 악성 나르시시스트들은 겉보기에 매력적이고 사회적으로 지지받는 경향이 있다. 일상적인 나르시시스트들은 실체가 폭로될까봐 두려워 어쩔 수 없이 물러나는 반면, 사이코패스들은 믿기 힘들 만큼 무자비하여 자신을 폭로하려는 사람이면 누구든 없애려 들 것이다. 포식자들의 본색은 그들에게 힘을 실어주던 사람을 공격할 때 자연히 드러나게 되므로, 당신이 스스로 안전을 지킬 수 있다는 믿음이나 특별한 동기, 증거가 없는 한 나르시시스트들을 폭로하는 데 굳이 에너지를 쓸 필요가 없다. 하지만 만약 폭로를 하게 된다면, 우선 장단점을 잘 저울질해보기 바란다.

어떤 사람들은 가해자를 폭로할 필요성보다 보복의 위협과 개인적 위험이 훨씬 더 크다고 생각하는 반면, 어떤 사람들은 이런 폭로를 통해 또다른 피해자가 발생하는 것을 막고 동일한 가해자의 여러 피해자들이 한데 뭉쳐 집단적 대응에 나설 수 있다고 믿는다. 상황에 따라 다르겠지만, 어떤 경우라도 당신의 신변 보호가 최우선시되어야 한다. 무엇보다 당신의 평판을 다시 쌓고 스스로를 치유하며 사회적 지지를 얻고 개인적 목표를 달성하는 데 주력하자.

생각해보기

• 친구인가, 적인가? •

현재 당신에게 지지적인 관계망을 생각해보자. 거기에 속하는 사람은 누구인가? 당신이 중상모략을 당하는 동안 거리를 두거나 당신을 떠난 사람들을 떠올려보자. 그런 사람들은 본색이 드러난 것이다. 당신 곁을 지켜준 사람들도 떠올려보자. 그들은 당신의 진정한 친구다. 만약 당신의 지지망 전체가 무너졌다면 새로운 지지망을 구축하기 위한 자원을 찾아 나서자. 대면적인 지지 모임, SNS를 통한 기회(밋업meetup.com• 같은 사이트), 상담사, 거주 지역의 가정폭력지원센터를 찾아보자.

• 취미나 관심사가 비슷한 사람들끼리 거주 지역에 따라 소규모 오프라인 미팅을 조직하도록 도와주는 인터넷 사이트.

삼각관계화

두 사람의 상호작용이나 관계 역동에 제3자의 위협적인 의견이나 관점을 끌어들이고 개입시키는 경우를 '삼각관계화'라고 한다. 나르시시스트의 학대를 타당화하고 피해자가 학대에 보이는 반응을 불인정하는 데 자주 사용되는 방법이다. 삼각관계화는 다양한 맥락에서 일어나며 피해자를 방해하고 괴롭힐 목적으로 사용된다.

- 남녀 간 삼각관계 형태로 나타나면 당신은 혼란스럽고 불안정해질 수 있다.
- 나르시시스트 부모는 두 자녀를 비교함으로써 삼각관계를 형성한다. 그들은 부적절한 비교로 자녀들 간 경쟁을 부추긴다.
- 사교 단체의 수장이 소시오패스면 한 사람이 다른 사람을 험담하고 다닌다고 말해 구성원들끼리 싸움을 붙일 수 있다. 실제로는 그가 거짓 정보를 퍼뜨려 집단의 구성원들을 통제하는 장본인이지만 말이다.
- 유해한 사람들은 직장에서 동료에 대한 잘못된 정보를 상사에게 흘려 능력이 충분한 직원들의 승진을 막으려 한다.

연애 관계에서 나르시시스트들은 파트너에 대한 통제력을 유지하고 질투심을 유발하기 위해 삼각관계를 이용한다. 악성 나르시시스트들은 낯선 사람, 직장 동료, 전 애인, 친구, 심지어 가족까지 동원해 삼각관계를 형성하여 파트너의 불안감을 자극하는 것을 즐긴다. 때로는 그들의 관점을 타당화하고 파트너를 가스라이팅하기 위해 다른 사람들의 의견을 동원하기도 한다.

나르시시스트들은 실제로는 그렇지 않아도 많은 사람들의 구애를 받는 인기인처럼 보이려고 삼각관계와 어장 관리를 즐겨 사용한다. 로버트 그린은 『유혹의 기술』에서 누군가를 유혹하려면 친구, 전 애인, 현재 구애자들과 '삼각관계'를 형성하여 경쟁심을 자극하고 본인의 가치를 높이라고 조언한다. 그러면 일종의 경쟁 상황이 벌어져서 피해자가 이 '인기 많은' 사람의 관심과 애정을 '쟁취하는' 데 집착하게 된다는 것이다. 그린이 말하듯이 "남들이 피하고 무시하는 사람에게 끌리는 사람은 거의 없다. 사람들은 이미 주목받고 있는 사람 주위로 모여든다. 피해자들을 더 가까이 끌어들이고 애태우게 만들려면, 당신이 그만큼 가치 있는 존재라는 인상을 심어줘야 한다. 즉, 누구나 원하고 애정을 갈구하는 대상처럼 보여야 한다(2004, 195)."

나르시시스트들은 전 파트너, 전 애인, 그들에게 '집착했던' 사람들에 대해 끊임없이 이야기하여 삼각관계를 형성한다(물론 나중에는 나르시시스트가 그들도 공포에 떨게 만들었다는 사실을 알게 될 것이다). 상대가 지나치게 삼각관계를 조장한다면 앞으로의 조종에 대한 조짐이자 경고 신호로 받아들여야 한다. 예를 들어 첫 데이트에서 상대가 전 애인, 매력을 느끼는 사람, 본인을 매력적으로 봐주는 사람에 대해 너무 길게 이야기하거나 주변 사람들에게 과도하게 추파를 던진다면, 중요한 적신호이자 노골적인 무례함의 표시로 간주해도 좋다.

삼각관계화는 학대자들이 마치 인기인처럼 비춰짐으로써 그들의 학대 행위에서 거짓된 이미지로 피해자의 주의를 돌리는 교란 수법이다. 나르시시스트들의 숱한 전 애인들이 그들의 성격에 대한 사회적 증거를 제공한다. 만약 나르시시스트와 '갈등'을 겪은 사람이 당신뿐이라면 분명히 당신이 문제거나 그렇게 보이겠지만, 실제로는 다들 벌거벗은 임금님을 모른 척하는 데 동의했을 뿐이라는 의미다.

조종자들은 삼각관계화를 이용하여 많은 것을 이룰 수 있다. 중상모략이든 가스라이팅이든 자기애를 높이는 일이든 말이다. 당신은 스스로에게 의문을 품게 된다. 만약 다니카가 당신이 '미쳤다'는 저스틴의 말에 동의했다면, 정말 당신이 잘못된 것이 아닐까? 실은 나르시시스트들이 당신에 대한 거짓말을 퍼뜨려놓고 남들이 그렇게 말한다고 잘못된 소문과 거짓말을 당신에게 '다시 전해주는' 것뿐인데도 말이다.

삼각관계화에 맞서는 요령

삼각관계화에 대응하려면, 나르시시스트가 삼각관계에 동원한 사람 역시 그 관계에서 삼각관계화를 당하고 있음을 인식하자. 여러 사람이 나르시시스트 한 사람에게 농락당하고 있는 것이다. 그러므로 나르시시스트의 애정이나 관심을 독차지하려고 그들과 경쟁하거나 더 열심히 노력할 필요가 없다. 당신 스스로를 타당화하여 자존감을 높이는 동시에 나르시시스트에게 영향받지 않는 제3자로부터 지지를 얻어 새로운 삼각관계를 형성하자.

스스로가 대체 불가능하다는 믿음과 자기애를 키우면 불필요한 비교와 부정적인 자기 대화로부터 자신을 보호하는 데 큰 도움이 된다. 당신만의 독특하고 사랑스러운 점을 생각해보자. 사람들이 당신에게서 맨 처음 발견하는 장점은 무엇인가? 새로운 시각으로, 또 당신의 강점을 아끼고 존중하는 사람들의 눈으로 자신을 바라보는 법을 배우자. 가급적 다른 사람과 자신을 비교하지 말자.

스스로 관계에서 벗어남으로써 삼각관계를 깨뜨리자. 건강한 파트너라면 당신에게 소중하고 안전하다는 느낌을 주려고 노력할 것이다. 건강하지 못한 파트너는 당신을 조종하고 불안을 조장하며 수많은 애정 관계의 일부로 당신을 옭아매려 할 것이다. 우리에게 정말 가치 있는 파트너라면 그를 얻으려고 경쟁할 필요가 없다. 비교를 거부하고 불필요한 경쟁에서 완전히 빠져나와 대체 불가능한 존재라는 자신의 가치를 지키자.

생각해보기

· 나만의 개성 찾기 ·

당신의 독특한 개성을 이루는 '대체 불가능한' 점이나 특성 열 가지를 적어보자. 당신과 당신 인생에서, 처음 만난 사람도 알아차릴 만큼 특별한 점은 무엇인가? 당신을 처음 본 사람의 시선으로 자신을 바라보자.

선제 방어와 병적인 거짓말

양의 탈을 쓴 늑대는 실제로 있지도 않은 자신의 미덕을 과시한다. '미덕 과시'란 자신의 좋은 점을 부각시키고 남들이 그의 도덕성과 인격을 긍정적으로 믿게 만드는 감상을 공공연히 알리는 것이다. 누군가가 자신이 '착한 사람' '좋은 사람'이라고 강조하거나 다짜고짜 자기를 당장 믿어야 한다고 주장하거나 아무 이유 없이 자신의 신뢰성을 강조한다면 그들의 성격을 주의깊게 살펴봐야 한다는 적신호로 여기자. 세계적으로 유명한 안보 전문가 겸 『서늘한 신호』(2010)의 저자인 개빈 더베커에 따르면, 이것은 포식자들이 곧 잡아먹으려는 먹잇감의 방어력을 낮추는 데 사용하는 '요청하지 않은 약속'의 변형이다.

학대자들은 자신의 친절함, 충성스러움, 정직함, 공감 능력을 과장한다. 그들은 아직 신뢰의 기반도 다지지 않은 상태에서 "절대 당신에게 거짓말하지 않겠다"라고 호언장담한다. 이런 식의 선제 방어는 장차 당신이 의심을 품게 될 때 자신을 보호하려는 것이다. 그들은 관계 초반에 당신을 속이려고 뛰어난 공감 능력과 동정심을 '연기'하지만, 언젠가는 그들의 거짓 가면과 잔인한 의도가 드러난다. 학대 주기의 평가절하 단계에서 그 가면이 벗겨질 때마다 무서우리만큼 계산적이고 냉소적인 그들의 본색이 드러날 것이다.

진짜 착하거나 정직한 사람들은 자신의 긍정적 자질을 지나치게 과시하는 일이 거의 없다. 그들은 따뜻함과 일관성을 몸소 보여줄 뿐 말로 떠벌리지 않는다. 그들은 시간이 지날수록 말보다 행동이 더 많은 것을 말해준다는 사실을 안다. 또 신뢰와 존중이 서로 주고받는 과정에서 생겨나는 것이지 말로만 강조한다고 생기는 것이 아님을 안다.

나르시시스트, 소시오패스, 사이코패스는 타고난 병적인 거짓말쟁이들이다. 조지 사이먼 박사가 주장하듯이(2018) "악성 나르시시스트들은 당신보다 계속 한 발 앞서가며 당신을 조종하려고 거짓말을 한다…… 그들은 당신에게 자신의 실체나 진짜 속셈을 결코 들키지 않으려고 애쓴다. 그들이 추구하는 것은 오로지 권력, 지배력, 통제력이고, 거짓말을 통해 그것을 손에 쥔다. 거짓말을 함으로써 유리한 입지를 차지하는 것이다."

노골적인 거짓말일 수도 있고 많은 정보가 생략된 형태일 수도 있다. 나르시시스트의 학대에서 벗어난 도나는 말한다. "나를 학대했던 은밀한 나르시시스트의 가장 교활한 수법은 불명료한 이야기로 혼돈을 주는 것이었어요! 절대 전부 다 털어놓지 않으니 그가 하는 말이 완전한 거짓말은 아니어도 항상 무언가 빠져 있는 듯한 느낌이 들었죠." 이런 병적인 기만은 재계의 소시오패스 리더들에게도 흔히 나타난다. 예를 들어, CEO인 엘리자베스 홈스는 혈액검사 키트를 개발하는 스타트업 테라노스를 내세워 수십억 달러를 투자받았으나 그 기술로 약속했던 바를 전혀 보여주지 않았다. 홈스는 자신의 카리스마를 이용해 세계에서 가장 부유하고 영향력 있는 사람들과 관계를 맺었고, 이런 관계를 토대로 일부 투자자들이 남들의 건강을 위협하는 회사에 수백만 달러를 투자하도록 유도했다. 심지어 더 카리스마 있게 보이려고 목소리까지 변조했다고 한다. 그녀는 끝없는 거짓말과 강렬한 거짓 페르소나를 이용하여 꽤 오랫동안 들키지 않고 사기 행각을 벌였다.

나르시시스트들은 금융 사기뿐 아니라 정서적으로 타인에게 피해를 입히려는 속셈으로도 이런 식의 정교한 거짓말을 일삼는다. 그들은 이중생활과 불륜도 서슴지 않는다.

선제 방어와 병적인 거짓말에 대처하는 요령

이유 없는 선제 방어를 경계하자. 괜히 누군가가 미리부터 당신에게 절대 거짓말하지 않겠다고 선언한다면, 그들이 왜 그런 말을 하는지 생각해보자. 그들의 주장을 덥석 진실로 받아들이지 말고 왜 그들이 자신의 좋은 자질을 강조하는지 따져보자. 당신이 그들을 못 믿는다고 생각해서일까? 아니면 당신이 자신을 믿어서는 안 된다는 사실을 알기 때문일까? 공허한 말보다는 행동을 더 신뢰하고, 그들이 자신에 대해 하는 말보다는 행동으로 드러나는 그들의 본성을 눈여겨보자.

시간이 지나도 한결같은 성격을 보여주지 않는 사람이라면 맹목적으로 믿지 말자. 연애든 동업이든 어떤 관계가 시작되는 시점에는 일단 중립을 유지하자. 그러면 말과 행동의 불일치와 적신호를 알아차리는 데 도움이 될 것이다. 중요한 세부 사항은 빼고 진실의 일부만 제시하며 조금씩 진실을 알려주는 사람은 누구든 경계하자. 특히 가스라이팅에 취약한 사람이라면 새로운 파트너, 친구, 고용주를 만날 때 앞뒤가 맞지 않는 정보를 추적하기 위해 일기를 작성하는 방법을 권한다. 그러면 당신의 본능과 내면의 이끌림에 따르게 될 것이다.

누군가에게 들은 말이 거짓말 같고 그에 반박할 만한 근거를 찾았다면 그런 내용을 모두 기록으로 남겨보자. 혼자만 간직해도 좋다. 또 병적인 거짓말쟁이로 의심되는 사람과 상대할 때는 후속 질문을 계속 던져 그들이 먼저 사건에 대해 이야기하게 함으로써 진실을 말하고 있는지, 일부러 빠뜨린 내용은 없는지 관찰하자.

기억하자. 양의 탈을 쓴 늑대들은 누군가 지켜보지 않을 때 본색을 더 쉽게 드러낸다. 그들이 폭력적이거나 공격적이라면, 당신에게 그들을 폭로할 상반된 증거가 있다는 사실을 알리지 말자. 가능한 한 빨리 그들로부터 떨어져서 안전 계획을 세우고 연락을 끊자. 무턱대고 그들을 고발하기보다 관찰자의 입장에 서보면 장기적으로 그들의 성격에 대해 더 많은 정보를 얻을 수 있다. 특히 당신에게 그들의 거짓말을 폭로할 증거가 있다는 사실을 모를 때도 그들이 자발적으로 솔직해질 의사가 있는지 확인하게 될 것이다. 당신에겐 그들의 실체와 그들이 묘사하는 자기 모습 사이의 간극을 메울 책임이 없다.

생각해보기

· 말, 행동, 패턴 ·

유해한 사람들의 말, 행동, 패턴을 살펴보자. 유해한 사람이 당신에게 했던 약속을 적어보자. 그리고 그 말과 모순되는 행동을 적어보자. 그런 다음에는 이 약속과 관련하여 그가 말한 의도와 어긋나 보이는 전반적인 패턴을 적어보자. 아래와 같이 결론을 추가해봐도 좋다.

말: 그는 나에게 절대 거짓말을 하지 않겠다고 말했다.

행동: 그에게는 숨겨둔 여자친구가 있었다.

패턴: 내 허점을 찌르려고 매력과 속임수를 이용하는 병적인 거짓말의 반복

결론: 그는 미리 자신의 신뢰성을 약속하여 선수를 치려는 병적인 거짓말쟁이다. 그는 신뢰할 수 없는 사람이고 내 인생에 들여서는 안 된다.

터무니없는 주장과 대화 전환 수법

악성 나르시시스트들은 계속 당신을 혼란스럽고 짜증나게 만들려고 다양한 대화 전환 수법을 무기로 삼는다. 대화 전환 수법의 예는 다음과 같다.

인신공격과 인격 살인 나르시시스트들은 당신의 주장이나 관점을 논리적으로 반박할 수 없을 때 당신의 인격을 공격한다. 당신이 그들의 의견에 동의하지 않거나 어떤 식으로든 반박하면 순환논리, 모욕, 투사, 가스라이팅을 이용해 당신이 방향을 잃고 궤도를 벗어나게 만든다. 당신이 불명예, 혼란, 좌절을 겪으며 주된 문제에서 신경이 분산되고 그들과 다른 생각과 감정을 지닌 인간

이라는 데 수치심을 느끼게 하려는 것이다.

유해한 나르시시스트와 단 10분이라도 말다툼을 해본 적이 있다면, 그 말다툼이 대체 어쩌다 시작되었는지 궁금해졌던 기억이 있을 것이다. 당신은 그저 하늘이 붉다는 그들의 터무니없는 주장에 동의하지 않았을 뿐인데, 당신의 유년기, 가족, 친구, 도덕성, 직업, 라이프스타일까지 통째로 공격받게 된다. 당신이 그들의 주장에 동의하지 않으면 그들의 잘못된 전능감을 건드려 지나치게 부풀려진 자기감과 거창한 우월감에 위협이 되기 때문이다. 그래서 그들은 당신의 피드백에 맞대응하기보다 당신이란 사람에 대해 인신공격을 가한다.

인신공격에 대응하는 방법: 최선의 대응은 물론 무대응이지만, 어떤 이유로든 나르시시스트의 공격에 대응해야 한다면 그들의 대화 전환 수법에 말려들지 말자. 사실을 다시 진술하고 그 사실과 그들의 인신공격은 아무 상관이 없다는 사실을 알려주어야 한다. 가능하면 이 선에서 대화를 끝내자. 엄연한 성인들에게 어떻게 해야 괜찮은 사람인지를 하나부터 열까지 가르쳐줄 필요는 없다. 기억하자. 유해한 사람들은 당신과 다투는 것이 아니라 본질적으로 그들 자신과 다투는 것이고, 당신은 그 장황하고 사람 진 빠지게 하는 자아도취적인 독백에 청중 역할을 할 뿐이다. 그들은 극적인 사건을 즐겨 이용하고, 혼란을 조장하는 맛에 살아간다. 당신이 그들의 터무니없는 주장에 대항하려 할 때마다 그들의 자기애를 더 높이는 셈이다. 그들에게 먹이를 주지 말자. 문제는 당신이 아니라 그들의 학대 행위임을 마음에 새기자. 상호작용이 늘어날 것으로 예상되는 즉시 관계를 끊고, 당신의 에너지를 자기돌봄과 자기 보호에 쏟자.

욕설 나르시시스트들은 자신의 우월감을 위협한다고 여겨지는 모든 것을 지나치게 과장해 받아들인다. 나르시시스트의 세상에서는 오로지 자신만 옳을 수 있다. 감히 다른 의견을 말하는 사람이 나타나면 그들은 상처를 입어 자기애적 분노가 끓어오른다. 의학박사 마크 고울스톤이 주장한 대로, 자기애적 분노는 낮은 자존감이 아니라 높은 특권 의식과 거짓된 우월감에서 비롯된다. 그는 이렇게 썼다(2012). "누군가 감히 나르시시스트들의 의견에 반박하거나 그들이 옳지 않다고 말하거나 창피를 주면, 그들은 걷잡을 수 없을 정도로 분노와 경멸을 드러내 보인다. 망치의 눈에는 세상이 전부 못으로 보인다는 말이 있다. 나르시시스트의 눈에는 온 세상이 자기에게 인정과 애정을 베풀고 동의하고 복종해야 할 대상으로 보인다. 그러지 않으면 전부 공격으로 느껴지므로 자신이 분노하는 것이 정당하다고 느낀다."

가장 비열한 사람들은 당신의 의견을 조종하거나 감정을 통제할 더 나은 방법을 찾을 수 없을 때 최후의 수단으로 욕설을 퍼붓는다. 그들은 당신에게 파괴적인 낙인을 찍어 당신을 깎아내리고 비하할 권리가 있다고 느낀다. 욕설은 당신의 지성, 외모, 행동을 비하하는 동시에 개별화된 인간으로서 독자적인 관점을 가질 권리를 인정하지 않는 가장 빠르고 쉬운 방법이다.

욕설은 또 당신의 신념, 의견, 통찰력을 비판하는 데도 사용된다. 악성 나르시시스트들은 당신이 인생 경험에서 얻은 지혜, 근거 있는 관점, 합당한 주장에 위협을 느끼고도 설득력 있으면서 정중하게 반박할 수 없을 때 당신을 '바보 같다'거나 '멍청하다'고 욕한다. 나르시시스트들은 자신의 무능함을 감추려고 당신의 지성을 모욕한다. 그들은 당신의 주장에 반박하기보다 당신이란 사람을 겨냥하여 수단과 방법을 가리지 않고 지성과 신뢰감에 흠집을 내려 든다.

욕설에 대응하는 방법: 욕설을 내뱉으면 모든 대화를 중단하여 그것을 용납하지 않겠다는 뜻을 분명히 전달하자. 일단 욕설이 끼어들면 상황이 점점 악화될 뿐이다. 욕설을 마음에 담아두지 말고 상대가 다른 고차원적인 방법이 없어서 욕설에 의존한다는 것을 깨닫자. 우리는 다음과 같이 대응할 수 있다.

- 욕설을 듣고 괴로워지는 자신을 발견하는 경우, 마음을 가라앉히고 이런 상황에서 어떻게 하면 스스로를 가장 잘 방

어할 수 있을지에 대해 집중하기 위한 마음 챙김 호흡법을 실행한다.

- 가족이나 친밀한 파트너와 대화하다 욕설을 듣는 경우, "그런 무례한 행동은 절대 용납하지 않겠다"라고 단호히 말하고 잠시 안전하게 그 자리를 벗어난다.
- 전 파트너에게서 괴롭힘이나 스토킹을 당하던 중 욕설을 듣는 경우, 법적 조치를 위해 필요시 반드시 증거를 남겨둔다.
- 직장에서 욕설을 듣는 경우, 그 일을 관리자에게 보고할 수 있을지 따져본다.
- 온라인에서 욕설을 듣는 경우, 해당 SNS 플랫폼에 신고하고 그 사용자를 차단한다. 그 사람이 사이버 스토킹을 지속할 경우에 대비하여 스크린숏을 보관한다.

과도한 일반화 우리가 나르시시스트들의 학대를 지적할 때마다 그들은 당면한 진짜 문제의 해결을 피하려고 과도한 일반화를 한다. 과도한 일반화란 우리의 과민성을 과장하거나 "당신은 결코 만족하는 법이 없지" "당신은 늘 과민반응하지" 같은 포괄적인 말을 하는 것이다. 이런 수법은 특히 매우 예민한 사람들에게 위력을 발휘한다. 나르시시스트들의 학대가 아니라 피해자들의 과민성이 문제라고 믿게끔 가스라이팅하기 때문이다. 물론 때로는 우리가 지나치게 예민하게 받아들이는 것일 수도 있지만, 대부분의 경우 학대자가 둔감하고 잔인해서 일어나는 일들이다.

과도한 일반화에 대응하는 방법: 포괄적인 말을 즐겨 쓰는 유해한 사람들은 현실의 뉘앙스나 풍부한 결을 표현하지 않는다. 그들은 자기도취적인 의도에 따라 왜곡된 시각을 드러낸다. 그들이 실은 비논리적이며 흑백 사고에 빠져 있다는 것을 깨닫고 과도한 일반화에 맞서 당신의 진실을 고수하자. 상대가 피드백에 어느 정도 수용적이라면 "당신은 지금 일반화하고 있어. 그렇지 않은 경우가 훨씬 더 많아"라고 지적할 수도 있다. 그러나 상대가 유해한 사람일수록, 당신을 혼란에 빠뜨리기 위한 무의미한 논쟁에 휘말릴 가능성이 높다. 우리의 목표는 그런 논쟁에 말려들지 않고, 원래 전달하려던 말을 계속하다가 상대가 인신공격을 하기 시작하면 바로 대화를 끝내는 것이다.

황당할 정도로 곡해하기 당신이 감히 나르시시스트들의 의견에 동의하지 않으면, 그들과 다른 당신의 의견, 정당한 감정, 살아온 경험이 갑자기 성격적 결함이나 비합리성, 비판적 사고력의 결여를 드러내는 '증거'로 탈바꿈한다. 이것은 '독심술'이라고들 하는 흔한 인지 왜곡이기도 하다. 유해한 사람들은 상황을 신중하게 평가하기보다 매번 자신의 감정이 촉발된 요인에 따라 성급하게 결론을 내리며 당신의 생각과 감정을 안다고 주장할 것이다.

이런 인지 왜곡은 그들의 망상과 잘못된 판단에서 비롯되기도 하지만, 의도적으로 당신의 불안감을 조장하고 당신의 의견을 폄하할 목적으로 이루어지기도 한다.

나르시시스트들은 당신의 의견이 터무니없거나 악독해 보이도록 당신이 실제 한 말을 왜곡하며 오히려 큰소리친다. 그들은 당신의 감정을 인정하기보다 당신이 한 적도 없는 말에 대해 이상한 비난을 들먹이며 혼란스럽게 만든다. 예를 들어, 당신이 유해한 파트너의 말하는 방식에 불만이 있어 그에게 소리를 질렀다고 해보자. 그러면 파트너는 당신이 하지도 않은 말을 지어내며 "아 그래서 당신은 완벽하다는 건가?"라거나 "그래서 내가 나쁜 놈이라 이거지?"라고 반응한다. 당신은 그저 감정을 표현했을 뿐인데 말이다. 혹은 "그러니까 당신 말은 내가 내 의견도 가지면 안 된다는 거로군. 당신은 너무 사람을 통제해!" 같은 식으로 인신공격을 가하기도 한다. 나르시시스트들은 그들의 부적절한 행동에 대해 나름의 생각과 감정을 표현할 수 있는 당신의 권리를 인정하지 않고, 경계를 지키려는 당신에게 이런 식으로 죄책감을 심어준다.

황당한 곡해에 대응하는 방법: "나는 그런 말을 한 적이 없다. 내가 하지도 않은 말을 지어내지 말라"고 반복적으로 말하여 명확한 경계를 세우자. 그래도 계속 당신이 하지도 않은 행동이나 말을 했다고 비난하면 관계를 끊자. 유해한 사람들이 당신에게 엉뚱한 덤터기를 씌워 학대 행위로부터 관심을 돌리거나 현실적인 피드백을 했다고 당신을 모욕하게 내버려두지 말자. 만약 (직장에서처럼) 쉽게 관계를 끊어낼 수 없는 사람을 상대한다면, 당신의 실제 행동이나 말에 대해 사실만 간결하게 반복하고 자리를 뜨는 편이 낫다.

책임을 회피하기 위한 화제 전환 이것은 내가 '당신은 어떻고' 증후군이라고 이름 붙인 수법으로, 실제 논점에서 벗어나 아예 다른 주제로 관심을 돌리는 것이다. 나르시시스트들은 당신이 어떤 책임도 묻지 않기를 바라며 결과를 회피하기 위해 대화의 방향을 바꿀 것이다. 당신이 그들에게 육아에 소홀하다고 불평하면, 그들은 당신이 10년 전에 저지른 육아 실수를 지적할 것이다. 당신이 그들의 거짓말을 용납할 수 없다고 말하면, 그들은 당신이 가족 행사에서 빠져나오려고 했던 선의의 거짓말을 들먹일 것이다. 이런 식의 화제 전환은 언제 어떻게 일어난 일이든 상관없이 보통 "당신이 지난번에 그렇게 행동했던 건 어떻고?" 같은 말로 시작된다.

화제 전환에 대응하는 방법: 본론에서 벗어나지 말자. 유해한 사람이 갑자기 예상치 못한 화제로 전환해도, 당신의 주의를 돌리려는 시도에 넘어가지 말고 계속 원래 말하려던 사실만 반복하는 고장난 레코드판 전략을 쓰자. "그건 지금 내가 말하려는 게 아니야. 지금은 이 문제에만 집중해보자"라고 말하여 그들의 주의를 다시 본론으로 되돌리자.

화 돋우고 시치미떼기 유해한 사람들은 일부러 당신을 안심시킨 후에 더 끔찍한 방식으로 잔인함을 드러내 보인다. 그들의 도발적인 말, 상처 주는 '농담', 욕설, 신랄한 비난, 근거 없는 일반화가 모두 일부러 상대의 화를 돋우는 흔한 방법이다. 해로운 파트너가 갑자기 매력적인 직장 동료에 대해 이야기하거나 바람을 피우고 싶다는 부적절한 농담을 한다면, 당신의 반응을 떠보려는 미끼다. 지각없는 행동에 대해 반성하지 않고 공감 능력이 없는 파트너라면, 당신의 화를 돋워 정신없고 혼란스러운 말다툼을 벌인 뒤 순식간에 걷잡을 수 없는 상황으로까지 나아간다.

단순한 의견 충돌에 당신도 처음에는 화가 나도 예의 있게 대응하겠지만, 점차 상대방에게 당신을 깔아뭉개려는 악의가 있다는 사실이 명백해질 것이다. '별것 아닌 농담'을 가장한 은근히 깔아뭉개는 말에는 가해자에게 책임을 물을 수도 없도록 당신을 은근히 화나게 하는 힘이 있다. 언어적 학대자들은 장난스러운 입씨름 같은 이런 가벼운 공격으로 끔찍하기 그지없는 말을 내뱉으면서도 아무 잘못 없고 쿨한 척할 수 있다. 하지만 당신은 기분을 상하게 하는 못된 말에 발끈할 때마다 유머 감각이 없다는 비난을 받는다. 그냥 농담으로 한 소리일 뿐이라는 것이다. 하지만 그렇지 않다. 그것은 당신이 언어적 학대를 농담으로 여기도록 가스라이팅하는 방법이며, 그들의 잔인함에서 당신의 예민함으로 문제를 돌리려는 수작이다.

그들은 무해한 척하며 모욕적인 말로 당신의 화를 돋우고, 그런 뒤엔 당신의 감정을 가지고 놀기 시작한다. 기억하자. 이런 유형의 포식자들은 당신의 취약점과 불안, 자신감을 갉아먹는 심란한 말들, 당신의 오랜 상처를 건드려 재경험하게 만드는 고통스러운 주제들을 잘 알고 있다. 그리고 이런 요소들을 기만적으로 악용해 당신을 자극한다. 당신이 순진하게 여기에 걸려들면, 그들은 멀찍이 물러나 앉아 아무것도 모르는 척 당신에게 '괜찮냐'고 물으며 동요시킬 '의도'는 전혀 없었다고 말할 것이다. 이런 가짜 친절에 속아넘어가 당신은 그들에게 정말 당신을 해칠 의도가 없었다고 믿게 된다. 너무 자주 반복되어 더이상 그들에게 고의적인 잔혹성이 있다는 현실을 부정할 수 없을 때까지 말이다.

화 돋우기에 걸려들지 않는 방법: 기분좋지 않은 말, '선의의 비판자'를 자처하는 말, 농담이라며 하는 말이 당신을 자극하는 순간을 알아차리자. 대개는 그럴 만한 이유가 있다. 이는 당신이 언제 상대의 말에 자극받는지 깨닫고 완전히 말려들지 않는 데 도움이 된다. 상대방의 화 돋우기에 걸려드는 경우 직감적으로 알 수 있다. 상대방의 해명을 듣고도 계속 무시당한다는 느낌이 든다면, 대응에 앞서 거리를 두고 상황을 다시 살펴볼 필요가 있다는 신호다.

당신과 의견 충돌을 겪는 사람이 모두 다 정중한 사람은 아닐 것이다. 갈등이 악화될 가능성을 염두에 두고 경계를 늦추지 말아야 한다. 상대방이 자극할 때 직접적으로 반응하는 대신 "흥미롭네요" 같은 중립적인 대답을 하며 자리를 뜨는 방법도 있다. 그러면 대화를 계속할 의사가 없음을 전하며 상대방이 바라는 감정적 반응을 내보이는 일을 피할 수 있다.

물론 집요한 가해자를 만날 때도 있다. 일부 유해한 사람들은 아무런 감정적 반응을 얻지 못해도 그런 행동을 계속한다. 이럴 때는 상대방에게 휘둘리지 말고 즉각 대화를 중단한 뒤 연락을 완전히 끊음으로써 그런 행동을 용납하지 않겠다는 의사를 분명히 전달하는 것이 중요하다.

은근히 깔아뭉개는 말에 대해 지적하면 조종자들은 더 심한 가스라이팅을 시작할 수도 있지만, 그들의 행동이 옳지 않다는 당신의 입장을 고수하자. 반응을 보려고 자꾸 당신을 들쑤시는 사람들에게서 벗어나 당신이 지닌 또다른 힘을 찾자. 당신은 매우 예민한 사람이지만 결코 둔감한 사람의 도발에 '너무' 예민하게 굴고 있는 사람은 아니다. 당신의 반응은 옳다. 스스로를 믿자.

나르시시스트를 상대할 때도 유용한 CLEAR UP

2장에서 설명한 CLEAR UP 전략은 나르시시스트들과 비협조적인 사람들을 대할 때 특히 적합하다. 그들의 부족한 공감능력과 실제 성격적 결함을 고려하지 않고는 그들과 효과적으로 의사소통할 수 없다. 우선 주의해야 할 점은 만약 그들과 의사소통하는 과정에서 위험에 처할까봐 두렵거나 그들이 과거에 폭력성향을 보인 적이 있다면 직접적으로 마주하지 않는 게 좋다는 점이다.

나르시시스트들과의 의사소통을 피할 수 없을 때 CLEAR UP을 적용하는 방법은 다음과 같다.

맥락 나르시시스트에게 상황을 설명할 때는 지나치게 감정적인 언어를 자제하고 사실 전달에만 충실하자. 대면 접촉을 피하고 이메일이나 문자를 이용하여 가급적 기록으로 남기는 편이 낫다. 나르시시스트들은 타인의 감정적인 반응을 연료 삼아 살아가므로 매우 예민한 사람들을 자극하는 행위를 즐긴다. 그들의 수법에 감정적인 반응을 보이지 않는 것은 사이코패스의 피해 생존자인 스카일라라는 블로거가 개발한 '돌부처 되기' 기법의 일환이다. 나르시시스트들이 당신에게 주목하거나 본격적으로 당신을 조종하려 드는 사태를 막기 위해 무덤덤한 돌부처처럼 행세하는 것이다. 먹잇감이 된 동물이 맹수의 시선을 피하려고 잠깐 죽은 척하는 것과도 비슷하다.

감정적인 언어의 사용을 자제하면, 나르시시스트들이 당신에게서 원하는 만큼 충분한 자극을 얻지 못해 자극하고 조종하기 '더 쉬운' 먹잇감으로 옮겨가므로 당신에게 유리하다. 예를 들어, 바람을 피우면서 당신에게 거짓말하는 사람을 상대한다면 "나는 나한테 솔직한 사람과만 관계를 맺어요. 당신은 우리가 데이트하기 전에 싱글이라고 말했었죠. 그런데 이제 보니 배우자가 있었네요"라고 말할 수 있다. 차분하고 냉정하게, 무미건조한 목소리로 사실만 이야기하는 것이(아니면 문자메시지나 이메일로 소통하며 중립적이고 짤막하게만 대답하는 것이) 효과적이다.

단호히 말하기 상대방의 행동이 왜 문제인지 이야기할 때는 당신에게 초점을 두지 말고 그 일이 초래할 수 있는 결과에 집중하는 것이 중요하다. 예를 들어 "당신이 계속 연락하면, 나는 법에 호소할 수밖에 없어"라고 말하거나 좀더 직접적으로 "나 좀 그만 괴롭혀"라고 말할 수 있다. 문자나 이메일로 이야기하면 기록을 남기는 데 도움이 된다.

경계 실행 경계를 실행하려면 연락 수단을 이용해 당신이 원하는 바를 직접적으로 확실하게 전달하는 방법이 좋다. 예를 들어, 결혼한 사람이 계속 당신에게 연락을 해온다면 "나는 기혼자와는 관계를 맺지 않아요. 다시는 연락하지 말아요"라고 메시지를 보낼 수 있다. 그래도 계속 연락이 온다면 그들의 전화번호나 SNS 계정을 차단하자. 만약 그들이 익명 계정이나 다른 전화번호로 연락을 해온다면, 법적 소송에 대비하여 반드시 기록으로 남겨두자.

인정 나르시시스트를 상대할 때 인정은 대부분의 상황에서 도움이 안 된다. 당신이 1인치를 내주면 그들은 1마일을 요구할 것이기 때문이다. 그러나 스스로의 욕구를 인정할 수는 있다. (직장 동료처럼) 연락을 끊을 수 없는 상황에서 그들과 타협해야 한다면, 상호작용을 통해 당신의 요구를 충족시킬 방법을 찾자. 예를 들어, 함께하는 프로젝트에서 동료가 당신에게 많은 일을 떠맡기려고 한다면, 그가 작업의 전반부를 끝마친 뒤 당신이 후반부를 맡겠다고 대답할 수 있다. '책임'이나 '상호 이익'의 요소가 있는지 확인하여 동료에게 당신의 요구가 먼저 충족되지 않으면 그의 요구도 충족될 수 없다는 것을 알려주자.

반복 나르시시스트들이 아무리 다양한 방법으로 당신의 주의를 분산시키더라도 흔들리지 말고 사실과 당신의 목적만 기억하자. 앞의 예에서 바람피운 상대가 "나에게 다른 사람은 없어요.

당신이 무슨 이야기를 하는지 도통 모르겠네요. 우리 만나서 이야기하면 어떨까요?"라고 말하며 당신을 가스라이팅하려 든다면, 당신은 고장난 레코드판 전략으로 대응하며 이렇게 반복할 수 있다. "나는 당신을 다시 보거나 당신 이야기를 듣고 싶지 않아요. 당신에게 다른 사람이 있다는 증거도 있고, 나는 진실을 알아요. 둘러대지 마요. 나한테는 안 통하니까." 아니면 아예 그들에게 아무 말도 하지 않고 그들의 번호를 차단한 뒤 당신이 겪은 현실을 스스로에게 반복해서 말해볼 수도 있다. 이렇게 있는 그대로의 현실에서 중심을 잡는 것이 대단히 중요하다. 나르시시스트들의 인정을 구하지 말고 그 관계에서 벗어나 스스로를 돌보자.

통합 나르시시스트들은 보통 다른 의견에 순순히 동의하지 않으므로 그들과 공정한 타협을 할 수 있으리라 기대하지 말자. 특권 의식을 위협하면 그들은 엄청나게 화를 낼 것이다. 당신의 목표, 지지적 관계망, 외부 자원을 끌어모아 앞으로 나아갈 힘을 얻는 것이 중요하다. 그들이 당신의 경계를 어떻게 위협하든 간에 계속해서 당신에게 도움이 되는 일을 하며 그들에게 책임을 물어야 한다. 나르시시스트들은 좀처럼 약속을 지키지 않는다는 점을 기억하고, 상황을 관찰하고 관련 정보를 수집하며 모든 것을 기록하자. 기록은 피해자 보호 명령을 신청하거나 법원에 소송을 제기할 때 도움이 된다. 나르시시스트들이 원하는 바를 얻으려고 불가피하게 사용하는 정서적 조종에 대항함으로써 당신 내면의 통합된 모습을 보여주자.

당당한 태도 나르시시스트들은 항상 당신에게서 취약점을 찾고 있으므로, 그들을 상대할 때는 자신감이 없더라도 있는 척 하는 것이 중요하다. 다시 말하지만, 가능한 한 그들과의 직접적인 대면은 피하자. 정 피할 수 없는 경우라면 자신감을 북돋아주는 다른 사람과 함께 만나자. 안전한 제3자는 상황을 중재해주고 '증인' 역할을 하는 동시에 당신에게 용기를 불어넣어줄 것이다. 평상시에 부드러운 말투를 쓴다면, 이번 기회에 단호하고 중립적이면서도 흔들림 없는 어조로 말해보자. '자신감 있는 자세'로 서서 상대방의 시선을 똑바로 마주하자.

생각해보기

· 어떻게 반응할지 계획하기 ·

위에서 설명한 원칙을 토대로 나르시시스트에 대항하기 위한 당신만의 CLEAR UP 전략을 짜보자. 뭐라고 말할 것인가? 누구에게 증인 역할을 해달라고 부탁할 것인가? 어떻게 자신감을 쌓고, 어떻게 학대당한 경험에서 벗어나 당신의 중심을 잡을 것인가? 어떻게 그 마음가짐을 유지할 것인가?

탈출 전략

_____당신이 상대하는 사람이 나르시시스트라는 의심이 들면 그 관계에서 벗어날 방법을 강구하기 위해 OFTEN 전략을 실천해보자.

Observe rather than accuse 비난하지 말고 관찰하자

Fade out 서서히 사라지자

The handy excuse 편리한 핑계를 찾자

Exit and make a safety plan 탈출하여 안전 계획을 세우자

Notice rather than react 반응하지 말고 알아차리자

비난하지 말고 관찰하자 나르시시스트들은 당신이 자신의 정체를 모른다고 생각할 때 본색을 훨씬 더 빨리 드러내는 경향이 있다. 그들의 나르시시즘을 대놓고 지적하면 조종과 자기애적 분노가 더 심해져서 다시 애정 공세가 시작되며 당신을 학대 주기에 가둘 우려가 있다. 만약 함께 있는 사람이 나르시시스트라는 의심이 들면, 그의 성격에 대해 더 많은 정보를 수집하면서 어떻게 떠날지를 생각해보는 편이 낫다.

예를 들어, 나르시시스트와 이혼할 계획이라면 모든 사안이 정리될 때까지 그에게 말하지 말자. 그러려면 갈등이 심한 상황에

이혼 전문 변호사와 상담하고, 신용과 재정 문제를 도와줄 이혼 재무 설계사를 고용하고, 양육권에 관한 법률을 알아보고, 별도의 은행 계좌를 만들고, 살 집부터 찾아야 한다.

신호를 주의깊게 살피다가 적신호가 켜지면 나르시시스트의 해명에 의존하지 말고 스스로 검증하자(나르시시스트의 해명은 병적인 거짓말, 가스라이팅, 투사, 반쪽짜리 진실일 가능성이 높다). 그들의 행동과 행동 패턴이 말보다 훨씬 더 많은 것을 말해준다.

서서히 사라지자 나르시시스트들은 무시당하거나 거절당한다고 느낄 때 격분한다. 그들을 대놓고 거부하기보다 '서서히 사라지는' 방법을 택하자. 평소와 다름없이 행동하면서 그들에게 쏟는 에너지와 시간을 점점 줄여나가자. 그들과 대화할 때는 단답으로 대답하거나 중립적인 반응을 유지하자. 함께하는 시간을 조금씩 줄여나가 그들이 당신이 곁에 없는 상황에 익숙해지게 하자. 나르시시스트들은 남들의 관심이 없으면 견디지 못하므로 어디든 자기애를 충족시켜주는 곳으로 떠날 것이다.

편리한 핑계를 찾자 서서히 사라질 때는 '편리한 핑계'를 찾는 것이 중요하다. 편리한 핑계란 당신의 삶에서 나르시시스트들의 존재를 사실상 내몰고 있다는 것을 티 내지 않고 당신의 변화를 설명하기에 그럴싸해 보이는 변명을 말한다. 업무 프로젝트 때문에 바쁜 척하거나 새로 듣기 시작한 수업 때문에 얼마나 부담이 큰지를 강조하며 당신의 시간을 잡아먹는 새로운 도전에 대해 이야기하자. 만약 그들이 심하게 화를 낸다면 다음 단계로 넘어가자.

탈출하여 안전 계획을 세우자 궁극적으로는 탈출을 위한 안전 계획을 세워야 한다. 상담사, 인사 부서, 가정폭력지원단체 등과 협력하여 탈출 전략을 구상하자. 나르시시스트와 맺은 관계의 성격과 동거 여부에 따라 생각보다 많은 준비가 필요하지 않을 수도 있다.

반응하지 말고 알아차리자 관계에서 탈출한 후에도 (공동 양육이나 가족 행사 같은 상황 때문에) 어쩔 수 없이 나르시시스트를 상대해야 한다면, 반드시 정서적으로 평정을 유지해야 한다. 알다시피 나르시시스트들은 당신을 자극하는 것을 즐긴다. 그들의 조종 수법을 알아차리고 그 행위에 이름을 붙인 뒤 절대 그들이 원하는 반응을 보여주지 말고 심호흡하며 자기돌봄에 집중하자. 그들이 당신에게서 무엇을 얻으려고 하는지 알면, 오히려 그들의 수법으로부터 정서적으로 해방될 수 있을 것이다.

4장

유해한 사람에게 중독되지 않으려면

연락 끊고 나의 삶 되찾기

미란다는 왜 테런스를 잊지 못하는지 스스로도 이해할 수가 없었다. 헤어진 지 몇 달이 지났는데도 그 폭풍 같던 연애를 끊임없이 곱씹었다. 연애 초기에 테런스는 그녀에게 호화로운 선물을 바치고 주말마다 그녀와 함께 시간을 보냈으며 정성껏 데이트를 준비했다. 그리고 밤낮으로 그녀에게 전화를 걸었다. 다소 냉정하고 방어적인 모습을 보일 때도 있었지만, 금방 다시 이전의 헌신과 열정을 보여주었기에 그녀는 그런 위험 신호들을 무시했다.

시간이 흐르면서 테런스는 미란다를 무시하며 다른 여자들과 비교하기 시작했고, 때때로 분노를 참지 못했다. 심지어 그는 며칠씩 사라져서 연락도 받지 않다가 아무 일도 없었다는 듯이 돌아오곤 했다. 그녀는 매번 그를 다시 받아주었다. 결국 연애를 끝내고 그와의 모든 연락을 끊었지만 그 여파로 그녀의 온 세상이 무너져내렸다. 압도적인 파멸감이었다. 미란다는 학대를 당하고도 그에게 전화를 걸어 화해하고 싶은 마음이 간절했다. '이번 상황만 잘 넘기면' 처음의 좋았던 상태로 되돌아갈 수 있으리라 믿었다.

경제학에서 말하는 '매몰비용의 오류'란 우리가 이미 되찾을 수 없는 비용을 지불했기 때문에 거기에 계속 (시간, 돈, 자원 등을) 투자하는 현상을 의미한다. 유해한 관계의 맥락에 적용하면 우리가 특정인과 긍정적인 보상에 대한 기대에 투자한 시간과 에너지를 매몰비용이라 볼 수 있다. 여기서 긍정적인 보상이란 관계를 유지하기 위해 감수해야 했던 막대한 정서적 피해와 트라우마를 견디면서 생긴 정신적 부채에 따른 보상을 말한다. 우리는 '내가 이렇게 오래 버텼는데 이제 와서 포기할 수는 없어!'라고 생각한다. 카지노의 도박꾼처럼 지금이라도 손절하고 떠나는 편이 훨씬 피해를 줄인다는 것을 깨닫지 못하고 손에 잡히지 않는 '보상'을 얻겠다는 희망으로 게임을 계속한다.

매몰비용의 오류를 극복하려면 잃어버린 시간은 결코 되찾을 수 없어도 미래는 되찾을 수 있고, 더 늦기 전에 떠나야 우리의 안녕감을 위협하는 추가적 비용을 막을 수 있다는 사실을 알아차려야 한다. 자유가 바로 그 보상이 될 것이다. 하지만 당신이 여전히 나르시시스트나 유해한 파트너에게 중독되어 있다면 자유로워질 수 없다. 이번 장에서는 해로운 관계에 대한 중독을 관리하는 방법과 상황을 현실적으로 바라보는 방법에 대해 알아볼 것이다.

연락 끊기만이 살길이다

'연락 끊기'는 유해한 사람들의 부정적인 영향력에서 벗어나 마음을 치유하고 당신의 삶을 되찾을 수 있게 해준다. 그들과 완전히 분리되어 당신의 삶을 살며 목표를 추구할 수 있는 기회로 삼으면 된다. 그동안 당신의 눈을 흐리던 학대와 가스라이팅에서 벗어나 당신만의 직감과 감정, 생각으로 관계를 정직하게 바라볼 수 있게 될 것이다.

당신을 존중하지 않는 사람은 누구든 당신 인생에 존재할 자격이 없다. '연락 끊기'는 어떤 식으로든 그들을 다시 당신의 삶 속으로 초대하고픈 유혹을 이겨내는 데 도움이 된다. 많은 생존자들이 달력이나 일기장에 진행 상황을 기록해놓는 것이 유용하다고 밝혔다. 연락 끊기는 자존감을 되찾기 위한 힘들지만 보람 있는 방법이므로 연락 단절 상태를 유지하는 능력을 스스로 대단하게 여기고 자축해야 한다.

연락 단절 상태를 유지하면 궁극적으로 자신이 이겨냈음을 입증하며 강점과 재능, 새로운 자유를 보다 쉽게 탐색할 수 있다. 만약 연락 끊기를 처음 도전해보는 사람이라면, 적어도 90일 이상 연락을 끊음으로써 성공적인 회복으로 가는 첫걸음을 잘 내딛길 바란다. 90일은 약물중독자들이 해독하는 데 걸리는 시간이다. 잘 알다시피 해로운 사랑은 중독 상태와 비슷하다. 이 해독 기간 동안 자기돌봄이 가능하고 자기애를 충족시켜주는 공간에서 치유한다면 학대에 지친 심신을 회복할 수 있다.

유대감 떨쳐내기

1장에서 생화학적인 중독에 대해 이야기했던 것을 기억하는가? 이제는 이 파괴적인 유대감을 건설적인 관계로 바꿔야 할 시점이다.

도파민

앞에서 말했듯이 도파민은 우리가 변덕스러운 파트너와 사랑의 열병에 빠지게 만드는 주범 중 하나다. 도파민은 예측할 수 없고 간헐적인 보상이 있을 때 분비가 더 활성화되므로, 나르시시스트들의 변덕스러운 행동이 우리의 건강하지 못한 중독을 유지시키는 셈이다. 우리 뇌는 쾌락만 느낄 때보다 쾌락과 고통이 결합될 때 더 많은 '보상'을 경험하므로 이런 불안정한 관계에 더 매달리게 된다. 다음과 같은 건강한 대안들로 해로운 중독에서 벗어나자.

새로운 활동하기

해로운 관계와 동떨어져 있으면서 아드레날린을 치솟게 하는 새로운 활동을 해보자. 매우 예민한 사람이라 암벽등반, 스카이다이빙, 번지점프 같은 활동은 신경계에 너무 무리한 자극을 준다면 그냥 조금 두렵더라도 당신에게 유익한 활동을 하루에 한

가지씩만 해보자. 당신의 삶에 즉흥성을 더해 나르시시스트가 주던 높은 자극을 대체할 수 있는 활동과 방안들을 찾아보자. 나는 유해한 사람과 연락을 끊은 뒤 매일같이 다양한 이벤트들을 찾아다니며 어떤 새로운 모험을 해볼 수 있을지 모색했다. 이런 '간헐적인' 보상이 제공되면 뇌에서 도파민 분비가 활발해져 새로운 취미와 흥미를 탐색해볼 여지가 더 커진다. 당신의 버킷리스트에 있는 활동에 도전해보고, 앞으로의 일정을 나르시시스트의 변덕스러운 행동만큼이나 예측 불가능하게 만들어보자. 그러면 전반적으로 더 만족스러운 삶을 꾸려갈 수 있다.

생각해보기

· 버킷리스트 ·

당신의 민감도에 따라 지나치게 자극적이지 않으면서도 '건강한' 두려움을 불러일으켜 안락한 영역 너머로 살짝 나아가게 하는 버킷리스트를 만들자. 내 경우에는 다양한 모험을 해보면서 더 신나고 흥분되는 인생으로 바뀌었다. 로데오 놀이 기구를 탄다든가 난생처음 롤러코스터를 타본다든가, 이상하고 바보 같은 짓부터 보람차고 도전적인 일까지 무궁무진했다. 나는 새로운 헬스장에 등록하고 미술치료 모임에서 창의력을 기르며 핫요가도 시작했다. 단순히 재미로든 더 높은 목표를 위해서든 한 번도 해본 적 없는 일에 도전하거나 기존에 하던 일을 이전과는 다른 방식으로 시도해보자. 무엇이든 새로운 활동이라면 당신의 뇌와 심신에 도움이 될 것이다.

생산적인 활동하기

당신의 보상 체계를 더 건설적인 방식으로 충족시키고 싶은가? 당신의 목표, 꿈, 야망에 집중할 수 있도록 새로운 보상 회로를 형성해보자. 열정을 불러일으키고 욕심나는 취업 기회를 찾아보자. 새로운 취미에 열중하고, 자원봉사로 어려운 사람들을 돕고, 새로운 창작 프로젝트에 뛰어들고, 당신이 관심 있는 일에 도움이 되거나 흥미로운 강의와 학위 과정에 등록하자.

많은 생존자들이 자신과 비슷한 일을 겪은 사람들을 도우려고 상담 직종에 입문했다고 이야기한다. 그들은 자신의 인생 경험을 바탕으로 남들을 돕는 데서 특히 자신감과 성취감을 느낀다고 말했다. 나도 유해한 사람과 연락을 끊었던 기간에 책을 쓰고 새로운 직업을 얻고 밋업을 통해 다양한 사람들을 만났다. 이런 일들은 파괴적이지 않고 생산적인 방식으로 나의 보상 체계를 충족시켰다. 또 이 과정에서 얻은 새로운 지지적 관계망과 더불어 더 나은 삶을 영위하고 해로운 관계에서 벗어나는 데 꼭 필요한 희망을 품을 수 있었다.

· 목표 정하기 ·

지금 당장 목표로 삼을 수 있는 것과 바로 시작할 수 있는 활동이나 취미를 10개 이상 적어보고, 그동안 나르시시스트에게 쏟던 시간과 에너지를 그것들에 집중해보자.

사교 활동에서 즐거움 찾기

매우 예민한 사람들은 공감적인 성격을 받아들여주는 사회적 관계망이 필요하다. 긍정적이고 지지적이며 상대를 인정해주는 태도 덕분에 함께 있으면 아주 기분좋게 만들어주는 사람들과 만나자. 당신의 기운을 북돋아주는 친구들과 당신이 원하는 만큼만 함께 어울리자. 당신이 사교 활동에 쉽게 지친다는 사실을 인정하고, 스스로 지치지 않고 활력을 유지할 수 있을 정도로만 사교 활동을 하면서 혼자 있는 시간과의 균형을 맞추자.

함께하는 사람도 잘 골라야 한다. 회복하는 동안은 당신을 자극하는 사람과 멀리 떨어져 있거나 그런 사람들과의 만남을 삼가자. 둔감하고 수용적이지 않은 태도로 당신 스스로를 더 나쁘다고 느끼게 만드는 사람들 말이다. 대신 함께 좋은 시간을 보낼 수 있고, 깊고 의미 있는 대화가 가능하며 당신을 웃게 하는 사람들, 당신을 소중히 아껴주는 사람들과 어울리자. 그들은 도파민 분비를 촉진하면서도 유해한 사람들처럼 스트레스와 트라우마를 유발할 걱정은 없는 친구들이다.

생각해보기

· 적당한 사회적 자극 ·

어느 정도의 사교 활동을 했을 때 당신에게 **무리**가 되는가? 언제 에너지가 고갈되는가? 예를 들어, 나는 두 주 연속 주말에 외출하면 완전히 녹초가 된다. 내 할일을 하고 재충전하려면 중간에 한 번은 주말에 쉬어야 한다. 당신이 편안하게 느끼는 외출 간격을 고려하여 그 일정을 유지하자.

고독 즐기기

사교 활동에서 느끼는 즐거움만큼이나 혼자만의 즐거움을 추구하는 것도 중요하다. 매우 예민한 사람들은 매사를 아주 깊이 있게 받아들인다. 당신은 자기 성찰을 잘하고 상상력과 창의성이 뛰어나다. 이런 재능을 활용하고 시간과 공간을 확보하여 정신력을 충분히 회복하자. 홀로 시간을 보내다보면 유해한 사람 없이도 삶에서 누릴 수 있는 안식과 기쁨에 익숙해진다. 혼자 즐길 수 있는 활동은 외식하기, 스파 가기, 향유와 양초로 장식한 욕조에서 거품목욕 하기, 마사지 받기, 새 옷 사기, 가보고 싶었던 다른 도시나 나라 여행하기 등 셀 수 없이 많다. 혼자 즐길 줄 알게 되면 독립적인 사람으로 거듭나, 점점 남들의 비위를 맞추려는 일이 줄어들 것이다. 혼자만의 경험을 즐길 수 있다면, 단지 혼자 있지 않으려고 유해한 사람을 곁에 둘 가능성은 낮아질 테니 말이다.

생각해보기

· 혼자서 쉬기 ·

이번주에 혼자서 즐길 수 있는 소소한 일 세 가지를 말해보자(예: 자전거 타기, 공원에서 독서하기, 강변 산책하기).

※자기돌봄 전문가의 조언 아드레날린 분비를 촉진하려면 가급적 한 번도 먹어보지 않은 음식, 가본 적 없는 장소, 해본 적 없는 게임 등 혼자 즐기는 활동에 '새로운 요소'를 도입하여 놀라움을 더해보자. 주말 동안만이라도 어디든 새로운 곳을 여행하자. 다른 동네나 지역에 가서 숙소에만 머물다 와도 좋다.

옥시토신

1장에서 이야기했듯이, 옥시토신은 우리가 믿어서는 안 될 유해한 사람까지 믿게 만드는 성가신 사랑 호르몬이다. 옥시토신은 신체적 친밀감을 느낄 때 분비된다. 옥시토신이 분비되어 나르시시스트와 유대감이 생기지 않도록 다음과 같은 방법으로 대처하자.

연락 끊기

당연히 나르시시스트 파트너에게 다시 연락하고 싶은 갈망이 생기겠지만, 연락을 아예 끊거나 (공동 양육이나 직장 동료처럼 지속적인 관계가 요구되는 경우엔 최소한의 수준으로) 줄이는 것이 옥시토신으로 인한 유대감의 효과를 없애는 데 꼭 필요하다. 다시 연락하고픈 유혹에 굴복하기보다 그런 갈망을 더 건강한 관계로 대체하자.

반려동물 치료

옥시토신은 사랑하는 사람을 껴안을 때만 분비되는 것이 아니라 귀여운 동물을 껴안아도 분비된다. 개를 껴안으면 실제로 개와 사람 모두 옥시토신 수치가 높아지고, 사람의 코르티솔 수치가 낮아진다는 연구 결과도 있다(오덴달, 메인티스 2003). 반려동물이 없다면, 친구네 개를 돌봐주거나 동물 보호소를 방문하고, 가능하다면 한 마리 입양하는 방법도 있다.

신체 접촉

옥시토신은 우리가 긍정적인 관계를 맺은 사람과 신체를 접촉할 때 분비된다(핸들린, 피터슨, 우브네스-모베리 2015). 좋아하는 사람들과 자주 포옹하자. 일단 나르시시스트 파트너와의 관계가 끝났다면, 끌리는 다른 사람들과 안전한 스킨십을 즐겨도 좋다. 당신이 그런 관계가 편안하다면 말이다. 그들을 가벼운 파트너로만 보고 신체적 접촉과 정서적 연결을 따로 떼어 생각할 수도 있다. 회복되는 동안에는 많이 호전된 상태가 아니면 장기적인 관계를 맺으려고 시도하지 않는 편이 좋다.

가벼운 연애

그냥 단순하게 누군가와 아무 조건 없이 어울리고 대화하며 가벼운 데이트를 즐기자. 단 당신이 관계에 대한 기대치가 매우 낮고 많은 것을 투자하지 않으려는 경우에 한해서다. 성행위를 하면 잠재적으로 상대방에게 유대감이 생겨 자극이나 재외상을 유발할 수 있으니 주의하고, 당신이 감당할 수 있는 범위에서 행동하자. 우리는 해로울지도 모르는 파트너와 또다른 유대 관계를 맺으려는 것이 아니다. 사교 활동을 하고 연애의 기회를 얻으려는 것뿐이다.

이 방법은 단순한 스킨십과 진지한 관계를 구분하지 못하는 사람들에게는 효과적이지 않다. 그러나 어떤 사람에게는 짧은 데이트를 하며 새로운 사람과 이야기를 나누는 것이 즐거운 기분전환이 될 수 있고, 다시 스스로를 사랑스럽고 호감 가는 인간으로 느끼는 계기가 될 수도 있다. 또 나르시시스트가 아닌 다른 사람과도 스킨십과 친밀한 관계가 가능하다는 사실을 상기시켜주는 방법이기도 하다.

연민 그리고 봉사활동

옥시토신은 외상 후 스트레스 장애에 시달리는 사람들에게서 연민과 친사회적인 행동을 이끌어낸다(팔기, 클라인, 샤메이-추리 2016). 옥시토신과 연민의 이런 상관성을 고려하면, 친구를 지지하거나 대의를 위해 기부하거나 의미 있는 자원봉사를 하거나 누군가의 말을 경청하는 일이 당신에게 도움이 될 수 있다. 남들을 도우면서 당신의 기분도 좋아지는 것이다. 모두에게 좋은 윈윈 구조다.

자기 자비를 보여주는 것도 중요하다. 자기 자비가 옥시토신 수치를 높이고 코르티솔 수치를 낮춘다는 연구 결과가 있다. 자기 자비 분야의 전문가 크리스틴 네프는 가슴 위로 두 팔을 교차시켜 심장 위에 손을 올려놓으면 옥시토신을 분비시킬 수 있다고 설명한다(2011). 필요할 때마다 이렇게 스스로를 껴안으면 된다. 또 자애명상•도 자신과 타인에 대한 연민을 불러일으켜 체내 코르티솔을 감소시키는 데 도움이 된다(록클리프 등 2008).

코르티솔

코르티솔은 우리가 가급적 피하고 싶어하는 호르몬이다. 작가이자 코치인 크리스토퍼 버글랜드

• 자기 자신과 주변 사람들, 나아가 모든 생명의 안녕과 행복을 바라는 명상.

는 코르티솔의 효과에 대응하기 위한 신체 활동, 마음 챙김, 명상, 웃음, 음악, 사회적 연결감 등 다양한 방법을 제안한다(2013). 치유 과정에서 코르티솔 수치를 낮추려면 다음과 같은 방법을 시도해보자.

- 매주 플로우 요가 수업에 참석하거나 매일 온라인 강의를 듣기.
- 매일 아침 10분씩 호흡 명상하기.
- 코미디 쇼와 영화 보며 많이 웃기. 웃으면 코르티솔 수치가 낮아지고 보상 체계에 긍정적인 영향을 준다.
- 자주 미소 짓기. 미소를 지으면 엔도르핀이 분비되어 이완 효과가 있다.
- 나를 지지해주는 친구들과 신나는 저녁 모임 계획하기.
- 학대 생존자를 위한 포럼이나 지지 모임에 참석하기.
- 현재 느끼는 슬픔과 분노의 여러 층위를 표현하는 음악 듣기.
- 주민센터에서 자원봉사하기.
- 자기 자비 수준을 높이기 위해 자애명상과 긍정적 자기 대화 습관 기르기.

이완과 자기 위안이 당신의 인생에서 나르시시스트를 멀리 떼어놓는 비결이다. 이 방법들은 나르시시스트 파트너에게 다시 연락하고 싶은 갈망을 극복하고 한 걸음 물러서는 데 도움이 된다.

세로토닌

세로토닌은 강력한 호르몬으로, 수치가 낮아지면 이전 파트너에 대해 끊임없이 반추하게 될 수 있다. 세로토닌은 충동성, 계획 실행력, 감정, 기억력, 체중, 수면, 자존감에 영향을 미치기 때문이다. 세로토닌 분비를 증가시키려면 다음과 같은 천연 촉진제를 사용해보자. 일부는 앨릭스 코브라는 연구자가 제안한 것이다(2011).

- **햇빛** 햇빛을 쬐면 세로토닌 수치가 높아진다. 볕이 좋은 날마다 필요한 세로토닌을 보충하기 위해 오전과 오후에 산책을 하자.
- **비타민 B** 세로토닌 수치가 낮으면 우울증이 생길 수 있다. 비타민 B는 도파민과 세로토닌 분비에 꼭 필요하며, 연구자들은 B6, B12 같은 비타민 결핍과 우울증의 연관성에 주목하고 있다(미켈센, 스토야노브스카, 아포스톨로풀로스 2016). 우울증에 걸릴 위험을 낮추려면 비타민 B 보충제의 적절한 복용 방법에 대해 의사와 상의하자.
- **마사지** 연구 결과 마사지가 코르티솔 수치를 낮추고 세로토닌과 도파민 수치를 높여 스트레스를 완화하는 데 도움이 되

는 것으로 나타났다(필드 등 2005).

- **행복한 기억** 행복한 기억을 떠올리면 주의력을 통제하는 뇌 부위인 전대상피질에서 세로토닌이 생성된다. 행복한 기억을 떠올리려면 오래된 사진첩, 예전 일기장, 가족끼리 찍었던 영상 등을 훑어보자. 그러면 세로토닌 수치가 높아지는 동시에 불행한 일을 곱씹지 않게 되는 효과까지 얻을 수 있다. 이때 당신을 학대한 전 파트너와의 행복했던 순간을 회상하거나 기억을 미화하지 않도록 주의하자. 대신 그와 무관하게 감사할 만한 기억들을 써내려가보자.

치료

건강하지 못한 생화학적 유대감을 끊어내려면 해로운 관계, 중독, 외상적 유대에 전문성을 가진 정신건강 전문가와 대화하는 것이 효과적이다. 이런 주제에 정통하고 유능한 전문가들은 당신이 미처 인식하지 못한 내면 깊숙한 곳의 상처를 발견하도록 도와줄 수 있다. 다른 치료법들에 대해서는 마지막 장에서 더 자세히 소개하겠다.

약물

심각한 불안감과 우울증에 시달리고 있다면 선택적 세로토닌 재흡수 억제제(SSRI) 같은 약물이 도움이 된다. 그러나 이런 약물에 대한 소개는 이 책에서 다룰 수 있는 범위를 넘어선다. 현재 당신이 복용하기에 가장 적합한 약에 대해서는 정신과 의사나 정신건강 전문가와 상의해야 한다. 이 책에서 제시하는 어떤 회복 방법도 복용하는 약물을 '대체'할 수는 없다. 이 방법들은 약물치료를 대체하려는 목적이 아니라 자기돌봄을 돕기 위한 것이기 때문이다.

운동

운동은 수많은 생화학물질을 한꺼번에 자극하여 노르에피네프린, 도파민, 세로토닌 같은 신경전달물질을 동시에 급증시키는 강력한 기분 촉진제다. 코르티솔 수치도 낮춘다. 다행스럽게도 운동의 종류는 셀 수 없이 많다. 나는 힙합 댄스부터 카디오 킥복싱까지 별의별 운동을 다 해봤지만, 가장 좋아하는 운동은 여전히 달리기다. 운동을 하지 않고 있다면, 동네 헬스장에 등록하거나 요가 센터에 나갈 것을 강력히 권한다. 여전히 학대적인 관계에 속해 있든, 떠날 계획이든, 이미 연락을 끊기 시작했든 간에 다 좋다. 하이킹, 벨리댄스, 근력운동, 필라테스, 무술, 자전거, 줌바 등 운동을 시작하기만 하면 천연 항우울제 효과가 나타나 회복으로 나아가는 매 순간 당신의 감정을 효과적으로 다루는 데 도움이 될 것이다.

친밀한 관계에서는 정신적 외상을 초대할 만한 강력한 생화학적 유대감이 생기기 때문에 유해한 사람을 떠나기가 더 힘들다. 우리 뇌는 부정적인 관계일수록 우리에게 유리하기보다 불리하게 작용하는 경향이 있어, 우리가 상대에게 집착하는 것이 그의 매력 때문이 아니라 관계의 외상 때문이란 사실을 깨닫고 관계를 끊기가 쉽지 않다. 이런 해로운 관계의 중독성을 잘 이해하여 자책하거나 떠나지 못하는 상태를 합리화하지 않으면, 보다 건강한 관계를 맺으면서 유해한 사람들로부터 멀어질 수 있다.

연락을 끊거나 줄이는 요령

건강하지 못한 관계가 끝나면, 우리는 크게 동요하며 힘들어한다. 논리적으로는 스스로 학대당할 이유가 없다는 것을 알면서도, 감정에 치우쳐 그 확신이 힘을 잃는다. 외상적 유대가 의존성, 낮은 자존감, 낮은 자기가치감 등의 요소와 결합되면 우리는 계속 학대자에게 매여 있게 된다. 이런 요소들은 학대적인 관계에서 우리에게 주입되었거나 애초에 우리를 이 관계에 머물게 했던 것들이다. 연락을 끊거나 줄이고 생활해나가는 요령 몇 가지를 소개한다.

만족스럽고 기분좋은 일들로 일정을 꽉 채우자. 연락을 끊는 일이 너무 고통스럽다면, 친구들과 시간을 보내고 코미디 공연을 보러 가고 마사지를 받고 여유 있게 산책을 하고 재미있는 책을 찾아 읽는 등 즐겁고 기분전환되는 활동으로 일주일을 꽉 채워 보자.

중독 상태를 마음 챙김으로 관리하자. 우리가 애정 공세, 평가절하, 트라우마로 형성된 생화학적 유대감 때문에 나르시시스트들에게 말 그대로 '중독된' 상태임을 기억하자. 매일 운동을 하고, 규칙적인 수면 패턴으로 생체리듬을 관리하며, 요가로 몸을 단련하면서 스트레스를 해소하고, 날마다 스스로 선택한 명상 방법으로 몸과 마음의 건강을 돌봐야 한다. 연구에 따르면, 마음 챙김이 우리의 갈망을 가라앉혀준다(보언 외 2009; 웨스트브룩 외 2011). 마지막 장에서 더 자세히 소개하겠지만 침술과 아로마테라피 등 대안적인 치료법을 시도해볼 수도 있다.

근본적 수용을 실천하자. 현재의 삶을 있는 그대로 온전히 받아들이고 스스로 통제할 수 없는 일에 저항하지 않는 '근본적 수용'을 실천함으로써 연락하고 싶은 갈망을 건강하게 관리하자. 재발은 중독 주기에서 나타날 수밖에 없는 현상임을 기억하자. 유해한 사람에게 다시 연락을 해서 원칙을 어겼더라도 스스로를 용서하자. 그런 다음에 자기 자비와 자기 용서를 바탕으로 다시 원칙을 지켜나가면 된다. 일기에 당신의 충동을 기록해보자. 어떤 충동이든 행동으로 옮기기 전에 적어도 1시간은 마음을 가라앉히고 차분히 생각해보자. 해로운 전 파트너나 친구, 가족에게 연락을 해봤자 대부분 아무 소득이 없고 고통스러운 경험만 하게 된다는 사실을 깨닫고 나면 이런 노력이 더 수월해질 것이다.

가급적 뒤로 미루자. 자기 파괴적이거나 해로운 충동에 따라 행동하고픈 유혹을 느끼면(예를 들어 학대자에게 연락해서 연락 단절의 원칙을 깨고 싶은 경우) 가급적 뒤로 미루자. 적어도 하루 동안 느낌이 어떤지 살펴보고 여전히 그런 갈망에 따라 행동하고 싶은지 생각해보자. 충동이 사라질 때까지 행동을 계속 미뤄보자. 그사이에 다른 사람에게 도움을 요청해도 좋다. 믿을 만한 친구나 상담사와 대화를 하면 지지를 받고 유해한 사람에게서 자신을 보호해야 할 사회적 책임을 느낄 수 있다.

실행해보기

· 갈망 이겨내기 ·

연락 단절의 원칙을 깨고 싶은 갈망이 생길 때마다, 그 갈망이 파도처럼 밀려왔다 밀려가는 흐름을 지닌다고 상상해보자. 그런 갈망도 어차피 지나갈 것이다. 설령 갈망을 이기지 못해 다시 중독에 빠져

들더라도 당신의 실수를 근본적으로(판단하지 않고) 수용하고 빨리 올바른 궤도로 돌아가자. 중독 상태에서 벗어나려 할 때 재발은 얼마든지 일어날 수 있지만, 회복하려면 꾸준한 노력이 필요하다.

지지 모임을 찾자. 건강하지 못한 행동에서 벗어나려면 사회적 책임을 느껴야 한다. 매우 예민한 사람으로 살아가는 것 혹은 해로운 관계로부터 회복하는 것과 관련된 온라인 포럼과 커뮤니티를 찾아보자. 이런 지지 모임에 참여하면 연락 단절 상태를 유지하는 동안 함께 버틸 든든한 사회적 관계망이 생기고, 나아가 당신과 같은 고통을 겪고 있는 다른 사람들을 지지해줄 기회도 얻을 수 있다. 또 비슷한 처지에 놓인 사람들의 지지를 받으며 당신이 겪었던 일을 타당화할 수 있다.

실행해보기

· 지지 모임 ·

당장 가입할 수 있는 온라인 모임이나 오프라인 모임을 찾아보자.

애도하는 시간을 충분히 갖자. 유해한 사람으로부터 벗어나는 과정에서 금단증상을 겪는 동안 애도의 감정을 느낄 가능성이 높다. 이는 정상적인 현상이며 보통 주기적으로 반복된다는 것을 알아두자. 기간은 정해져 있지 않다. 다만 당신이 부정적인 생각과 감정에 더 많이 저항할수록 더 오래 지속될 것이다. 회피하지 않고 트라우마를 제대로 마주하는 것이 치유에 보다 효과적이다. 그러니 당신의 감정과 애도 과정을 치유를 향해 가는 여정의 일부로 받아들이는 법을 배우자. 애도 전문 상담가 수전 엘리엇이 쓴 책 『이별 통과하기』(2009)에 나오는 애도 연습을 해보길 권한다.

생각해보기

· 감정 마주하기 ·

당신이 그동안 피하려고 애쓴 감정은 무엇인가? 그 감정에 대한 당신의 생각과 느낌을 적어보자.

연락을 줄일 경우 한도를 정해두자. 공동 양육이나 업무상 관계, 또는 아직 연을 끊을 마음까지는 없는 부모라서 학대자와 완전히 연락을 끊기보다 연락을 줄이는 쪽을 택한다면, 어떤 연락까지 가능할지 생각해보자. 통화까지 가능하겠는가, 아니면 문자 메시지만 가능하겠는가? 휴가에 그 집에 방문하겠는가, 아니면 긴급 상황 외에는 직접 만나지 않을 생각인가? 유해한 사람과의 연락에 제한을 두고자 할 때에는 이런 질문에 답해봐야 한다.

· 연락을 줄이는 방법 ·

연락 줄이기가 더 쉬워지도록 지금 바로 설정할 수 있는 경계에는 어떤 것이 있을까? 예를 들면, 유해한 사람들의 전화번호를 차단하고 구글 보이스 등 문자 전용 번호를 사용하는 방법이 있다. 그러면 그들의 쉴새없는 연락에서 벗어날 수 있고 마음의 준비가 되었을 때만 그들의 메시지를 확인할 수 있다.

5장

나만의 경계 정하기

유해한 사람들을 막는 울타리

유해한 사람과 건강하지 못한 관계를 맺고 있는 상황에서 자신을 보호하려면 최후의 자구책을 찾기보다 경계를 지키는 데 도움이 되는 자연스러운 본능을 이해해야 한다. 건강하지 못한 관계에 많은 것을 투자하기 전에, 그러니까 해로운 포식자들이 당신의 삶에 침투하여 큰 피해를 입히기 전에 미리 경계를 설정하는 것이 좋다. 경계란 우리의 신체적·정서적·성적·심리적 '한계선'이다. 먹잇감이 되기 쉬운 매우 예민한 사람들은 경계를 설정할 방법을 더 치열하게 고민해야 한다.

유해한 사람들은 우리의 기본권을 침해하고 우리가 지닌 핵심 가치를 폄하하며 개인의 안전감을 무너뜨린다. 경계는 이런 사람들로부터 우리를 보호하기 위한 울타리와 같다. 자신의 경계, 권리, 관계에 걸림돌이 되는 것들을 명확히 이해해야 건강한 경계를 세우고 다른 사람이 우리 삶에 침범하기 전에 막을 수 있다.

경계란 무엇이며 어떻게 유지할 수 있는지 BOUNDARIES 전략을 통해 알아보자.

Believe in your own worth 자신의 가치를 믿자

Own your agency 주체성을 지니자

Understand your core values 자신의 핵심 가치를 이해하자

Name your nonnegotiables 타협할 수 없는 행동을 지적하자

Deal-breakers—know them 관계의 걸림돌을 파악하자

Assert without apologies 사과하지 말고 주장하자

Reinforce and repeat if challenged 반발을 맞닥뜨리면 강조하고 반복하자

Implement practically and safely 현실적이고 안전하게 행동하자

Exit when not respected 존중받지 못하는 관계는 끝내자

Save yourself and prioritize your self-care 자신을 아끼고 자기 돌봄을 우선시하자

자신의 가치를 믿자. 우선 자신감을 기르고 당신의 경계를 지킬 가치가 있다고 믿자. 경계를 지키려면 스스로 자신을 보호하고 욕구를 충족시킬 자격이 있다고 굳게 믿어야 한다. 마지막 장에서 소개할 다양한 치유법을 이용해 부정적인 자기 대화를 '재구성'하고, 당신이 가치 있는 사람이라는 믿음을 바탕으로 사고하고 행동하자.

당신 스스로를 존중받아야 하는 존재라고 믿고 그에 걸맞은 잠재의식에 따라 행동하려 할 때 기적이 일어날 것이다. 당신은 다른 사람에게 더 단호해질 수 있다. 무조건적으로 "나는 모자란 구석이 있어, 나는 원래 지나치게 예민하니 그냥 아무 말 말고 조

용히 움츠리고 있자"라고 하지 않고, "나는 충분히 훌륭해, 나는 가치 있는 사람이야, 나는 존중받을 자격이 있어. 내 욕구도 충족되어야 해. 나는 예민하고, 예민하다는 건 좋은 거야"라고 속삭인다면 말이다.

주체성을 지니자. 매우 예민한 사람들은 대부분 무기력하고 수동적인 대인관계 패턴을 지닌다. 그들은 상황이 결코 변하지 않을 거라고 믿거나 어려운 상황을 직접 마주하기가 두려워 결코 스스로 일어서지 못할 거라고 생각한다. 매우 예민한 사람들이 갈등에 취약한 이유는 갈등이 벌어지는 순간 신경계가 곧바로 투쟁 또는 도피, 얼어붙기나 비위 맞추기 모드로 빠져들기 때문이다. 이런 모드라면 조종자들에게 부적합한 방식으로 반응하기 쉽다. 이렇게 '편도체 납치'가 일어나면 합리적인 의사결정에 지장이 생기고 과거의 상처와 두려움으로 퇴행하여 조종자에게 순응하거나 신변의 안전을 위험에 빠뜨리는 식으로 반응하게 된다(워커 2013; 반데르 콜크 2014).

주체성을 지닌다는 것은 상황에 효과적으로 대처할 방법에 대해 다양한 선택지를 검토한다는 의미다. 그러려면 당면한 상황의 장단점을 능숙하게 평가하고, 마음 챙김으로 불편함을 해소해 자신 있게 행동하며, 스스로 통제하고 변화시킬 수 있는 부분을 탐색하고, 막연한 희망이나 학습된 무기력에 의지하지 않으면서 현실을 타개해나가야 한다.

자신의 핵심 가치를 이해하자. 자신이 지닌 가치와 기본적인 권리를 다시 새기자. 날마다 반복되는 학대와 착취, 무시로부터 자신을 보호할 권리가 스스로에게 있음을 되새기자. 우리에겐 타인의 해로운 행동에 정중히 항의하고 원하는 만큼 거리를 둘 권리가 있다. 우리에겐 안전하고 건강하게 서로를 존중하며 다른 사람들과 소통할 권리가 있다. 우리에겐 휴식을 취할 권리가 있고, 사생활을 지킬 권리가 있다. 우리에겐 유해한 사람들의 감정 쓰레기통이나 감정 스펀지가 되지 않을 권리가 있다. 우리에겐 어떤 사람이나 행동을 싫어할 권리가 있다.

당신의 핵심 가치를 찾고, 그 아래 숨은 욕구를 파악하여, 그 욕구를 어떻게 충족할지 고려해 경계를 설정하자. 예를 들어, 성공을 중요히 여긴다면 당신의 커리어를 무시하는 파트너보다 당신을 응원하는 파트너가 필요할 것이다. 당신의 커리어나 야망을 지지하지 않는 사람들을 삶에서 배제함으로써 핵심 가치와 욕구를 지킬 수 있다.

살아오면서 내면의 이끌림이나 도덕관념과 부딪혔던 경험을 통해 당신의 핵심 가치를 찾아볼 수도 있다. 만약 최근에 누군가에게 거짓말을 해달라는 부탁을 받고 고민에 빠졌다면 당신의 핵심 가치는 정직함일 것이다. 당신은 난처한 상황에서도 정직해야 한다고 믿는다. 이 경우 당신의 핵심 가치에는 진실성과 양심이 포함될 것이다. 당신은 희생이 따르는 경우에도 당장의 만족감을 택하기보다는 옳은 일을 해야 한다고 믿는다. 이처럼 자신의 핵심 가치를 알면 오랫동안 함께 어울릴 사람의 유형을 파악하는 데 도움이 된다.

타협할 수 없는 행동을 지적하자. 어떤 유형의 유해한 인물을 상대하느냐에 따라 용납할 수 없는 행동을 정해야 할 필요도 있다. 적어도 당신 스스로 어떤 행동을 용납할 수 없는지 알아야 한다. 당신의 경계를 인정하는 평범한 경계 침범자들과의 관계에서는 대화로 당신이 용납할 수 없는 행동이 무엇인지 전할 수 있다. 그러나 일부러 용납할 수 없는 행동을 저질러 당신을 자극하려 드는 나르시시스트를 상대하는 경우에는, 적신호가 울리면 아무런 설명이나 정당화 없이 거리를 두는 편이 낫다.

타협할 수 없는 행동은 맥락에 따라 조금씩 달라지겠지만, 이는 연민과 존중을 받아 마땅한 인간으로서 당신이 지닌 기본권을 보호해준다. 예를 들어보자면 “언성을 높이면 안 돼”라거나 “잘난 척하는 모습을 두고 볼 수 없어”라고 말할 수 있다. 우리는 매우 예민한 사람들이라 남들이 우리를 대하는 방식에 과민하다는 말을 자주 듣는다. 그러나 우리의 불편함은 합법적이고 타당하므로 건강하고 적극적인 방식으로 표현되어야 한다. 만성적으로 우리를 학대하는 나르시시스트에게는 아무런 설명이나 정당화 없이 관계를 완전히 끊어버리는 방식으로 즉각 경계를 실행할 수도 있다. 피드백을 받아들이는 일상적인 경계 침범자들에게는 의견을 이야기하고 한 걸음 물러나 그후의 행동을 관찰하면서 경계를 더 단호히 설정해나갈 수 있다.

관계의 걸림돌을 파악하자. 관계의 걸림돌이란 누구에게나 그렇지는 않아도 당신은 도저히 용납할 수 없는 행동을 말한다. 이것은 개개인이 느끼는 편안함의 수준과 관련이 있다. 예를 들어, 당신에게는 오로지 채식주의자와만 데이트를 하겠다거나 미래에 아이를 가질 계획이 없는 사람과는 사귀지 않겠다거나 데이트 상대가 비흡연자여야 한다는 개인적인 관계의 걸림돌이 있을 수 있다. 이러한 걸림돌은 도덕적으로 '옳다' '틀리다' 말할 수 없다. 걸림돌은 당신이란 사람, 당신의 개성, 당신이 관계에 투자하는 것들을 보호하기 위해 존재한다. 걸림돌이 있기 때문에 핵심 가치와 목표 면에서 우리와 가장 잘 맞는 사람들과 건강한 관계를 맺을 수 있는 것이다.

사과하지 말고 주장하자. 매우 예민한 사람들은 자신의 생각, 감정, 반응에 대해 사과하도록 조건형성되어 있다. 그러나 자기 권리를 옹호하는 데 죄책감을 느끼지 않고 주장을 펼치는 것이 중요하다. 사과를 하면 불공정하거나 부당한 일에도 항의하기 어렵고 불리한 입장에 처한다. 주장하는 것을 나쁘게 생각하지 말고 차분하고 이성적인 태도로 우리의 입장을 말하면 된다. 잘못한 일이 있을 때만 사과하자. 실제로 아무 잘못도 없는데 조금만 상황이 좋지 않아도 "미안하다"고 말하는 습관이 있다면 매일 스스로 '꼭 사과를 해야 했을까?' 되묻는 습관을 들이자. 아니면 '미안해요'를 '안타깝네요'로 바꿔 말해보자. 좋지 않은 상황이 벌어진 데 실망감을 표현할 수는 있어도 개인적으로 책임질 일이 없다면 누구에게도 사과할 필요가 없다.

반발을 맞닥뜨리면 강조하고 반복하자. 어떤 경계든지 처음 설정할 때는 반발이 있게 마련이고, 유해한 사람을 상대하는 경우라면 특히 그렇다. 이럴 때는 앞에서 이야기했던 고장난 레코드판 전략으로 유해한 사람이 우리를 어떻게 설득하든 간에 경계를 꾸준히 지켜나가야 한다. 앞에서 설명했지만, 같은 말을 반복하는 방법은 유해한 사람의 유형에 따라 다르게 작용한다. 자기 성찰이 힘든 악성 나르시시스트들에게는 굳이 반복해서 말해줄 필요가 없다. 차라리 경계를 지키고 (그 사람 곁을 떠나거나 법적으로 처벌받게 하는 등) 일관된 태도를 보여줌으로써 당신의 뜻을 행동으로 주지시키는 편이 훨씬 더 효과적이다.

현실적이고 안전하게 행동하자. 경계를 아는 것만으로는 충분하지 않다. 실제로 행동에 옮겨야 한다. 당신에게 가장 현실적이고 안전한 방법을 고려하여 경계를 설정하자. 특정한 상황에서, 특정인과의 관계에서 어떤 방법이 가장 적합한지 알려면 많은 연습과 시행착오가 필요하다. 만약 당신이 악성 나르시시스트가 아닌 사람과 사귀거나 친구로 지내며 많은 것을 내주었다면, 당신의 경계를 분명히 정하여 상대에게 알려주고 경계가 침범당할 경우 어떻게 대응할지도 알려주는 것이 가장 좋다. 예를 들어 뭐든 잘 잊어먹는 친구에게는 정한 시간까지 같이 가겠다는 확답을 주지 않으면 다른 사람이랑 같이 가겠다고 말해 경계를 설정할 수 있다.

그러나 즉각적으로 경계를 실행하는 편이 좋고 상대의 경계를 암묵적으로 이해해야 하는 상황도 있다. 예를 들어, 거만하게 말하는 사람을 용납하지 않는 것이 당신의 경계라면, 모욕적인 태도를 보이는 사람과 첫 데이트를 할 때 바로 자리를 박차고 일어나 그와 다시는 보지 않기로 선택할 수 있다. 이 상황에서 당신이 자리를 뜨는 이유를 설명할 가치가 있다고 생각하면 그래도 되겠지만, 아직 관계를 제대로 시작하지도 않은 상황에서 낯선 사람에게 굳이 그래야 할 필요는 없다.

사실 당신의 경계를 솔직히 밝히지 않고 바로 실행에 옮기는 것이 최선인 상황도 있다. 언제일까? 상대방을 아직 잘 모르고 그가 무슨 짓을 저지를지 모르는 경우다. 앞의 예를 들어, 당신이 데이트 상대와 관계를 시작할 기회도 갖기 전에 그에게 경계를 침범당했다고 해보자. 관계가 막 시작되는 시점에, 즉 가장 이상적이고 긍정적이어야 할 허니문 단계에 인간에 대한 존중과 예절의 기본 원칙조차 제대로 이해하지 못하는 사람이라면, 앞으로 상황이 점점 더 나빠질 일만 남은 셈이므로 그와 의사소통을 지속하는 건 의미가 없다. 그런 사람을 고치거나 변화시키는 것은 당신의 몫이 아니다. 그 사람은 본인의 행동에 책임을 져야 하는 성인이다. 이런 유해한 사람을 만나면 빨리 벗어나는 것이 당신 자신에 대한 의무다.

악성 나르시시스트들은 관계 초기부터 당신의 경계를 시험한다. '아니오'는 그 자체로 완결된 문장이지 협상하자는 말이 아님을 기억하자. 만약 누군가가 끈질기게 당신의 '아니오'에 대해 협상하려 든다면, 그가 자신의 욕구를 충족시키려고 얼마나 당신의 경계를 침범할 용의가 있는지를 여실히 드러내는 셈이다.

존중받지 못하는 관계는 끝내자. 당신의 경계가 계속 무시당하거나 관계의 적신호가 울린다면, 그 상황에서 안전하게 벗어나는 것이 중요하다. 다른 일자리를 찾아보며 해로운 직장을 떠날 방법을 궁리하거나, 치료사의 도움과 가정폭력 피해자 보호소의 지원을 받아 학대자를 떠날 안전 계획을 세우는 식이다. 누군가가 당신의 경계와 권리를 존중하지 않는다면 멀어질 준비를 하자.

당신에게 유해한 사람이 만든 수렁에 빠져 살 필요는 없다.

자신을 아끼고 자기돌봄을 우선시하자. 매우 예민한 사람들, 특히 아동 학대나 정서적 방임을 당한 사람들은 타인의 욕구를 충족시키려고 자신의 욕구를 무시하는 경우가 많다. 그들은 남을 구원하는 일에 끌리거나 일상적으로 남을 보살피는 역할을 하며 '구원자 콤플렉스'를 키워간다. 특히 그들이 중독이나 정신질환을 앓는 부모에게서 자랐다면 더 그렇다.

매우 예민한 사람들은 공감 능력과 예민도가 높아 타인에게는 헌신적인 '구원자'가 되지만 자신을 구원하는 일은 등한시한다. 이런 사고방식은 건강한 경계를 세우는 데 방해가 된다. 우리는 다른 사람들을 '변화시켜야' 한다고 믿고 해로운 관계에 많은 것을 투자하지만 결국 아무런 긍정적 보상도 얻지 못한다. 이런 일방적인 관계로 이득을 얻는 것은 오직 우리가 끝없이 퍼주어야 하는 사람들뿐이다. 유해한 사람을 상대할 때는 자기돌봄을 우선시하는 것이 중요하다. 당신은 그 사람의 개인 치료사가 아니다(당신이 실제 치료사가 아니라면 말이다. 설령 당신이 실제 치료사라고 해도 내담자와 거리를 두어야 한다). 자신을 챙기는 일은 이기적인 행동이 아니다. 오히려 당신의 건강부터 챙길 때 완전히 소진되었을 때보다 더 활기 있고 효율적으로 다른 사람들을 도울 수 있다.

BOUNDARIES는 모든 유형의 유해한 사람을 다루는 일반적인 지침이다. 따라서 당신이 상대하는 사람이 악성인지 양성인지에 따라 단계를 조정해야 한다. 어느 쪽이든 간에 목표는 매우 예민한 사람을 자신감 넘치는 상태로 만드는 것이다(http://www.newharbinger.com/45304에서 악성과 양성 나르시시스트를 구분하는 데 도움을 주는 차트를 찾아볼 수 있다).

생각해보기

· 경계를 지키는 상상하기 ·

경계를 침범당했던 경험을 떠올려보자. 어떤 느낌이 들었는가? 다음에 또 그런 일이 일어나면 어떻게 하겠는가?

예: 유해한 친구가 계속 나에게 '장난'으로 욕했을 때, 경계가 무시당하는 경험을 했다. 나는 그 친구에게 불편하다고 분명히 말했는데도 그녀는 계속 욕을 했다. 앞으로 또 누군가 나에게 욕을 하거나 무례하게 굴면, 나는 그만두라고 말하며 한 번은 기회를 줄 것이다. 그래도 멈추지 않으면 관계를 끊거나 모든 연락을 차단할 것이다.

매우 예민한 사람이 유해한 사람에게 보낸 편지

——— 내가 소개한 것들 중 가장 인기가 많았던 것은 우리 같은 매우 예민한 사람들이 전 세계의 유해한 사람들에게 보낸 편지다. 이 편지는 전 세계에 퍼져 있는 공감 능력이 좋은 사람들에게 큰 반향을 일으켰다. 의심이 들 때는 이 편지를 참조하여 왜 경계가 중요하고 자기돌봄에 꼭 필요한지 다시 상기해보자.

나는 남들을 돕는 일이 좋지만, 내게 당신의 삶을 변화시키거나 당신의 해로운 행동을 받아줘야 할 책임은 없어요. 당신을 자극하는 요소들을 관리하거나, 당신 눈치를 보며 비위를 맞추거나, 평화를 유지하려고 당신이 원하는 말을 해줘야 할 책임도 없죠. 나는 당신의 감정 쓰레기통도 아니고 감정 스펀지도 아니에요. 나는 당신의 즐거움을 위해 존재하지 않고, 당신의 고통을 투사할 대상으로 존재하지도 않아요. 내가 할일은 나 자신, 즉 가장 나다운 사람이 되어 스스로에게 진실해지는 것뿐이죠. 내 상처를 치유하고, 나를 자극하는 요소들을 관리하며, 나 자신을 돌봄으로써 스스로 고갈되지 않고 진심으로 남들을 대하는 일이요. 결국 다른 사람들과, 특히 건강하지 못한 사람들과 건강한 경계를 유지하는 일이죠.

· 경계를 세울 권리 ·

스스로 마음에 새기고 싶은 내용을 담아 다음 두 문장을 완성해보자.

"나는 …할 권리가 있다"

예: 나는 '아니오'라고 말할 권리가 있다.
나는 의견을 바꿀 권리가 있다.
나는 존중받을 권리가 있다.
나는 원하지 않는 피드백, 조언, 압박, 인신공격을 거부할 권리가 있다.
나는 해롭고 학대적인 관계에서 벗어날 권리가 있다.
나는 남들이 동의하지 않더라도 내 신념, 취향, 의견을 가질 권리가 있다.

"나 자신을 보호하기 위해 …해도 괜찮다"

예: 나 자신을 보호하기 위해 약속을 취소해도 괜찮다.
나 자신을 보호하기 위해 긴장을 풀고 재충전할 수 있는 혼자만의 시간을 가져도 괜찮다.
나 자신을 보호하기 위해 유해한 친구 관계를 끊어도 괜찮다.

나 자신을 보호하기 위해 힘들 때 도움을 요청해도 괜찮다.

나 자신을 보호하기 위해 칭찬을 수용하고 모욕을 거부해도 괜찮다.

나 자신을 보호하기 위해 나 자신과 본능을 믿어도 괜찮다.

※**참고** http://www.newharbinger.com/45304에서 더 다양한 문장으로 연습해볼 수 있다.

세 가지 적신호

______당신의 파트너, 친구, 동료, 상사, 가족 구성원이 잠재적으로 유해한 사람들인지 아니면 함께 어울릴 만한 사람들인지 판단하려면 다음과 같은 상황에서 그들이 주로 어디에 중점을 두는지 확인하자.

1. 당신이 장래의 꿈이나 성취에 대해 이야기할 때, 한결같이 당신에게 격려와 지지를 보내주는가? 아니면 당신이 부족한 점에 초점을 맞추어 은근히 무시하거나 불필요한 두려움을 심어주는 말을 하는가?
2. 당신이 겪는 어려움에 대해 이야기했을 때, 당신의 감정을 타당화하고 곁에 함께 있어주는가? 아니면 다시 자기에게로

관심을 돌리거나 당신에게 창피를 주거나 판단하는 말을 하여 더 기분 나빠지게 하는가?

3. 당신에게 축하할 일이 생겼을 때, 함께 기뻐하며 특별한 날을 더 기분좋게 만드는가? 아니면 당신을 기운 빠지게 하고 나아가 행복을 방해하는가?

삼진아웃 규칙

어떤 사람과 계속 관계를 맺어야 할지 의문이 들 때는 마사 스타우트 박사의 『이토록 친밀한 배신자』에 나오는 '삼진아웃 규칙'에 따라보자. 어떤 사람이 처음으로 당신에게 잘못된 행동을 하면 그 점을 지적하고 조금 거리를 둔 채로 또 그렇게 행동하는지 관찰한다. 만약 또다시 당신에게 잘못을 저지르면, 당신의 경계를 존중하는 데 관심이 없다는 의미이므로 그 관계에서 서서히 물러나자. 세번째로 잘못을 저지르면, 그때는 완전히 관계를 끝내버리자.

새로운 사람을 만날 때 처음부터 이 규칙을 적용하면 평생에 걸쳐 받을 고통을 줄이고 그럴 필요가 없는 사람과의 관계에 장시간 많은 것을 투자하는 실수를 막을 수 있다. 이 규칙은 또 포식자의 본성을 감춘 양의 탈을 쓴 늑대를 피하는 데도 효과적이다. 적신호를 일찍 인식할수록 더욱 빠르고 효과적으로 경계를 설정할 수 있다.

실행해보기

· 자기돌봄 체크리스트 ·

우리 **자신**과의 경계를 지키는 일도 중요하다. 스스로에게 말하는 방식, 스스로를 돌보는 방식, 기본적인 자기돌봄에 접근하는 방식에도 경계 설정이 필요하다. 기본적인 것을 중요하게 여기자. 기본을 지키느냐 마느냐에 따라 기분좋은 날이 될 수도 스트레스가 심한 날이 될 수도 있다. 다음의 체크리스트를 복사해두거나 스마트폰에 저장해두면 매일 기본적인 욕구를 잘 관리할 수 있을 것이다.

☐ 오늘 밥을 먹었는가?

☐ 샤워를 했는가?

☐ 야외에서 산책하며 신선한 공기와 햇볕을 쬐었는가?

☐ 부정적인 자기 대화가 이어지지 않도록 부드럽게 밀어냈는가?

☐ 어떤 운동이든 했는가?

☐ 잡동사니를 버리거나 청소를 하며 주변을 정리했는가?

☐ 감사할 일 다섯 가지를 정리해봤는가?

☐ 명상을 했는가?

☐ 자기 자비를 느꼈는가?

☐ 스스로의 감정을 타당화했는가?

6장

무기를 갖추자

일상 속에서 스스로를 보살피기

매우 예민한 사람들은 감정적인 방식으로 생각하고 반응하기 때문에, 리프레이밍 기술을 이용해 해로운 신념을 재구성하면 스스로를 방해하고 주체성을 약화시키는 생각과 남들의 비위를 맞추는 습관을 줄일 수 있다. 상황을 다른 관점에서 바라봄으로써 갈등을 관리하고 경계를 설정하는 능력은 우리의 안녕감을 유지하는 데 매우 중요하다.

우리처럼 매우 예민한 사람들은 사실 주변에서 마주치는 유해한 사람들을 알아차리는 직감이 뛰어나다. 우리는 타인의 감정 상태를 빠르게 파악하고 주변 환경의 미묘한 변화를 알아차리며 당면한 상황을 깊이 있고 정확하게 평가한다. 문제는 우리가 늘 '너무' 예민하다는 말을 듣고 살다보니 다른 사람들보다 자주 스스로를 비판하고 쉽게 자책감에 빠진다는 것이다. 다른 사람의 해로운 행동, 특히 학대적인 행동을 자기 탓으로 돌리지 않는 것이 무엇보다 중요하다. 자꾸 자책하면 스스로를 보호할 방법을 찾기보다 가스라이팅으로 인한 건강하지 못한 상태에 머물게 된다. 자책은 의도치 않게 조종자들에게 힘을 실어주게 되므로 스스로 떨쳐내지 않으면 해로운 상황에서 벗어나기가 더 힘들어진다.

매우 예민한 사람들은 대부분 자기 경험을 타당화하고 예민함을 존중받으며 겪고 있는 고통에 대해 이야기하고 싶어 상담이나 코칭을 받으러 간다. 그러나 불행히도 이런 기대가 늘 충족되지는 않는다. 특정한 리프레이밍 기술을 잘못 사용하면 매우 예민한 사람의 상황 인식을 타당화하기가 더 힘들어지기 때문이다. 이번 장에서는 몇 가지 치료 전략을 적용해 매우 예민한 사람들을 자기 신뢰, 경계 설정, 건강한 자기주장, 갈등 관리로 나아가게 하는 방법을 찾아볼 것이다. 우리는 자기 경험, 감정, 직관을 무시하지 않고도 해로운 믿음을 재구성할 수 있다.

리프레이밍은 보통 어떤 상황에 대해 '잘못된' 관점을 형성하는 인지 왜곡을 바로잡는 데 사용된다. 이런 왜곡된 사고방식은 합리적이고 정확해 보이지만, 실은 우리를 부정적인 상태에서 벗어나지 못하게 만든다. 그 부정성의 그물을 만든 것이 우리 자신이든 유해한 사람이든 말이다. 매우 예민한 사람들이 공통적으로 겪는 인지 왜곡을 살펴보면서 당신의 삶에도 그런 인지 왜곡이 발생하지 않는지 들여다보자.

흑백 사고

흑백 사고에 빠지면 상황의 복잡성이나 뉘앙스를 고려하지 않고 어떤 상황을 '전부 좋다'거나 '전부 나쁘다'고 인식하게 된다.

매우 예민한 사람은 스스로에 대해서도 이렇게 바라본다. 또 우리를 조종하는 사람들에 대해서도 '전부 좋다'고 생각하기 쉽다. 그들의 사람 좋아 보이는 피상적인 매력과 거짓된 가면에 속아 적신호를 알아채지 못하기 때문이다. 우리는 자신을 '너무 예민하다'거나 '과하게 반응한다'고 보고 조종자들을 '논리적'이고 '침착하다'고 보지만, 실제로 우리의 반응과 상호작용은 우리가 인식하는 것보다 복잡하다. 우리는 뛰어난 직관력으로 미묘한 맥락과 잘 드러나지 않는 사람들의 성격을 파악할 수 있다. 물론 우리가 지나치게 반응하는 경우도 있을 수 있겠지만, 대부분의 경우에는 유해한 사람의 행동과 의도를 정확하게 판단하고 있는 셈이다.

파국화

파국화란 상황을 부풀리고 부정적인 결과를 극대화하여 인식하는 것이다. 매우 예민한 사람들은 자신을 옹호하는 데 따른 결과를 파국화하는 경향이 있다. 우리는 갈등을 불안해하기 때문에 다른 사람들의 비위를 맞추지 않으면 '영원히 홀로 남겨질까봐' 두려워한다. "나는 그에게 맞설 수 없어. 내 상사잖아! 그가 동의하지 않으면 나는 어마어마하게 망신을 당할 거야! 그럼 다 끝장이야!"라거나 "나는 그에게 싫다고 말할 수 없어. 그럼 그가 불쾌해할 테고 나한테 언제 또 이런 기회가 올지 모르니까!"라고 스스로에게 말한다. 우리는 또 친밀한 관계가 끝나는 것을 두려워하여 아무리 해로운 관계라도 유지하려고 안간힘을 쓰며 자신의 경계를 포기한다.

개인화

개인화는 다른 사람들의 선택과 선호, 외부 사건 등을 자기 탓으로 돌리는 경향이다. 예를 들어, 상대의 거절이 당신의 가치나 매력 부족을 나타낸다고 받아들이고 당신이 바람직한 인간임을 보여주는 증거들은 무시하는 것이다. 또 당신이 다른 사람의 해로운 반응을 '촉발했다'고 느끼거나 그의 감정을 풀어줘야 한다는 책임감을 느낄 수도 있다. 만약 당신이 상대하는 유해한 사람이 학대 행위를 저지르고 당신 탓으로 돌리거나 당신이 먼저 '도발했다'고 주장한다면, 특히 그럴 가능성이 높다. 매우 예민한 사람들은 '정서적 돌봄자'의 역할을 자처하며 상대에게 나쁜 행동과 반응의 책임을 묻는 일을 잊어버린다.

독심술

독심술은 다른 사람들이 어떻게 느끼고 생각하는지 안다고 믿는 인지 왜곡이다. 매우 예민한 사람들은 종종 완전히 다른 생각과 감정을 가진 유해한 사람들에게 자신의 도덕관념과 양심을 투사한다. 그러나 유해한 사람들의 마음을 더 정확히 '읽는' 방법은 그들의 말이나 당신이 기대하는 그들의 모습이 아니라 실제 그들의 행동과 패턴을 관찰하는 것이다. 말보다 행동이 더 많은 것을 말해준다. 당신이 싫다고 하는데도 끈질기게 당신의 마음을 돌리려 하는가? 당신을 괴롭히고 스토킹하며 툭하면 발끈하는가? 말로는 당신이 가장 중요하다고 하면서도 지극히 변덕스러운 행동을 보이는가? 그들의 매력적인 선한 모습과 해로운 행동 간의 간극이 심하다는 건, 그들이 보여주려는 모습과 실제 본모습이 전혀 다르다는 단적인 증거다.

인지 왜곡 패턴 파악하기

다음은 자신의 인지 왜곡을 검토하는 간단한 방법이다. 쉽게 따라 할 수 있는 4단계를 통해 인지 왜곡을 긍정적으로 바로잡아보자.

1. 바로잡아야 할 인지 왜곡을 파악한다.
2. 그 인지 왜곡을 지지하거나 반박하는 증거를 모두 적어보고, 그런 믿음이 정확히 어디에서 생겨났는지 파악해보자(예: 부모가 심어준 믿음, 어린 시절의 경험이나 과거에 맺은 관계의 영향).
3. 균형잡힌 관점으로 리프레이밍하자.
4. 균형잡힌 관점에 따라 당신에게 긍정적인 영향을 미치는 방식으로 행동을 변화시킬 방법도 찾아보자.

나는 연구 과정에서 매우 예민한 사람들의 왜곡된 사고 패턴을 다양하게 접했다. 그 가운데 실생활에서 어떻게 리프레이밍할 수 있는지 설명하기 위해 가장 흔한 인지 왜곡 패턴 세 가지를 골랐다. 이는 어디까지나 예시일 뿐이다. 당신의 인지 왜곡 패턴은 전혀 다를 수 있으니 자신의 경험과 필요에 맞추어 응용해야 한다.

인지 왜곡의 예 #1
나 자신을 신뢰하지 못한다

이 생각을 지지하는 증거: 나는 어렸을 때 가스라이팅을 당해, 내가 보고 듣고 느끼고 경험하는 바를 신뢰할 수 없다고 믿게 되었다. 과거에 나는 유해한 사람들이 내 삶에 침범하여 나를 마음대로 이용하게 내버려두었다.

이 생각을 반박하는 증거: 나는 그런 유해한 사람들을 만나면 처음부터 불안감과 위협감을 느꼈다. 어딘가 '이상하다'는 느낌이 들었지만 내 직감이 경고하는 말을 듣지 않았다. 나의 온몸이 위험을 감지하는데도 그것을 편집증으로 치부했다. 좋지 않은 예감이 들어도 무시할 때가 많았다.

관점의 변화: 과거에 사람들에게 이용당한 적이 있지만, 그렇다고 나 자신을 신뢰할 수 없는 건 아니다. 사실 내 직감은 대부분 옳았는데 내가 해로운 행동과 적신호를 부인하고 직감에 따르지 않았을 뿐이다. 이제 나는 스스로를 신뢰할 수 있고, 기꺼이 나를 믿을 때 더 나은 결정을 내릴 수 있음을 깨달았다.

행동의 변화: 무언가에 대한 직감을 합리화, 부정, 축소하기보다 믿으려고 노력할 것이다. 내 몸이 전하는 말을 듣고 그에 따라 행동할 것이다.

인지 왜곡의 예 #2
사람들이 나를 싫어할까봐 거절하기 어렵다

이 생각을 지지하는 증거: 나는 어렸을 때 어른이나 또래들의 부당한 요구를 들어주지 않으면 그들에게 응징을 당했다. 내가 내 입장에 대해 말하자 관계를 끊는 사람들도 있었다. 남들의 요구를 거절하면 질책이나 강요, 경멸을 당할 것이다.

이 생각을 반박하는 증거: 내 인생에는 내가 바라는 바를 존중하고 내가 불편해한다는 걸 안 뒤로는 더이상 강요하거나 통제하지 않았던 다정한 사람들도 있었다. 내 입장에 대해 말한다고 나를 버렸던 사람들은 결국 다른 사람들을 이용해먹으려는 사기꾼이었다.

관점의 변화: 자신의 요구를 거절했다고 응징하는 사람들은 내 인생에 불필요한 경계 침범자 유형이다. 대부분은 나의 바람을 기꺼이 존중하고, 내가 불편해하는 것을 알면 더이상 몰아붙이지 않는다. 나 자신을 옹호하고 싫은 것을 거절하는 일은 착취적인 사람들로부터 나를 보호하여 궁극적으로 내게 도움이 된다.

행동의 변화: 누군가 나의 '거절'에 화를 내거나 끈질기게 내 마음을 바꾸려 든다면, 유해한 사람이라는 증거로 받아들일 것이다. 이런 행동을 하는 사람과는 연락을 줄이거나 아예 끊을 것이다.

인지 왜곡의 예 #3
누구나 나름대로 최선을 다하고 있으므로 내가 마음대로 판단해서는 안 된다

이 생각을 지지하는 증거: 공감 능력이 있어도 실수할 수 있다.

나는 그런 사람들을 많이 봐왔고, 나도 그중 하나다. 내가 내 입장을 이야기하며 그들의 행동을 지적하면, 그들은 그렇게 행동하지 않으려고 노력했다.

이 생각을 반박하는 증거: 오랜 시간이 지나도 해로운 행동 패턴이 바뀌지 않는 사람들도 많다. 그들은 내가 얼마나 고통스러운지 아무리 이야기해도, 사과하거나 행동을 개선하려고 노력하지 않았다. 그런 사람들은 최선을 다하지 않고 자신의 이익만 챙기려 했다.

관점의 변화: 공감 능력은 있지만 나름대로 최선을 다하는데도 실수를 저지르는 사람들이 있다. 나는 이런 공감 능력이 있는 사람들과 파괴적인 행동을 하고도 책임감을 거의 느끼지 않는 유해한 사람들의 차이를 알고 있다. 후자는 개선의 기회를 줄 필요가 없는 사람들이다.

행동의 변화: 나는 '누구나 나름대로 최선을 다하고 있다'는 진부한 말을 모든 사람에게 적용하지 않고, 실수를 했을 뿐인 사람들과 상습적으로 나를 해치고 자기 행동을 책임지지 않는 사람들을 구별할 것이다. 그리고 후자에 대해 경계를 설정하고 가급적 접촉하지 않을 것이다. 이것은 사람을 판단하는 것이 아니라 그들이 실제로 어떤 사람인지를 분별하는 것이다. 나는 나한테 해를 끼치지 않는 이로운 사람과 유해한 사람을 구분하여 다르게 행동할 것이다.

인지 왜곡을 리프레이밍하는 또다른 예는 http://www.newharbinger.com/45304에서 확인할 수 있다. 매우 예민한 사람들이 가장 어려워하는 경계 설정과 강화에 이 4단계를 적용해 연습해보자.

다양한 삶의 기술

리프레이밍은 우리에게 별 도움이 되지 않는 뿌리깊은 생각과 믿음을 다루는 데 유용한 도구다. 하지만 매우 예민한 사람들이 격한 감정에 시달리며 심신에 상처를 입게 되는 갈등이 심한 사회적 상황에 대처하려면 더욱 구체적인 전략이 필요하다. 이런 상황이라면 마샤 리네한이 개발한 변증법적 행동치료(2014)를 기반으로 하는 다양한 '삶의 기술'을 적용해볼 수 있다. 변증법적 행동치료는 감정에 압도되어 고통받는 취약한 사람들에게 효과적인 치료법이다. 그 삶의 기술이란 다음과 같다.

삶의 기술 #1
마음 챙김

마음 챙김은 한 번에 한 가지 일에만 집중하며 현재에 머무는 방법을 알려준다. 선불교의 원리를 적용하여 우리가 마음을 느긋하게 먹고 마음의 고통을 호흡으로 다스리며 주변에서 벌어지는 일에 대해 판단을 멈춘 채 유심히 관찰하고 우리의 느낌을 살피면서 현재 일어나는 일에 온전히 참여하도록 유도한다.

마음 챙김의 방법은 다음과 같다.

- 열띤 대화가 이어지면 5분간 숨을 돌리고 다시 평소의 차분한 상태가 되면 대화로 돌아간다.
- 오감을 사용하여 주변 환경(풍경, 냄새, 소리)을 관찰하고 현실감을 유지함으로써 새로운 사회적 상황에 압도당하지 않는다.
- 사회적 상황에서 상대방의 말을 적극적으로 경청하고 그의 얼굴 표정, 말투, 주변 환경 등을 파악해 현재 일어나는 일에만 집중한다.
- 자기 판단적인 사고에서 점차 '벗어나' 주변에 있는 것들까지 '받아들이기' 시작한다.
- 중독이나 강박 행동에 대한 갈망을 스스로 알아차리고, 충동이 밀려왔다 지나가는 동안 '밀물과 썰물'을 상상하여 감정에 따라 충동적으로 행동할 가능성을 낮춘다.

· 마음 챙김 연습 ·

책상다리를 하고 편안한 자세로 앉아 10분 동안 깊게 숨을 들이쉬고 내뱉어보자. 주변에서 어떤 소리와 냄새, 색깔이 인식되는가? 지금 기분은 어떤가? 어떤 생각이 떠오르는가? 당신의 감정과 생각을 판단하지 말고, 그냥 강물 위에 떠가는 나뭇잎이나 흘러가는 구름처럼 바라보자.

삶의 기술 #2

감정 조절

감정 조절은 우리의 정신적·신체적 안녕감을 보살펴서 취약성을 줄이는 기술이다. 우리는 감정 조절을 통해 자신의 감정에 적절한 이름을 붙이고 감정 상태를 악화시키는 장애물을 제거할 수 있다. 또 현재 어떤 욕구를 간과하고 있는지 파악하여 어떻게 해야 긍정적인 경험을 쌓고 현재 순간을 개선할 수 있을지 판단할 수 있다. 이 기술은 특히 어려운 상황에 처했을 때 자신의 감정을 잘 관리하는 데 도움이 된다.

감정 조절 방법은 다음과 같다.

- 정상적인 수면 패턴과 건강한 식습관을 유지하여 스트레스에 대한 신체적 취약성을 줄인다.

- 스트레스를 해소하고 기분을 좋게 하는 엔도르핀이 분비되도록 매일 또는 매주 운동 계획을 세운다.
- 감정이 격할 때 판단하거나 저항하지 않고 감정에 이름을 붙인다. 예를 들면 "나는 지금 매우 화가 나 있다"라고 생각한다.
- 압도적인 감정에 효과적으로 대처하기 위해 이른바 '반대 행동'을 한다. 예를 들어, 심한 불안을 느끼면 아름다운 강가에서 조용히 산책을 하며 마음을 달랜다.

생각해보기

· 감정 조절 연습 ·

당신은 어떤 운동을 가장 즐기는가? 운동 일정을 포함하여 한 주의 계획을 세워보자.

삶의 기술 #3

고통 감내 및 위기관리

이 기술은 특히 위기를 맞아 고통스럽고 정서적으로 각성된 상태에서 자신을 달래는 데 초점을 맞춘다. 위기에 대처하는 방법으로, 우리는 앞서 살펴본 근본적 수용을 실천할 수 있다. 근본적 수용은 다른 사람의 해로운 행동을 용납하거나 부당한 상황에 맞서 충동적으로 행동하지 않고 현재의 순간과 자신의 감정을 중립적으로 받아들이는 것이다. 어떤 일을 있는 그대로 받아들이는 것은 수동적인 행동이 아니다. 당신은 당신의 삶에 변화를 주어 상황을 개선할 수 있다. 수용은 어떤 상황을 있는 그대로 보는 것이지 당신이 원하는 대로 보는 것이 아니다. 이는 부정하거나 저항하지 않고 문제를 해결할 수 있는 여지를 마련한다.

고통 감내 및 위기관리 방법은 다음과 같다.

- 상황의 장점과 단점을 모두 고려하여 균형잡힌 관점을 취한다. 예를 들면 이렇게 받아들이는 것이다. '좋아하던 남자에게 배신을 당했다. 너무 속상하지만 한편으로는 더 늦기 전에 그의 본색을 알게 되어 다행이다. 나는 이번 일로 많은 인생 교훈을 얻었고 다시는 신뢰할 수 없는 사람에게 마음을 쏟지 않겠다.'
- 상황에 저항하기보다 있는 그대로의 상황을 근본적으로 수용한다. 예를 들면, '나는 내가 이혼하게 되었다는 사실을 근본적으로 받아들인다. 내 고통스러운 감정도 근본적으로 받아들인다. 실제 상황이 그러니까'라고 생각해보는 것이다.
- 기도나 시각화 등 다양한 방법으로 스스로를 달래고 상황을 개선한다(뒤에서 VIBRANT를 소개하며 더 자세히 설명할 예정이다).

· 근본적 수용 실천하기 ·

근본적 수용을 실천할 수 있는 상황을 한 가지 꼽아보자. 당신이 원하는 상황 말고, 있는 그대로의 상황을 통과하는 전략을 적어보자.

삶의 기술 #4
대인관계 향상

대인관계 향상은 갈등을 건강하게 헤쳐 나가고 사회적 관계를 잘 맺을 수 있도록 우리의 능력을 단련시킨다. 이 기술은 필요할 때 자신과 타인을 타당화하는 방법에 초점을 맞추어 매우 예민한 사람들의 정신건강에 중대한 역할을 한다. 우리는 적절히 경계를 설정하고 흑백 사고에 빠지지 않고 타인의 입장을 고려하며 자신 있고 신중하게 자신의 욕구를 주장할 수 있다.

대인관계 향상 방법은 다음과 같다.

- 까다로운 사람을 상대로 당신의 욕구를 능숙하게 충족시켜 본다.
- 학대자로 인해 위험하거나 건강하지 않은 상황에서 벗어날 안전 계획을 세운다.
- 타인의 입장을 고려할 줄 아는 사람에게 당신의 주장을 펼

쳐본다.

- 물러서지 않고 효과적으로 경계를 설정한다.

생각해보기

· 대인관계 향상하기 ·

어떻게 하면 당신의 인생에서 불편한 사람을 상대로 당신의 욕구를 충족시킬 수 있을지 생각해보자.

매우 예민한 사람이 삶의 기술을 익히는 방법

앞서 설명한 삶의 기술을 익히는 데 도움이 되는 두 가지 방법을 소개한다. 첫번째는 CREATES로, 치료사들이 말하는 '현명한 마음' 상태가 되어 까다로운 감정과 상황에 더 효과적으로 대처하게 한다. 다음과 같은 단계를 통해 고통 감내 기술을 키워 위기를 더 잘 관리할 수 있다.

Community 공동체의식

Reprieve 유예

Evaluate progress 진전 평가

Action 행동

Take back control 통제감 회복

Enjoyment 즐거움

Senses 감각

공동체의식 위기에 대응하는 멋진 방법은 삶의 두 가지 중요한 측면, 즉 세상에 환원하기와 감사하기로 관심을 돌리는 것이다. 매우 예민한 사람들은 공감 능력이 풍부하여, 세상에 기여하는 일을 할 때 재능을 최대한 발휘하고 고통을 의미 있는 목표로 승화하게 된다. 어려움에 처한 사람들을 잊지 않고 우리의 욕구가 충족될 때 감사함을 느낀다면 우리의 정신건강도 단련될 것이다. 그러다보면 우리의 관심이 유해한 사람들로부터 멀어져서, 실제로 나눔과 친절을 베풀 가치가 있는 사람들과 사회적 관계를 다지는 더 이로운 일에 집중하게 될 것이다.

우리는 자선단체에 기부하고, 대의를 알리는 웹사이트를 만들어 사회적 인식을 확대하고, 어려운 사람들을 돕기 위해 책을 쓰고, 자원봉사를 하고, 친구나 소외된 사람들을 돕자고 제안하는 등 여러 가지 방법으로 공동체에 기여할 수 있다. 우리가 사는 세상을 더 살기 좋게 만들고 인식의 지평을 넓히는 방법은 아주 다양하다.

유예 상황과 정서적 거리를 확보하려고 잠깐 생각을 멈추는 것을 의미한다. 유예는 일종의 물리적 장벽을 상상하고 어떤 '상자' 안에 일시적으로 그 상황을 넣어둔 뒤 당분간은 반추하기를 거부하는 것이다. 언젠가는 다루어야 할 감정이기에 궁극적인 해결책은 아니지만 당신이 그 감정을 마주할 준비가 될 때까지 고통을 유예시켜준다.

진전 평가 위기에 처해 아무런 희망도 없다고 느낄 때가 한 발짝 물러서서 상황을 평가해볼 수 있는 이상적인 시점이다. 상황을 평가해보면 우리가 인생에서 많은 진전을 이루었고 현재의 위기 상황이 보기보다 덜 심각하다는 것을 발견할 수도 있다. 어떤 상황을 골라 평가하느냐는 어떤 사람인지에 따라, 또 다양한 평가 유형에 어떻게 반응하느냐에 따라 달라진다. 예를 들어 당신이 현재의 삶을 10년 전과 비교하거나 훨씬 불우한 사람의 삶과 비교한다면 큰 위안을 얻을 수 있다. 물론 지금 힘들고 고통스럽긴 해도 상황은 얼마든지 더 나빠질 수 있으니 말이다.

그러나 매우 예민한 사람들 중에서도 어떤 사람들은 불운한 상황을 생각하면 더 괴로워진다. 그럴 경우에는 차라리 본인이나 다른 사람의 성공 스토리를 살펴보는 것이 바람직하다. 우리는 비슷한 역경을 극복한 사람들의 사례를 떠올리면서 스스로 더 멀리 봐야겠다고 생각하게 되고 상황이 나아질 수 있다는 희망을 얻는다. 또 지금 현재 우리의 삶에도 여전히 긍정적인 것들이 남아 있음을 더 명확히 깨닫게 된다. 그러므로 매 순간 당신을 더 기분좋게 만드는 일들을 찾아보자.

행동 변증법적 행동치료의 감정 조절 기술을 설명하며 이야기한 '반대 행동'을 떠올려보자. 반대 행동이란 당신을 괴롭히는 감정을 효과적으로 다루기 위해 현재의 충동이나 기분과는 정반대로 행동하는 것이다. 이 방법은 충동적인 행동을 억제하고 본질적으로 상황의 이면을 드러내 당신의 전반적인 기분에 긍정적인 영향을 준다. 이것은 트라우마와 관련된 증상을 악화시킬 수 있는 회피와는 다르다. 오히려 현재 순간에 대해 일시적으로 자기 위안을 제공한다. 만약 심하게 화가 난다면 명상 워크숍에 참석하는 등 마음을 진정시켜주는 활동을 해보자. 슬프다면 행복한 영화나 코미디 쇼를 보자.

통제감 회복 이 단계는 당신이 당면한 문제에 온전히 직면할 준비가 되기 전까지 상황에 대해 반추하지 않고 (촉발 요인이 아닌) 다른 행동에 스스로를 매어두는 능력을 강조한다. 스스로 통제 가능한 상태로 되돌아가기 위해 책에 몰두하거나 퍼즐을 맞추는 등 창의적인 일을 할 수 있다. 또 도움을 요청하거나, 스스로 통제할 수 없는 일 대신 바꿀 수 있는 일에 집중하는 소소하면서도 실용적인 방법들을 생각해보자. 예를 들어 막 끔찍한 이별을 겪었다면 전 애인을 생각나게 하는 물건을 곁에서 치우고 휴대폰에서 그의 번호를 삭제하는 식으로 상황에 대한 통제감을 되찾을 수 있다. 상대를 떠올리게 하는 단서들을 눈앞에서 제거하면 당신이 가장 취약해질 때 더 큰 상처를 줄 수 있는 유해한 사람에게 연락하고픈 유혹이 줄어든다.

즐거움 기분전환되는 즐거운 활동을 하면 일시적으로 마음에 위안이 된다. 유해한 사람들은 우리가 즐거움보다 고통과 스트레스에 빠져 살기를 바란다. 그래야 그들에게 통제력이 생기기 때문에, 우리의 즐거움을 방해하려고 그토록 열심히 노력하는 것이다. 더이상 그들의 손에 통제력을 쥐여주지 말자. 당신이 삶에서 마땅히 누려야 할 건강한 즐거움을 느낄 기회를 만들자. 당신의 정신은 해로운 상황에서 즐거운 휴식을 얻게 되어, 나중에 몸이 평소의 정서적 안전감을 되찾으면 원래 상태로 회복될 것이다. 즐거운 활동의 예로는 산책하기, 달리기, 마음을 진정시키는 음악 듣기, 휴대폰 끄기, 요가 수업 듣기, 쇼핑하기, 게임하기, 좋아하는 드라마 보기, 좋아하는 취미 활동하기 등이 있다.

감각 당신의 오감에 다시 집중해보자. 감각에 집중하는 방법으로는 아주 뜨거운 물이나 차가운 물로 샤워하기, 손에 얼음조각 쥐고 있기, 손목에 찬 고무줄 튕기기 같은 흔한 행동에서부터 어떤 파괴적인 충동이나 충동적 행동에서 주의를 분산시킬 수 있는 모든 종류의 자극이 포함된다. 그냥 심호흡을 하면서 마음챙김을 통해 주변의 풍경, 소리, 냄새, 질감을 충분히 느껴보는 시간을 가질 수도 있다. 이 방법은 특히 감각에 압도되곤 하는 매우 예민한 사람들에게 도움이 된다.

생각해보기

· 당면한 문제에 CREATES 적용하기 ·

이제 CREATES를 실제 당신의 삶에 적용해볼 차례다. 효과를 극대화하려면 다음과 같은 질문들에 대해 구체적으로 생각해보자. 치료사가 있다면 그와 함께 해봐도 좋다.

- **공동체의식**을 높이기 위해 당신이 할 수 있는 열 가지 활동을 적어보자. 그 활동들은 당신 인생의 더 큰 목표와 어떻게 연결되는가? 그 활동을 통해 당신은 무엇에 감사하게 되는가?
- 눈앞의 상황에서 당신을 분리시키는 장벽을 상상하고 그 상황과 거리를 둠으로써 현재의 괴롭고 힘든 생각을 잠시 **유예**해보자. 기분이 어떤가?
- 다음의 질문을 고려하여 당신이 인생에서 이룬 **진전**을 현실적으로 **평가**해보자. 과거 불행한 상황이나 스트레스 상황에 성공적으로 대처하여 좋은 결과를 얻었다면, 그때 사용한 방법은 무엇인

가? 당신이 현재 직면한 상황과 비슷한 위기를 겪고도 결국 성공을 이뤄낸 사람이 있는가? 당신이 아는 사람 중에 당신보다 훨씬 더 불리한 상황에서도 잘 대처하는 듯한 사람은 누구인가? 그런 이야기를 들으면서 당신의 삶에 감사하게 되는 점이 있는가?

- 현재 경험하는 감정의 부정적인 영향에 맞서기 위해 **반대 행동**을 취해보자. 현재 느끼는 감정을 적고, 이어서 반대의 감정을 이끌어낼 행동과 감정 상태가 어떻게 바뀌었으면 좋겠는지 적어보자.
- 힘든 상황에 대한 **통제감을 되찾게 하는 일** 가운데 지금 당장 할 수 있는 활동을 한 가지 이상 생각해보자.
- 편안한 휴식을 취하며 **즐거움**을 찾아보자. 즐거움을 얻기 위해 지금 당장 할 수 있는 활동은 무엇인가?
- 당신의 **감각**을 일깨우기 위해 오감을 모두 적고 그 옆에 강박적이고 반추적인 사고를 떨쳐내는 데 도움이 되는 신체 활동을 적어보자.

매우 예민한 사람들은 특히 고통스러운 대인관계에서 격렬한 감정에 시달리기 쉽다. VIBRANT는 매우 예민한 사람들이 고통에 대처하는 방법을 배워 현재 상황을 개선할 수 있도록 돕는다.

Visualization 시각화

Inspiration 영감

Bigger picture 큰 그림

Release 발산

Ask for help 도움 요청

Nourish 에너지 충전

Time 시간

시각화 어떤 역경에 처했더라도 성공적으로 대처하는 모습을 상상해볼 수 있다. 당신이 평화로운 장소로 탈출하는 모습을 상상해보자. 상황이 호전되면 어떤 모습일지 마음껏 상상을 펼쳐보자. 파국적인 사고를 진정시키고 냉정하고 침착하게 상황에 접근할 수 있도록 도와줄 것이다.

영감 다짐, 격려의 말, 실제로 받았던 긍정적인 피드백 등을 떠올리며 스스로 동기와 영감을 부여하자. 이런 영감의 원천을 시각적으로 생생하게 상기할 수 있도록 노트나 휴대폰의 메모장에 기록해두거나 책상 위 액자에 넣어 눈으로 '볼' 수 있게 만들자. 당신이 가장 좋아하는 경구와 기념사진을 걸어두거나 감동적인 문구를 냉장고에 자석으로 붙여놓거나 스스로에게 편지를 쓴 뒤 아름다운 그림이나 스티커로 꾸며보자.

큰 그림 현재 당신이 느끼는 고통이나 괴로움에서 의미를 찾자.

강렬한 감정에 시달릴 때 우리는 학습된 무기력에 빠질 수 있다. 그러나 이런 경험에서 배울 수 있는 부분에 초점을 맞추면 다시 힘을 낼 수 있다. "방금 끔찍한 데이트를 했어. 그냥 영원히 혼자 살 거야"라고 말하지 말고 이렇게 리프레이밍해보자. "방금 끔찍한 데이트를 했어. 내가 관계를 맺을 때 꺼리는 부분이 뭔지 정확히 알게 되었어. 나는 최고의 관계를 누릴 자격이 있고 나쁜 관계를 이어나갈 이유가 없어!"

발산 요가와 명상처럼 활력을 되찾아주는 활동을 통해 심한 스트레스를 발산하고 긴장된 몸을 이완시켜 원래 상태로 돌아가자. 트라우마는 몸안에 갇혀 있는 경향이 있다. 요가와 명상은 부정적인 상황에서 우리가 받는 악영향을 '해독'하고 발산해내는 데 유용하다.

도움 요청 상담사, 친한 친구, 다정한 가족 구성원처럼 믿을 수 있는 사람들에게 연락하자. 열린 마음으로 남들의 위로, 타당화, 격려를 받자. 때로는 신의 도움도 받을 수 있다. 개인적인 신앙과 종교에 따라 기도를 통해 마음을 가라앉히고 신에게 간구해볼 수도 있다. 아니면 우주나 영성이 이끌어주기를 바랄 수도 있다.

에너지 충전 몸과 마음을 신경써서 잘 돌보자. 건강에 좋은 음식을 먹고 충분한 휴식을 취하고 긍정적인 콘텐츠만 소비하자(치유 기간 동안은 SNS의 자극적인 게시물과 뉴스, 유해한 사람들을 피하자). 마음 챙김을 실천하기 위해 한 번에 한 가지 일에만 집중하자. 예를 들어 영양가 높은 음식을 먹을 때는 휴대폰을 꺼내 업무 메일을 확인하기보다 식사를 즐기는 데 집중하자. 이렇게 에너지를 충전해주는 활동은 과도한 산만함을 없애고 한꺼번에 너무 많은 감정을 다루느라 생겨나는 불안감을 줄여준다.

시간 갈등 상황에서 스스로를 진정시키는 시간을 갖자. 몇 시간, 며칠, 몇 주 동안 물리적으로 멀리 떨어져 있든 정신적으로 거리를 두든 다 좋다. 그 시간에 거품목욕을 하거나 명상을 하거나 자연 속을 산책하자. 주말 동안 자리를 비우거나 휴대폰을 꺼 놓은 채로 하루를 보내는 등 다시 당면한 상황으로 돌아올 준비가 될 때까지 촉발 요인이나 힘겨운 대화를 피하자.

생각해보기

· 당면한 문제에 VIBRANT 적용하기 ·

일상생활에서 자기돌봄 전략을 실천할 때 이 방법을 적용하면 유해한 사람들로부터 빠져나오는 과정이 훨씬 원활하고 수월해질 것이다.

- **시각화**를 연습하기 위해 당신이 생각하는 평화로운 광경을 머릿속에 그려보자. 압도당하는 느낌이 들면 두 눈을 감고 당신이 가본 곳 중에 가장 평화로운 장소를 떠올려보자.
- 남들에게 받았던 최고의 칭찬과 피드백을 떠올리며 **영감**을 찾아보자. 당신이 받은 최고의 조언은 무엇인가? 당신이 해준 최고의 조언은 무엇인가? 칭찬과 격려의 말을 매일 눈으로 볼 수 있게 붙여놓거나 휴대폰에 녹음하여 밤낮으로 들어보자. 마치 당신이 당신의 가장 친한 친구인 것처럼 스스로에게 칭찬과 격려의 말을 들려주자.
- 그 경험으로 얻을 수 있는 삶의 교훈을 파악하여 **큰 그림**을 그려보고 성장의 기회를 모색하자. 당신이 겪어온 고통을 불인정하지 않고 긍정적인 관점에서 리프레이밍할 방법을 적어보자.
- 감정을 **발산**하려면 몸을 움직이자. 고통스러운 감정과 해로운 스트레스를 해소하기 위해 당장 할 수 있는 신체 활동을 적어보자.
- 당신은 언제든지 **도움을 요청**할 수 있다. 지금 이 순간 당신에게는 어떤 위로와 조언이 필요한가?
- 오늘 방해받지 않고 집중해서 스스로의 **에너지를 충전**시킬 수 있는 활동 한두 가지를 골라보자. 방해가 되는 요소들은 어떻게 처리할 것인가?
- **휴식 시간**을 가지면서 온전히 당신 자신으로 머물 수 있는 공간이 있는가?

7장

나의 삶 되찾기

매우 예민한 사람들을 위한 치유법

유해한 사람과의 관계에서 생긴 트라우마를 극복하려면 현재의 자신을 중심에 두고 과거로부터 치유되기 위한 다양한 심신 기술을 활용해야 한다. 서문에서 밝혔듯이 나는 유해한 사람들을 손쉽게 상대할 수 있는 조심성 있고 침착한 사람이 되려고 아주 오랫동안 이런 기술을 연마해왔다. 수백 명의 독자들을 대상으로 치유법에 대해 설문조사를 실시하기도 했는데, 많은 독자들이 이번 장에서 다루는 방법을 이용해 유해한 사람들의 영향에서 벗어났다고 응답했다.

매우 예민한 사람들은 전통적인 치유법과 대안적인 치유법을 다양하게 활용함으로써 강렬한 감정을 관리하고 위기에 대처하며 우리의 삶을 여전히 힘들게 하는 트라우마를 극복할 수 있다. 이번 장에서는 여러 치유법을 소개하고, 그 효과와 장점부터 더 자세히 알아보려면 어떻게 해야 하는지까지 다룰 것이다. 늘 그렇듯이 어떤 치유법이 당신의 상황에 가장 적합한지 판단하려면 치료사와 상의하는 것이 좋다. 모두에게 효과적인 '만병통치약'이란 없다. 이 방법들 역시 하나의 제안일 뿐이다.

전통적인 치유법

인지행동치료

인지행동치료(CBT)는 우리의 부적응적인 감정, 행동, 생각을 고치도록 돕는 심리치료의 일종이다. 1960년대에 에런 벡이 개발했으며, 매우 예민한 사람들에게 고통을 주는 우울증, 불안 장애, 외상 후 스트레스 장애, 관계 문제 등에 효과적인 것으로 밝혀졌다. 인지행동치료에는 인지 왜곡 파악하기, 예상되는 갈등에 대비하는 역할극, 두려움 직면하기, 스트레스 받는 상황에서 신체 진정시키는 법 배우기, 어려운 상황에서 문제 해결 기술 및 대처 전략 활용하기 등이 있다(클라크와 벡 2011).

이 치료법을 통해 인지 왜곡과 해로운 자동적 사고뿐만 아니라 친밀감, 자존감, 안전감, 신뢰, 권력, 대인관계 트라우마로 인한 통제와 관련된 행동 패턴을 파악할 수 있다. 이런 생각과 믿음은 흔히 자기 방해 행동과 잘못된 죄책감, 수치심 같은 '조작된 감정'으로 이어져 외상 후 증상을 부추긴다. 내담자들은 치료사의 도움을 받아 인지 재구조화를 통해 부정확한 신념을 논박 및 수정하고, 자신과 타인, 세상에 대한 더 건강하고 균형잡힌 믿음에 따라 행동할 수 있게 된다.

인지행동치료의 요소를 활용하는 또다른 치료법으로는 인지처리치료(CPT)와 지속노출치료(PET)가 있다. 인지처리치료는 트라우마에 대한 부적응적인 신념과 회피 행동을 유발하는 '교착점'을 찾아 재구성하게 돕는 근거 기반 치료법이고, 지속노출치료는 외상 후 스트레스 장애가 있는 내담자들이 트라우마와 관련된 기억, 느낌, 상황에 서서히 둔감해지게 돕는 치료법이다.

인지행동치료에 대해 더 자세히 알고 싶다면 https://beckinstitute.org를 방문하자. 인지처리치료와 지속노출치료에 대한 자세한 내용은 https://cptforptsd.com과 https://www.apa.org/ptsd-guideline/treatments를 참조하자.

변증법적 행동치료

변증법적 행동치료(DBT)는 마샤 리네한이 격렬한 감정, 자해, 자살 충동에 시달리는 사람들을 돕기 위해 개발한 근거 기반 치료법이다. 인지행동치료에 동양의 마음 챙김 기법을 결합한 독특하고 포괄적인 치료법이라 할 수 있다. 6장에서 설명했듯이 변증법적 행동치료는 (1)마음 챙김 (2)감정 조절 (3)고통 감내 (4)대인관계 향상, 이 네 가지에 초점을 맞춘다(맥케이, 우드, 브랜틀리 2010). 전통적으로 경계선 성격장애 환자들을 치료하는 데 주로 사용되어왔다. 트라우마 치료사 아리엘 슈워츠의 지적처럼 복합 외상 후 스트레스 장애에 시달리는 많은 피해자들이 경계선 성격장애로 오진되기도 했지만 말이다(2017).

다행스럽게도 변증법적 행동치료에서 말하는 삶의 기술은 누구에게나 도움이 된다.

변증법적 행동치료는 내담자들이 스스로 감정을 조절하여 처리하고 효과적인 대인 관계 기술을 발전시키며 위기 순간에 현재에 머물도록 도와준다. 집단치료에서는 그동안 배운 기술을 연습하고 역할극을 통해 까다로운 사람들과 상호작용하기 위한 대처 및 소통 전략을 습득한다.

정신건강 관련 정보를 얻을 수 있는 사이트 '사이키 센트럴 Psych Central' 운영자이자 정신의학 박사인 존 M. 그로올은 말한다(2019). "변증법적 행동치료 이론에 따르면 그런 상황에서 일부 사람들은 평균적인 수준보다 훨씬 더 빠르게 각성되고 더 강한 정서적 자극을 받게 되어 평소의 각성 수준으로 돌아오는 데 상당한 시간이 걸린다."

매우 예민한 사람들도 각성 수준과 정서적 반응성이 높으므로 변증법적 행동치료가 도움이 된다. 주변 환경과 사회적 상황에 압도당하기 쉬운데, 변증법적 행동치료의 고통 감내와 감정 조절 기술을 잘 활용하면 갈등이 심한 상황에서도 침착성을 유지하고 효과적으로 경계를 지킬 수 있다. 만약 과거에 자해, 자살 사고, 상습적인 자살 시도, 압도적이고 극단적인 감정 등을 경험한 적이 있다면 상담사와 변증법적 행동치료를 받는 것에 대해 상의해볼 수 있다. 변증법적 행동치료를 도와줄 치료사를 찾으려면 https://behavioraltech.org/resources/find-a-therapist를 방문해보자.

안구운동 민감소실 및 재처리 요법

안구운동 민감소실 및 재처리 요법(EMDR)은 내담자에게 눈을 좌우로 움직이거나 양손을 두드리며 트라우마나 고통스러운 사건을 떠올리게 하는 치료법이다. 이 치료법은 1989년에 프랜신 셔피로가 개발했다. 그는 안구운동이 불안한 트라우마 기억의 강렬한 충격을 완화시켜준다는 것을 발견했다. 안구운동 민감소실 및 재처리 요법은 충격적인 트라우마(부정적인 아동기 경험이나 해로운 관계 등)가 기억 속에 역기능적으로 저장되어 부적응적인 사고, 행동, 감정 패턴으로 이어진다고 가정하는 적응적 정보 처리 이론에 기반을 둔다. 이런 트라우마 경험은 우리의 정상적인 정보 처리 메커니즘을 가로막아 자기치유와 회복을 저해한다.

안구운동이나 손 두드림 같은 자극이 양쪽에서 번갈아 제공되면 이런 정보 처리가 원활하게 이루어져, 내담자가 안전한 공간에서 트라우마를 적극적으로 재경험하는 동안 고통스러운 기억의 부정적인 영향력이 서서히 줄어든다. 또 안구운동 민감소실 및 재처리 요법은 복잡한 8단계 과정을 거치면서 트라우마에서 기인한 부정적인 자기 신념과 세상에 대한 불신('나는 사랑스럽지 않아' '세상은 안전하지 않아' 같은)을 파악하고 트라우마로 인해 긴장되는 신체 부위를 찾아낸다. 이런 부정적인 연상 대신 건강한 생각들을 통합하며 앞으로 나아가기 시작함으로써 트라우마가 내담자에게 이로운 방식으로 재처리된다. 무작위 임상 시험을 실시한 결과 안구운동 민감소실 및 재처리 요법은 트라우마 피해자들의 치료에 효과적인 것으로 밝혀졌다. 부정적인 아동기 경험이 있는 매우 예민한 사람들은 안구운동 민감소실 및 재처리 요법 치료사와 함께 아동기 트라우마를 재처리하여 그로 인한 부담, 격렬한 감정, 일상에 미치는 영향을 완화시킬 수 있다. 이에 대해 더 자세히 알아보거나 치료사를 찾고 싶다면 https://www.emdria.org를 방문하자.

감정자유기법

감정자유기법(EFT)은 1990년대에 게리 크레이그가 개발한 치료법으로, 침술과 마찬가지로 몸에 있는 경혈점을 자극하지만 실제 침을 꽂지는 않는다. 이런 경혈점은 '혈자리'로, 그 지점을 두드리면 고여 있던 에너지가 몸 전체로 퍼져나간다. 그럼으로써 해묵은 파괴적 감정과 신념이 있던 자리에 건강하고 긍정적인 신념이 들어선다.

감정자유기법에 긍정적인 말을 더하면 우리가 생각하고 느끼는 방법을 재구성하는 데 도움이 된다. 어떤 감정들은 신체의 특정 부위에 저장된다고 알려져 있는데, 감정자유기법은 에너지가 우리 몸안에 자유롭게 흘러 한곳에 고이지 않게 한다. 여기에 긍정적인 말까지 더하면 부정적인 감정의 보호 기제를 타당화하여 내담자들이 스스로 부정적인 감정을 떠나보낼 수 있게 된다. 감정자유기법에 대해 더 자세히 알고 싶다면 https://eft.mercola.com에서 확인하거나 크레이그가 쓴 『감정자유기법 매뉴얼』(2011)을 읽어보자.

최면요법

내담자들의 행동과 감정을 변화시키기 위해 최면술을 사용하는 방법이다. 매우 예민한 사람들은 지나치게 흥분된 신경계를 진정시키고, 다른 방법으로는 의식할 수 없는 파괴적인 신념 체계와 조건형성, 기억, 상처를 재처리하기 위해 최면요법을 사용한다. 최면이란 꿈결이나 무아지경 같은 의식 상태로, 최면 상태에 들어가면 외부의 암시에 걸리기 쉽기 때문에 잠재의식을 재구성하기도 더 수월해진다. 최면은 또 외상 후 스트레스 장애와 관련된 공포증, 중독, 만성 통증, 외상 기억을 치료하는 데도 도움이 된다. 공인 최면 치료사를 찾아보려면 '사이콜로지 투데이'를 이용하자(https://www.psychologytoday.com/us/therapists/hypnotherapy).

집단치료

정신건강 전문가가 이끄는 집단치료는 여러 사람들이 모여 저마다의 고통, 두려움, 트라우마를 이야기하면서 남들도 다 자신과 비슷하다는 것을 확인할 수 있어 안전하다. 이런 과정이 중요한 것은 연구를 통해 사회적 지지가 트라우마를 회복하는 데 가장 중요한 요소 중 하나로 밝혀졌기 때문이다(칼슨 등 2016). 현재 당신을 고통스럽게 하는 문제가 가정폭력이든 트라우마든 그 무엇이든 간에 그에 맞는 집단치료를 찾아볼 수 있을 것이다. 인지행동치료와 변증법적 행동치료 집단은 당신이 대인관계에 필요한 새로운 기술을 연습하고 다른 사람들과 건설적인 역할극에 참여할 수 있도록 도와줄 것이다. 당신은 스스로의 감정을 표현하고 유해한 관계에서는 결코 경험하지 못한 타당화와 지지를 얻음으로써 치유로 나아갈 수 있다. 또 치료의 효과를 지속시키고 자기돌봄을 유지해나가야 한다는 사회적 책임감도 생긴다. 집단치료를 찾아보려면 '사이콜로지 투데이'에서 검색해보자(https://psychologytoday.com/rms).

지지 모임

당신이 역기능적이고 학대적인 관계에 시달리며 타인과의 경계를 설정하는 데 어려움을 겪는다면, 당신을 타당화하고 응원하며 회복 과정에 도움을 줄 지지 모임들이 있다. 많은 생존자들이 거주지의 CoDACodependents Anonymous 모임, 나르시시즘적인 학대 생존자 모임에 가입하거나 중독 치료를 위한 12단계 프로그램(나르시시스트 파트너에게 중독되어 '해독'에 어려움을 겪고 있다면 유용하다)에 참여하여 도움을 받았다. '매우 예민한 사람'이나 '초민감자' 등으로 검색하여 당신처럼 매우 예민해서 고통받는 사람들의 모임을 찾아보자.

대안적인 치유법

요가

연구에 따르면, 요가는 외상 후 스트레스 장애를 겪는 사람들에게 강력하고 효과적인 보완적 치료법이다(김 등 2013; 로즈, 스피나촐라, 반데르 콜크 2016; 잘타 등 2018). 요가는 해리 증상을 완화하고, 정서적 조절 장애를 통제하며, 전신의 긴장을 이완하는 데 도움이 된다. 요가를 하면 몸이 이전과 다르게 재조정되어 외상적 충격에서 오는 마비에 대응할 수 있다. 또 마음 챙김의 자각이 높아져 자신의 몸에 대한 '안전감과 지배감'을 경험할 수 있고 트라우마를 재경험할 때 느껴지는 강렬한 생리적 반응을 생산적으로 해석할 수 있게 된다(반데르 콜크 2014). 특히 신체적·성적 학대를 겪은 생존자들에게 유용하며, 정서적 공포에서 회복중인 생존자들에게 강력한 치유 효과가 있다.

나는 개인적으로 하타 요가와 핫 빈야사 플로우 요가를 좋아한다. 초보자라면 초급반부터 수강한 다음에 고급반으로 넘어갈 것을 권한다. 만약 신체적 부상이 있다면, 재활 요가를 찾아보자.

명상

트라우마를 겪으면 뇌에 특수한 변화가 생겨 정서를 담당하는 뇌 부위들과 전두엽(집행 기능과 조직화, 계획, 사고 및 의사결정 능력을 제어하는 부위) 사이의 소통이 차단된다는 사실을 기억하자(반데르 콜크 2014). 또 해마가 축소되고 감정, 기억, 학습에 영향을 미치는 편도체가 과활성화될 수 있다(모리 등 2012). 그러나 다행스럽게도 명상을 하면 과거에 트라우마의 영향을 받은 뇌 부위들이 재연결된다. 신경과학자 세라 라자르가 하버드대학에서 행한 연구에서는 8주 동안 규칙적으로 명상 연습을 하면 말 그대로 뇌가 변화해 투쟁 또는 도피 반응을 제어하는 편도체가 축소되고 감정 조절과 기억 형성에 도움을 주는 해마가 두꺼워진다는 것이 밝혀졌다(라자르 등 2011). 명상은 우리 뇌의 청각을 비롯한 감각 부위를 활성화할 뿐만 아니라 나이와 상관없이 전두엽의 회백질 부위를 두껍게 만든다.

매일 40분씩 명상을 하면 당신이 스스로의 감정, 관계, 전반적인 행복감에 접근하는 방식이 달라진다. 명상은 비용이 안 들고 언제 어디서나 가능하다. 흔히 생각하는 바와 달리, 명상은 생각을 멈추는 것이 아니라 관찰하며 흘러가는 대로 내버려두는 것이다. 자신의 호흡에 집중하려는 의지와 조용히 성찰하며 앉아 있을 수 있는 공간만 있으면 가능하다.

당신이 사는 지역에 명상 센터가 있는지 검색해보자. 아래는 내가 팔로하는 팟캐스트와 유튜브 채널들인데, 일부는 명상 채널이고 일부는 나르시시즘적 학대의 치유법에 대해 주로 다루는 채널이다. 링크를 따로 적지 않은 채널들은 구글이나 유튜브에서 검색해보면 된다.

- 메리와 리처드 매덕스 부부의 명상 오아시스: 내가 가장 좋아하는 명상 채널이자 치유의 여정을 시작할 때부터 함께한 채널이다. 초보자에게도 전문가에게도 훌륭한 정보를 제공한다. https://www.meditationoasis.com을 방문해보자.
- 호주 명상협회: 무료 mp3 명상 파일을 다운로드할 수 있다. https://download.meditation.org.au에 접속해보자.
- 유튜브 채널:
  - –루시 라이징: 나르시시즘적 학대 생존자들을 위한 명상.
  - –옐로우 브릭 시네마: 명상하기 좋은 편안한 음악.
  - –조지프 클러프: 세계적인 연사이자 최면 치료사인 클러프가 제공하는 잠재의식을 긍정적인 상태로 재훈련하는 데

유용한 자기최면 명상과 긍정적인 말.

-마이클 실리: 인기 유튜버 실리가 소개하는 불안을 진정시키는 데 효과적인 수면 명상과 자기최면.

자연

잘 알다시피 유해한 사람들은 우리의 코르티솔(스트레스) 수치를 높인다. 다행히도 여기에 대응할 수 있는 방법이 있다. 자연의 치유력을 이용하면, 코르티솔 수치를 낮추고 스트레스를 해소하며 집중력을 향상시키고 기분을 고양시킬 수 있다는 사실이 과학적으로 입증되었다(베르만, 조니데스, 캐플런 2008; 메이어 등 2009). 따뜻한 계절에 흙 위를 맨발로 걸으면 전체적인 건강과 수면 상태를 개선하고 고통과 스트레스 수준을 낮출 수 있다. '어싱earthing'의 장점을 다루는 연구에서는 맨발로 걸으면 땅의 전자와 연결되기 때문이라고 설명한다. 정원 가꾸기를 통해서도 같은 효과를 얻을 수 있다. 정원 가꾸기는 우리가 내면에서 이루어지길 바라는 성장이 외부에서 나타나는 것을 볼 수 있는 매우 치유적인 마음 챙김 활동이다.

자연의 혜택을 즐기는 방법에는 매일 아침이나 오후에 산책하기, 아름다운 자연경관을 볼 수 있는 곳으로 여행하기, 강가 산책하기, 해변 거닐기, 야외 하이킹, 공원이나 숲에서 조깅하기, 야외에서 점심식사나 소풍하기 등이 있다. 날씨가 따뜻하지 않을 때는 대안적인 방법으로 자연을 '즐길' 수 있다. 캠핑 가서 모닥불을 피우거나 실내의 벽난로 근처에 앉아 있거나 창문 블라인드를 걷어 햇볕이 들어오게 하거나 눈이 내리는 모습을 보거나 빗소리를 듣는 것이다. 빗소리, 폭포 소리, 파도 소리가 어우러진 명상 음악을 들어보자.

마사지 요법

연구 결과 마사지 요법은 코르티솔 수치를 낮추고 세로토닌과 도파민 수치를 높여 우리의 기분을 고양시키고 우울, 불안, 과민성, 트라우마와 관련된 증상을 감소시키는 것으로 밝혀졌다(필드 등 2005; 콜린지, 칸, 솔티식 2012). 특히 우울증을 앓는 산모나 암환자, 편두통 환자 등 고통을 겪는 사람들에게 그 효과가 더욱 두드러진다. 이런 점을 고려하면, 마사지 요법은 잠재적으로 트라우마의 신체적 부작용을 치료하는 데 도움이 될 수 있다. 창의력을 발휘해보자! 뜨거운 돌이나 아로마테라피 오일을 이용한 마사지, 아니면 마사지 치료사가 치유 에너지를 불어넣어주는 기 치료 등에 도전해보자. 마사지를 받으면 전신의 긴장이 풀어질 뿐만 아니라 정신건강에도 많은 도움이 된다.

물론 전문가라 해도 낯선 사람의 손길이 편하게 느껴지지 않는 사람도 있을 것이다. 다양한 치유법을 시도해볼 때는 반드시 당신의 개인적인 편안함 수준과 촉발 요인을 고려하자. 어떤 사람에게는 효과적인 방법이 다른 사람에게는 적합하지 않을 수 있다.

일기 쓰기와 글쓰기

트라우마가 생기면 우리는 말 그대로 말을 잃는다. 우리 뇌에서 의사소통과 언어를 담당하는 부위인 브로카 영역이 비활성화되기 때문이다(반데르 콜크 2014). 많은 트라우마가 우리 뇌의 비언어적인 부위에 고착되어 '얼어붙는다'. 일기 쓰기는 좌뇌와 우뇌를 모두 사용해 우리가 경험하는 트라우마에 대해 보다 일관된 이야기를 만들면서 두 부위가 재소통하게 한다. 연구자들은 마음을 표현하는 글쓰기가 우리의 기분을 좋게 만들고 외상 후 성장으로 나아가게 돕는다는 것을 발견했다(스미스, 호케마이어, 툴럭 2008). 일기에 하루하루의 생각과 감정, 그날 한 일들에 대해 기록해보자. 혹시 치료사가 있다면 그에게 일기를 보여주자. 그러면 하루 동안의 촉발 요인과 사고 패턴, 행동을 파악하고 돌아볼 수 있을 것이다.

긍정적인 말

나는 석사과정에서 '회복탄력성 서사'를 이용하여 트라우마를 극복하고 직업적으로든 개인적으로든 성공을 이룬 따돌림 피해자들을 조사하고 면담한 적이 있다. 긍정적인 말로 기존의 부정적인 서사를 다시 쓰는 작업은 나르시시스트와 유해한 사람들을 만나 자존감이 떨어진 매우 예민한 사람들에게 무척 효과적이다. 사실 긍정적인 말은 이 책에서 소개하는 여러 가지 치유법을 활용할 때 모두 포함된다. 긍정적인 말을 사용하는 것은 자신과 미래, 주변 세상에 대한 사고방식을 재구성하여 잠재의식의 상처를 치유하는 데 중요한 요인이기 때문이다.

긍정적인 말이란 우리 자신과 주변 세상에 대해 긍정적인 메시지를 심어주어 우리의 평소 사고 패턴을 가로막는 말들을 뜻한다. 연구에 따르면 이는 우리가 스트레스를 받는 상황에서 문제해결력을 높여준다. 스스로에게 긍정적인 말을 들려주면 위협에 직면한 상황에서도 자신의 온전성을 보존하여 '심리적 면역 체계'가 스스로를 방어하는 데 도움이 된다(크레스웰 등 2013; 셔먼과 코언 2006).

낮은 자존감, 외상 후 스트레스 장애, 복합 외상 후 스트레스 장애 등으로 고통을 겪는 사람들이라면 촉발 요인을 예방하는 방향으로 긍정적인 말을 하는 것이 좋다. 만약 자기 회의가 심한 사람이라면, 본인이 추구하는 새로운 신념에 부드럽고 점진적으로 다가가기 위해 "나는 행복하다"보다 "나는 행복해지기로 선택했다" 같은 식으로 바꿔 말하는 편이 더 효과적이다.

운동

규칙적으로 운동하는 사람들은 불안과 우울에 시달릴 가능성이 낮다(카릭, 레이브스테인 2011). 우리는 유해한 사람들이 불러일으키는 짜증과 혼란에 생화학적으로 중독된 상태에서 벗어나 스트레스 수준을 낮추고 보상 체계를 충족시키는 보다 건강한 대안을 선택할 수 있다. 꾸준히 운동을 하면 몸에서 엔도르핀이 분비되어 유해한 사람들이나 나를 괴롭히는 또래들을 신경쓰기보다 러닝머신 위에서 땀 흘리는 '일'에 익숙해진다.

매우 예민한 사람들은 매주 또는 매일 운동을 하는 습관을 들이는 것이 좋다. 운동은 자연스럽게 기분을 고양시킬 뿐 아니라 외상 후 스트레스 장애 증상을 잠재적으로 개선하고 괴롭힘을 당하는 사람들의 자살 사고도 억제할 수 있다는 연구 결과가 있다(페츠너와 애스먼드슨 2014; 사이볼드 등 2015). 또 트라우마 생존자들에게 새로운 희망과 결단력, 긍정적인 자기상을 갖게 하고 삶의 질적 향상을 도와 전반적인 안녕감과 대처 전략을 개선하게 한다(캐딕과 스미스 2017).

운동은 또 격렬한 감정을 발산할 수 있는 건강한 배출구이기도 하다. 전문가들에 따르면, 트라우마는 정신뿐 아니라 몸에도 각인된다. 우리를 무감각하고 얼어붙게 만드는 마비와 싸우려면, 학대와 트라우마를 겪으며 느낀 슬픔과 분노 같은 강렬한 감정,

그리고 상처를 몸으로 배출하는 방법을 한 가지 이상 찾아보자.

나는 개인적으로 힘이 나는 음악이나 긍정적인 말을 들으면서 킥복싱, 요가, 댄스, 유산소운동, 달리기 등을 하는 것을 아주 좋아한다. 뭐든 좋으니 열정이 끓어오르고 마음이 끌리는 운동을 하자. 어딘가 불편하거나 몸이 지치는 운동을 억지로 하지는 말자. 매일 자연 속을 10분씩만 거닐어도 계속 앉아 있는 것보다는 훨씬 도움이 될 테니 가능한 선에서 최선을 다하고 무리하지 말자. 감정을 배출하기 위해 운동을 활용하는 것은 자기 파괴적이거나 부정적인 자기 대화가 아니라 자신을 돌보는 행위다.

웃음 치료

의학 연구자 리 버크에 따르면, 슬픔은 우리의 면역 체계를 약화시키는 코르티솔 같은 스트레스 호르몬을 유발하지만 웃음은 이런 호르몬 수치를 낮추고 도파민 같이 기분을 좋게 하는 신경화학 물질을 분비시킨다(1989). 웃음은 고통을 완화하고 전반적인 안녕감을 향상시키는 효과가 있어 건강에 좋다. 매우 예민한 사람이라면 웃음의 치유 효과를 잘 활용해보자. 예를 들어, 웃음 요가에서는 치유적인 효과를 얻기 위해 일부러 웃음소리를 낸다. 매일 웃는 시간을 따로 갖자. 넷플릭스에서 스탠드업 코미디를 보거나 웃긴 인스타그램 밈 계정을 훑어보거나 즉흥 연기 쇼에 참여하거나 재미있는 추억을 떠올리거나 웃긴 동영상이나 영화를 찾아보거나 흥미로운 책이나 이야기를 읽어보자. 사람마다 유머감각과 개인적인 선호도가 다르니 당신에게 재미있는 것을 찾자.

아로마테라피

아로마테라피는 다양한 향과 에센셜 오일을 사용하여 우리의 감정과 건강을 보살피는 대안적인 치유법이다. 취향에 따라 향기를 들이마시거나 희석된 오일을 피부에 직접 바를 수 있다. 마사지 요법 및 두개천골 요법 치료사인 수잰 보비나이저에 따르면, 우리의 후각은 감정과 기억이 저장되는 뇌 부위인 변연계와 연결되어 있다(2017). 향기는 이 변연계를 자극하여 우리를 편안하게 진정시키는 화학물질을 내보낸다. 따라서 아로마테라피는 나르시시즘적 학대를 당하며 고통을 겪은 피해자들의 핵심 감정인 불안감을 가라앉히는 데 효과적이다.

집에 에센셜 오일과 디퓨저를 구비해놓으면 언제든 쉽게 아로마테라피를 시도할 수 있다. 일부 요가 센터에서는 아로마테라피를 섞은 요가 수업을 진행하기도 한다. 마사지 숍에서도 아로마테라피를 받을 수 있다.

나는 향과 에센셜 오일 모두 추천한다. 아로마테라피와 관련된 제품을 몇 가지 추천하자면 다음과 같다(아마존 사이트에서 검색해보자).

- 아티젠 아로마테라피 톱14 에센셜 오일 세트
- 유어파워(URPOWER) 에센셜 오일 디퓨저
- 아로마테라피 인센스 스틱: 유기농·천연 에센셜 오일
- 발레리 앤드 워우드가 쓴 『에센셜 오일과 아로마테라피 북』

침술

공인 침술사 니콜라스 시븐은 「침술을 통한 정서적 트라우마 치유」(2013)라는 글에서 이렇게 말했다. "중국 의학에 따르면 트라우마는 우리 몸속에 있다. 트라우마는 우리의 피와 뼈에 잠복하며 다양한 신체적·정신적 증상을 유발한다. 이를 완전히 해결하려면 트라우마를 우리 몸밖으로 배출해야 한다. 신체적인 해독이 필요한 것이다."

침술은 다양한 신체적·정신적 질병을 치료하기 위해 특정 부위에 침을 놓는 고대 중국의 치료법이다. 우리 몸에는 기가 흐르는 '경락'이라는 보이지 않는 통로가 있는데, 12개의 정경맥과 8개의 기경맥으로 구성된다. 침술사는 환자를 괴롭히는 심신의 질병을 치료하기 위해 신체의 특정 부위에 침을 놓는다. 침술에 대해 더 자세히 알고 싶다면 https://nccih.nih.gov/health/acupuncture/introduction을 방문하자. 미국에 거주한다면 https://www.nccaom.org/find-a-practitioner-directory에서 직접 침술사를 찾아볼 수도 있다.

동물매개 치료

인간들은 우리의 매우 예민한 성격에 그다지 호의적이지 않더라도, 동물들은 우리에게 무조건적인 사랑과 인정을 베풀어준다. 동물매개 치료에 대한 연구와 실제 동물들이 아동 학대 생존자 및 참전 용사들에게 어떤 도움을 주는지를 체계적으로 검토한 결과, 트라우마 치료에 동물매개치료를 보완적으로 사용하면 우울증, 외상 후 스트레스 장애 증상, 불안을 줄이는 데 효과가 있는 것으로 나타났다(오헤어, 게린, 커컴 2015). 개, 말, 고양이, 토끼, 새, 어떤 동물이든 함께 잠깐이라도 반려동물 치료를 받아본 적이 있다면 이런 연구 결과가 그리 놀랍지 않을 것이다.

마거릿 오헤어와 동료들에 따르면, "동물의 존재는 우리의 경계를 침범할 위험이 없다는 점을 상기시켜 안심하게 하고 현재의 마음 챙김을 위한 안전 기지가 되어준다고 알려져 있다". 외상 후 스트레스 장애를 겪는 사람은 정서적으로 마비되어 있는 경우가 많은데, 동물들은 긍정적인 감정을 불러일으키고 '사회적 촉진자' 역할을 하여 외로움과 고립감을 줄여준다. 또 동물과 접촉하면 자연스럽게 옥시토신 수치가 올라가므로, 동물은 유해한 사람들과 상관없는 기분좋은 호르몬의 건강한 공급원이기도 하다.

음악 치료

음악을 들으면서 기분을 조절하고 깊은 감정을 느끼며 심박수와 혈압을 낮추고 스트레스를 줄여 불안 수준을 관리할 수 있다. 음악은 중독자의 회복을 돕고 조현병 환자의 사회적 기능을 향상시키며 암 치료의 부작용을 줄인다.

공인 치료사와 함께하는 음악 치료에 대한 자세한 내용은 https://www.musictherapy.org에서 찾아볼 수 있다. 음악이 자기돌봄의 수단이라는 점을 고려하면, 매우 예민한 사람들은 특정한 효과를 기대하면서 음악을 고를 것이다. 마음을 달래주는 잔잔한 음악은 흥분된 신경계를 진정시키는 데 도움이 된다. 매우 예민한 사람들에게 활력을 불어넣고 즉각 기운을 북돋우며 하루를 힘차게 살아갈 동력을 부여하는 '파워 송'도 있을 것이다. 들으면 자신감이 생기거나 차분해지거나 긴장이 풀리거나 활기가 생기는 음악의 목록을 작성해보자. 그리고 매일 음악을 듣는 습관을 들여 내 마음 상태에 집중하면서 다시 즐거움을 찾아보자.

스스로를 돌보는 방법

매우 예민한 사람으로서 평생 이 정도의 자기돌봄을 유지하려면 MEDICINE 방법을 활용하여 정서적 취약성을 줄여야 한다. MEDICINE은 압도적인 감정과 해로운 관계의 후폭풍 때문에 건강에 소홀하기 쉬운 매우 예민한 사람들에게 유용하다.

Medicinal support 의료 지원
Eating mindfully 신경써서 먹기
Drug avoidance 약물 피하기
Intellect 정신적 능력
Caretaking 보살핌
Idolize 숭배
Nurse injuries and triggers 상처와 촉발 요인 돌보기
Exercise 운동

의료 지원 트라우마의 후유증에 시달리는 사람들은 심각한 건강 문제와 질병을 자주 겪는다. 이는 생물학적 스트레스 반응이 장기적으로 활성화되었기 때문일 수 있다. 투쟁 또는 도피 반응이 나타날 때 시상하부-뇌하수체-부신 축(HPA 축)에서 면역 활동을 억제하는 스트레스 호르몬인 코르티솔을 과다 분비하기 때문이다(파셀라, 흐루스카, 델라한티 2013). 거북하거나 고통스럽게 느껴지는 질병이나 부상에 신경쓰자.

생각해보기

·의료 지원 목록·

현재 당신에게 적절한 관리나 치료가 필요한 모든 신체적·정신적 문제를 적어보자. 각 항목 아래에 그 문제로 어려움을 겪을 때 언제든지 연락할 수 있는 치료사, 지지 모임, 의사들의 연락처와 도움이 되는 약물을 적어보자. 또 문제를 악화시키는 요인과 더이상 나빠지지 않도록 막을 방법도 작성해보자. 이렇게 하면 문제가 심각해지기 전에 미리 예방할 수 있다.

신경써서 먹기 최적의 몸 상태를 유지하는 데 필요한 영양소가 결핍되면 유해한 사람들 때문에 상처 입은 정신을 회복할 수 없다. 전반적인 안녕감을 유지하는 데 도움이 되는 건강하고 영양가 있는 음식을 섭취하자. 영양사와 상의하여 당신과 당신 몸에 잘 맞는 건강한 식단을 짜보는 것도 좋다. 예를 들면, 매일 녹즙을 마시거나 야채와 과일 섭취량을 늘리고 유제품과 카페인을 과하게 섭취하지 않는 것, 수분을 유지하기 위해 물을 많이 마시는 방법 등이 있다.

생각해보기

· 건강한 식습관 ·

현재 지키고 있는 건강한 식습관이 있다면 무엇인가? 개선하고 싶은 점은 무엇인가? 당신의 하루 일과에 추가할 수 있는 새롭고 건강한 식습관에는 어떤 것이 있는가? 예를 들면, 디저트에 설탕 대신 생카카오 가루와 스테비아를 넣거나, 콜리플라워, 건강한 지방, 다양한 채소 위주의 저탄수화물 식단을 하거나, 붉은색 육류 대신 닭고기 같은 고단백질 식단으로 바꾸거나, 매일 아침 마시는 커피에 크림 대신 아몬드 우유를 넣어 마시는 방법 등이 있다.

약물 피하기 우리는 유해한 사람들을 상대할 때 일시적인 도피책으로 약물이나 술, 과도한 카페인과 설탕을 섭취하여 스스로를 '마비시킬' 위험이 있다. 처방전이 없는 한 기분에 영향을 주는 약물은 피하자. 알코올과 카페인을 과다 섭취하면 압도적인 정서 상태에서 회복하는 데 지장이 생기고 더 많은 문제를 야기한다.

생각해보기

· 과자극성 약물 ·

혹시 치료받고 싶을 만큼 남용하는 약물이 있는가? 기분을 좋게 만들려고 카페인이나 술을 얼마나 자주 마시는가? 카페인이나 알코올의 지나친 섭취를 줄일 수 있는 대안은 무엇인가?(예: 허브차, 운동, 저알코올 음료, 플레이버 워터 등)

정신적 능력 당신의 정신도 돌봐야 한다. 무슨 음식을 섭취하는지 못지않게 정신적으로도 무엇을 섭취하고 있는지 따져보는 일이 중요하다. 당신의 정신은 매일 어떤 생각과 신념을 받아들이고 있는가? 만약 부정적인 자기 대화가 너무 많다면, 상담사와 상의하여 일기를 써보는 것도 자기 대화의 패턴을 돌아보고 바꾸는 데 도움이 될 수 있다.

현재 당신의 정신을 어떤 활동들에 내주고 있는가? 트라우마를 자극하는 책을 읽거나 무서운 영화를 보거나 학대적인 전 파트너의 SNS를 훔쳐보거나 과거 유해한 친구들이 보낸 문자메시지를 곱씹고 있는가? 하루 일과 중 그런 활동에 쓰는 시간을 제한하거나 없애자. 모든 SNS에서 과거 파트너를 차단하고, TV를 볼 때는 코미디나 가벼운 영화를 추가하여 균형을 맞추고, 문제 상황보다는 해결책에 집중하는 책을 읽자. 또 마음이 진정되는 오디오 명상이나 귀여운 동물 영상같이 기분전환되는 콘텐츠를 보자.

하루종일 무언가에 집중하는 데 어려움을 겪는다면 당신의 정신을 어지럽히는 부정적인 사고 패턴과 수면 패턴을 추적해보자. 우리 뇌가 하루종일 정보를 처리하고도 원활하게 기능하려면 충분한 휴식을 취하고 규칙적인 수면 패턴을 지키는 습관을 들여야 한다.

생각해보기

· 정신건강 돌보기 ·

당신은 어떤 미디어 플랫폼을 사용하는가? 그 플랫폼은 건강한가? 당신은 매일 몇 시간이나 자는가? 얼마나 자주 축 처져 있다고 느끼는가? 당신의 수면 환경을 좀더 편안하고 이완되는 장소로 개선할 방법이 있는가? 잠들기 전에 잔잔한 음악을 듣고, 침실 벽지나 가구를 좀더 부드러운 톤으로 바꾸고, 눈의 피로를 줄이기 위해 밝은 조명 대신 캔들을 켜고, 메모리폼 베개를 쓰는 방법을 고려해보자.

보살핌 당신에게 필요한 모든 것이 마련되어 있는지 확인하며 하루종일 스스로를 보살피는 일도 중요하다. 이것은 특히 유해한 사람들과 결별하고 후유증에 시달릴 때 꼭 필요하다. 그들을 돌봐주는 사람이거나 친구였던 당신이 이제 당신 자신을 돌보는 사람이면서 스스로에게 친구가 되어가는 과정이다. 자신을 돌보는 사람이라는 마음으로 스스로를 대하고, 필요하다면 나를 사랑하는 사람들의 도움도 받자.

생각해보기

· 욕구 보살피기 ·

당신 자신을 돌보는 사람으로서 자기 자비로 스스로를 대하며 "지금 당장 나한테 필요한 것은 무엇인가? 지금 뭘 좀 먹어야 할까? 자야 할까? 샤워를 할까? 친구에게 연락할까?" 물어보자. 그런 다음 그 대답에 따라 행동하자.

숭배 우리 같은 매우 예민한 사람들은 타인을 숭배하면서 같은 영광을 자신에게 돌리는 일은 자주 잊는다. 우리는 유해한 사람들을 우리 삶의 신처럼 떠받들면서 정작 자신의 신성은 도외시한다. 스스로에게 격려와 칭찬, 다정한 관심을 아낌없이 쏟아부어 자신의 영혼을 살찌우자. 자신을 존경하고 자기 안의 신성을 숭배하자.

그러려면 루이즈 헤이가 추천하는 미러 워크가 좋은 방법 중 하나다(2016). 매일 아침 거울에 비친 자신의 눈을 바라보며 스스로를 칭찬하자. "나는 너를 사랑해. 나는 네가 정말 좋아. 너는 소중해. 너는 훌륭해. 너는 가치 있는 사람이야"라고 말해보자. 신이나 우주의 힘을 믿는다면, "신은 나를 사랑해. 나는 신의 자식이야. 우주가 항상 나를 보살펴주니까 다 잘될 거야" 같은 긍정적인 말을 해줄 수도 있다. 긍정적인 말이면 뭐든 다 좋다. 당신의 욕구와 영적인 믿음에 따라 알맞은 말을 건네면 된다. 스스로에게 기분좋고 긍정적인 말을 들려주면서 당신의 영혼이 육신보다 아름답다는 사실을 마음에 새기자. 매일 이렇게 하는 습관을 들인다면, 긍정적인 자기 대화가 당신의 자존감에 불러일으키는 놀라운 변화를 경험할 수 있을 것이다.

· 미러 워크 ·

거울을 보자. 스스로를 격려하기 위해 어떤 긍정적인 말을 들려주고 싶은가? 자신의 어떤 부분을 사랑하고 긍정하는가? 스스로 인식한 결함에 대해 인정과 자기 자비를 베풀 수 있는가?

상처와 촉발 요인 돌보기 이미 난 상처를 돌보아 치유하고, 악화시키지 않도록 노력하자. 몸에 난 상처만 이야기하는 것이 아니다. 당신의 삶에 존재하는 잠재적인 촉발 요인을 사전에 전부 파악하여 상황이 악화될 가능성을 적극적으로 예방하자. 예를 들어, 페이스북에 모욕적인 글을 올리는 사람과는 친구 관계를 끊고 학교에 갈 때 전 애인이 사는 골목 쪽으로는 가지 말자. 정서적 고통이 심할 때는 치료사와 추가 상담을 잡자. 또 특별히 스트레스가 심한 하루가 예상되거나 아침을 기분좋게 시작하고 싶다면, 출근길에 평소처럼 대중교통을 이용하기보다 평화로운 택시를 이용하자. 이런 '충격 완화' 조치를 취하면 기존의 촉발 요인들이 새로운 상처를 내지 않아 이미 난 상처를 치유할 시간을 벌어준다.

생각해보기

· 촉발 요인 관리 ·

촉발 요인 열 가지를 써보고, 그 영향을 피하거나 줄일 방법을 적어 보자.

운동 매일 신선한 공기를 마시며 충분한 운동을 하면 엔도르핀이 분비되어 기분이 좋아지고 심한 압박을 받는 상황에서도 정서적인 균형을 유지할 수 있다. 운동은 유해한 사람들을 상대하는 당신에게 이상적인 스트레스 해소제다. 매일 운동하는 습관을 들이면 당신을 괴롭히거나 착취하는 사람들에 맞서 스스로를 지켜야 할 때 자신감을 가질 수 있다.

생각해보기

· 엔도르핀 수치 높이기 ·

일주일에 몇 번이나 운동을 하는가? 하루에 얼마만큼 운동을 하는가? 매일 최소 30분만이라도 간편하게 할 수 있는 운동이 있는가?(예: 동네 산책하기, 자전거 타기, 안무 영상에 맞춰 춤추기) 야외운동과 실내운동의 균형을 맞추려면 어떻게 해야 할까?

당신처럼 매우 예민한 사람들을 위한 다양한 치유법이 있고, 실제로 당신과 비슷한 사람들이 이 책에서 소개한 치유법들을 효과적으로 사용해왔다. 목표는 당신에게 가장 효과적인 방법과 당신만의 고유한 욕구를 찾는 것이다. 전통적인 치유법과 대안적인 치유법들을 다양하게 시험해보자. 당신에게 촉발 요인이 될 만한 치유법이라면, 시도하기 전에 먼저 치료사와 상의할 것을 권한다. 자기돌봄은 매우 예민한 사람들이 더 자율적으로 변화하고 유해한 사람의 영향에서 치유되는 데 필수적인 부분임을 기억해야 한다.

갈등을 해결할 무기를 갖추고 자기돌봄에 신경쓰며 유해한 사람들을 효과적으로 대할 수 있다면 매우 예민한 사람들은 자신감 넘치는 슈퍼히어로가 될 수 있다. 이제 우리가 매우 예민한 성격 때문에 자연스럽게 정서적 학대자들의 표적이 된다는 사실을 이해했을 것이다. 우리는 나르시시스트와 유해한 사람들의 조종 수법을 파악했고 그들과의 중독적인 관계에 대해서도 점검했다. 앞으로는 미리 경계 태세를 갖출 수 있다.

이 책이 유해한 사람들의 사고방식과 행동에 대해 알려줄 뿐만 아니라 당신으로 하여금 스스로의 매우 예민한 기질에 감사하고 자신감을 느끼게 했기를 바란다. 더불어 그들을 효과적으로 다루는 데 필요한 조언과 자원까지 충분히 제공했다면 더 바랄 게 없겠다. 기억하자. 세상에는 당신과 같은 매우 예민한 사람들이 꼭 필요하다. 자신의 슈퍼 파워를 대의와 더 높은 선을 위해 기꺼이 사용할 수 있는 사람들 말이다. 그러나 당신이 먼저 스스로를 구하고 존중하는 법을 터득하기 전까지는 아무도 구할 수 없다.

감사의 말

2014년 처음 이 주제로 글을 쓰기 시작한 이래 믿기 힘들 만큼 많은 지지를 보내준 아름다운 독자분들과, 나에게 이야기를 나누어준 용기 있는 생존자분들에게 감사드립니다. 미국에서 꿈을 이룰 수 있도록 도와주려고 쉼없이 일한 나의 성실하신 부모님 레하나와 모하메드에게도 특별한 감사를 전합니다. 작가가 되고 싶다는 제 꿈을 항상 응원해준 자매 타니아에게도 감사합니다. 오랜 세월 동안 제 글에 도움을 주고 학문을 발전시켜주신 훌륭한 교수님들과 멘토분들, 로라 폴란, 존 아처, 에린 팔라스, 홀리 파커, 모린 매클레인, 호프 라이히터, 세라 클라이먼, 제임스 유레먼, 엘즈워스 퍼쉬, 엘리자베스 말루프, 루이즈 라송, 로널드 코벳, 카렌 아돌프에게 감사드립니다. 제가 전문분야에서 더 발전할 수 있도록 지지해준 제임스 지카, 테리 파월, 안젤라 가르시아에게도 고맙습니다.

이 책을 먼저 읽고 값진 추천사를 써준 안드레아 슈나이더에게도 무한한 감사를 보냅니다. 아낌없이 지원해준 동료들에게도 감사합니다. 잭슨 매켄지, 피트 워커, 아테나 스타이크 박사, 존 그로올 박사, 애니 카시나 박사, 모니카 화이트, 크리스틴 수난타 워커, 리사 A. 로마노, 킴 사이드, 멜라니 반, 크리스 고디네즈, 그리고 그 외에도 진실을 이야기하는 많은 분들께 감사합니다. 제 목소리와 글을 수백만 명과 나눌 수 있게 해준 플랫폼 '소트 카탈로그Thought Catalog'와 제가 말하고자 하는 바를 널리 알려준 '사이키 센트럴'에도 감사드립니다.

마지막으로 이 책이 세상에 나올 수 있게 해준 유능한 뉴 하빈저 팀과 편집자분들께 감사드립니다. 이런 멋진 기회를 준 분이자 항상 친절을 잃지 않는 제스 오브라이언, 독자들에게 제 목소리가 보다 효과적으로 가닿을 수 있도록 애써준 제니퍼 홀더, 멋진 솜씨로 이 책을 아름답게 다듬어준 신디 닉슨, 그 외에도 이 안내서를 만드는 데 기여한 모든 분들께 진심으로 감사를 전합니다.

참고문헌

Acevedo, B. P., E. N. Aron, A. Aron, M. Sangster, N. Collins, and L. L. Brown. 2014. "The Highly Sensitive Brain: An fMRI Study of Sensory Processing Sensitivity and Response to Others' Emotions." *Brain and Behavior* 4(4): 580–594.

APA(American Psychiatric Association). 2013. *Diagnostic and Statistical Manual of Mental Disorders*. 5th ed. Arlington, VA: American Psychiatric Publishing.

Archer, D. 2017. "The Danger of Manipulative Love-Bombing in a Relationship." *Psychology Today*, March 6. Accessed January 26, 2019. https://www.psychologytoday.com/us/blog/reading-between-the-headlines/201703/the-danger-manipulative-love-bombing-in-relationship.

Aron, A., E. Melinat, E. N. Aron, R. D. Vallone, and R. J. Bator. 1997. "The Experimental Generation of Interpersonal Closeness: A Procedure and Some Preliminary Findings." *Personality and Social Psychology Bulletin* 23(4): 363–377.

Aron, E. 2016. *The Highly Sensitive Person: How to Thrive When the World Overwhelms You*. New York: Harmony Books.

Bartels A., and S. Zeki. 2000. "The Neural Basis of Romantic Love." *NeuroReport* 11(17): 3829–3834.

Baumeister, R. F., E. Bratslavsky, C. Finkenauer, and K. D. Vohs. 2001. "Bad Is Stronger Than Good." *Review of General Psychology* 5(4): 323-370.

Baumgartner, T., M. Heinrichs, A. Vonlanthen, U. Fischbacher, and E. Fehr. 2008. "Oxytocin Shapes the Neural Circuitry of Trust and Trust Adaptation in Humans." *Neuron* 58(4): 639-650.

Begg, I. M., A. Anas, and S. Farinacci. 1992. "Dissociation of Processes in Belief: Source Recollection, Statement Familiarity, and the Illusion of Truth." *Journal of Experimental Psychology*: General 121(4): 446-458.

Bergland, C. 2013. "Cortisol: Why the 'Stress Hormone' Is Public Enemy No. 1." *Psychology Today*, January 22. https://www.psychologytoday.com/blog/the-athletes-way/201301/cortisol-why-the-stress-hormone-is-public-enemy-no-1.

Berk, L. S., S. A. Tan, W. F. Fry, B. K. Napier, J. W. Lee, R. W. Hubbard, J. E. Lewis, and W. C. Eby. 1989. "Neuroendocrine and Stress Hormone Changes During Mirthful Laughter." *The American Journal of the Medical Sciences*, 298(6): 390-396.

Berman, M. G., J. Jonides, and S. Kaplan. 2008. "The Cognitive Benefits of Interacting with Nature." *Psychological Science* 19: 1207-1212.

Bonchay, B. 2017. "Narcissistic Abuse Affects Over 158 Million People in the U.S." PyschCentral.com, May 24. Accessed October 12, 2018. https://psychcentral.com/lib/narcissistic-abuse-affects-over-158-million-people-in-the-u-s.

Bovenizer, S. 2017. "The Limbic System." Accessed July 1, 2019. https://suebovenizer.com/the-limbic-system.

Bowen, S., N. Chawla, S. E. Collins, K. Witkiewitz, S. Hsu, J. Grow, S. Clifasefi et al. 2009. "Mindfulness-Based Relapse Prevention for Substance Use Disorders: A Pilot Efficacy Trial." *Substance Abuse* 30(4): 295–305.

Brach, T. 2020. *Radical Compassion: Learning to Love Yourself and Your World with the Practice of RAIN.* London: Rider Books.

Bradshaw, J. 1990. *Homecoming: Reclaiming and Championing Your Inner Child.* London: Piatkus.

Brummelman, E., S. Thomaes, S. A. Nelemans, B. O. Castro, G. Overbeek, and B. J. Bushman. 2015. "Origins of Narcissism in Children." *Proceedings of the National Academy of Sciences* 112(12): 3659–3662.

Buttafuoco, M. J., and J. McCarron, J. 2009. *Getting It Through My Thick Skull: Why I Stayed, What I Learned, and What Millions of People Involved with Sociopaths Need to Know.* Deerfield Beach, FL: Health Communications.

Caddick, N., and B. Smith. 2017. "Combat Surfers: A Narrative Study of Veterans, Surfing, and War Trauma." *Movimento* 23(1): 35.

Carek, P. J., S. E. Laibstain, and S. M. Carek. 2011. "Exercise for the Treatment of Depression and Anxiety." *International Journal of Psychiatry in Medicine* 41(1): 15–28.

Carlson B., P. A. Palmieri, N. P. Field, C. J, Dalenberg, K. S. Macia, K.

S., and D. A. Spain. 2016. "Contributions of Risk and Protective Factors to Prediction of Psychological Symptoms After Traumatic Experiences." *Comprehensive Psychiatry*, 69: 106–115.

Carnell, S. 2012. "Bad Boys, Bad Brains." *Psychology Today*, May 14. https://www.psychologytoday.com/blog/bad-appetite/201205/bad-boys-bad-brains.

Carnes, P. P. 2015. *Betrayal Bond: Breaking Free of Exploitive Relationships*. Deerfield Beach, FL: Health Communications.

Carter, S. B. 2012. "Emotions Are Contagious—Choose Your Company Wisely." *Psychology Today*, October 20. Accessed October 12, 2018. https://www.psychologytoday.com/us/blog/high-octane-women/201210/emotions-are-contagious-choose-your-company-wisely.

Carver, J. 2014. "Stockholm Syndrome: The Psychological Mystery of Loving an Abuser." CounsellingResource.com, December 20. Accessed February 28, 2019. https://counsellingresource.com/therapy/self-help/stockholm/2/.

Cascio, C. N., M. B. O'Donnell, F. J. Tinney, M. D. Lieberman, S. E. Taylor, V. J. Strecher, and E. B. Falk. 2015. "Self-Affirmation Activates Brain Systems Associated with Self-Related Processing and Reward and Is Reinforced by Future Orientation." *Social Cognitive and Affective Neuroscience* 11(4): 621–629.

Clark, A., and A. T. Beck. 2011. *Cognitive Therapy of Anxiety Disorders: Science and Practice*. New York: Guilford Press.

Collinge, W., J. Kahn, and R. Soltysik. 2012. "Promoting Reintegration of National Guard Veterans and Their Partners Using a Self-Directed Program of Integrative Therapies: A Pilot Study." *Military Medicine* 177(12): 1477–1485.

Craig, A. D. 2009. "How Do You Feel—Now? The Anterior Insula and Human Awareness." *Nature Reviews Neuroscience* 10(1): 59–70.

Craig, G. 2011. *The EFT Manual.* Santa Rosa, CA: Energy Psychology Press.

Creswell, J. D., J. M. Dutcher, W. M. Klein, P. R. Harris, and J. M. Levine. 2013. "Self-Affirmation Improves Problem-Solving Under Stress." *PLoS ONE* 8(5).

De Becker, G. 2010. *The Gift of Fear: Survival Signals That Protect Us from Violence.* London: Bloomsbury.

Drexler, S. M., C. J. Merz, T. C. Hamacher-Dang, M. Tegenthoff, and O. T. Wolf. 2015. "Effects of Cortisol on Reconsolidation of Reactivated Fear Memories." *Neuropsychopharmacology* 40(13): 3036–3043.

Durvasula, R. 2018. "Narcissist, Psychopath, or Sociopath: How to Spot the Differences." Medcircle.com, August 8. Accessed October 9, 2018. https://www.youtube.com/watch?v=6dv8zJiggBs.

Dutton, D. G., and A. P. Aron. 1974. "Some Evidence for Heightened Sexual Attraction Under Conditions of High Anxiety." *Journal of Personality and Social Psychology* 30(4): 510–517.

Elliott, S. 2009. *Getting Past Your Breakup: How to Turn a Devastating*

Loss into the Best Thing That Ever Happened to You. Cambridge, MA: Da Capo Lifelong.

Felitti, V. J., R. F. Anda, D. Nordenberg, D. F. Williamson, A. M. Spitz, V. Edwards, M. P. Koss, and J. S. Marks. 1998. "Relationship of Childhood Abuse and Household Dysfunction to Many of the Leading Causes of Death in Adults." *American Journal of Preventive Medicine* 14(4): 245–258.

Ferster, C. B., and B. F. Skinner. 1957. *Schedules of Reinforcement*. New York: Appleton-Century-Crofts.

Fetzner, M. G., and G. J. Asmundson. 2014. "Aerobic Exercise Reduces Symptoms of Posttraumatic Stress Disorder: A Randomized Controlled Trial." *Cognitive Behaviour Therapy* 44(4): 301–313.

Field, T., M. Hernandez-Reif, M. Diego, S. Schanberg, and C. Kuhn. 2005. "Cortisol Decreases and Serotonin and Dopamine Increase Following Massage Therapy." *International Journal of Neuroscience* 115(10): 1397–1413.

Fisher, H. E. 2016. "Love Is Like Cocaine." *Nautilus*, February 4. http://nautil.us/issue/33/attraction/love-is-like-cocaine.

Fowler, J. S., N. D. Volkow, C. A. Kassed, and L. Chang. 2007. "Imaging the Addicted Human Brain." *Science & Practice Perspectives* 3(2): 4–16.

Geraci, L., and S. Rajaram. 2016. "The Illusory Truth Effect: The Distinctiveness Effect in Explicit and Implicit Memory." *Distinctiveness and Memory*, 210–234.

Glenn, A. L., and A. Raine. 2014. *Psychopathy: An introduction to biological findings and their implications.* New York: New York University Press.

Gottman, J. M. 1994. *Why Marriages Succeed or Fail: And How You Can Make Your Marriage Last.* New York: Simon & Schuster.

Goulston, M. 2012. "Rage.Coming Soon from a Narcissist Near You." *Psychology Today,* February 9. Accessed February 11, 2019. https://www.psychologytoday.com/us/blog/just-listen/201202/rage-coming-soon-narcissist-near-you.

Greene, R. 2004. *The Art of Seduction.* Eastbourne, UK: Gardners Books.

Grohol, J. 2019. "An Overview of Dialectical Behavior Therapy." PsychCentral.com, June 19. Accessed February 9, 2020. https://psychcentral.com/lib/an-overview-of-dialectical-behavior-therapy.

Gudjonsson, G. H., and J. F. Sigurdsson. 2003. "The Relationship of Compliance with Coping Strategies and Self-Esteem." *European Journal of Psychological Assessment* 19(2): 117-123.

Handlin, L., M. Petersson, and K. Uvnäs-Moberg. 2015. "Self-Soothing Behaviors with Particular Reference to Oxytocin Release Induced by Non-noxious Sensory Stimulation." *Frontiers in Psychology* 5: 1529.

Hasher, L., D. Goldstein, and T. Toppino. 1977. "Frequency and the Conference of Referential Validity." *Journal of Verbal Learning and Verbal Behavior* 16(1): 107-112.

Hatfield, E., J. T. Cacioppo, and R. L. Rapson. 2003. *Emotional Contagion.* Cambridge, UK: Cambridge University Press.

Hay, L. L. 2016. *Mirror Work: 21 Days to Heal Your Life*. Carlsbad, CA: Hay House.

Herdieckerhoff, E. 2016. "The Gentle Power of Highly Sensitive People." Speech presented at TEDxIHEParis, Paris, November. https://www.youtube.com/watch?v=pi4JOlMSWjo.

Impett, E. A., A. Kogan, T. English, O. John, C. Oveis, A. M. Gordon, and D. Keltner. 2012. "Suppression Sours Sacrifice." *Personality and Social Psychology Bulletin* 38(6): 707–720.

Jagiellowicz, J., X. Xu, A. Aron, E. Aron, G. Cao, T. Feng, and X. Weng. 2011. "The Trait of Sensory Processing Sensitivity and Neural Responses to Changes in Visual Scenes." *Social Cognitive and Affective Neuroscience* 6(1): 38–47.

Jiang, H., M. P. White, M. D. Greicius, L. C. Waelde, and D. Spiegel. 2017. "Brain Activity and Functional Connectivity Associated with Hypnosis." *Cerebral Cortex* 27(8): 4083–4093.

Kaiser, P., D. Kohen, M. Brown, R. Kajander, and A. Barnes. 2018. "Integrating Pediatric Hypnosis with Complementary Modalities: Clinical Perspectives on Personalized Treatment." *Children* 5(8): 108.

Kernberg, O. F. 1984. *Severe Personality Disorders: Psychotherapeutic Strategies*. New Haven, CT: Yale University Press.

Kim, H., S. M. Schneider, L. Kravitz, C. Mermier, and M. R. Burge. 2013. "Mind-Body Practices for Posttraumatic Stress Disorder." *Journal of Investigative Medicine* 61(5): 827–834.

Kimonis, E. R., P.J. Frick, E. Cauffman, A. Goldweber, and J. Skeem. 2012. "Primary and Secondary Variants of Juvenile Psychopathy Differ in Emotional Processing." *Development and Psychopathology*, 24(3): 1091–1103.

Klein, S. 2013. "Adrenaline, Cortisol, Norepinephrine: The Three Major Stress Hormones, Explained." HuffPost.com, April 19. http://www.huffingtonpost.com/2013/04/19/adrenaline-cortisol-stress-hormones_n_3112800.html.

Korb, A. 2011. "Boosting Your Serotonin Activity." *Psychology Today*, November 17. Accessed July 1, 2019. https://www.psychologytoday.com/us/blog/prefrontal-nudity/201111/boosting-your-serotonin-activity.

Kuster, M., S. Backes, V. Brandstätter, F. W. Nussbeck, T. N. Bradbury, D. Sutter-Stickel, and G. Bodenmann. 2017. "Approach-Avoidance Goals and Relationship Problems, Communication of Stress, and Dyadic Coping in Couples." *Motivation and Emotion* 41(5): 576–590.

Lange, J., D.L. Paulhus, and J. Crusius. 2017. "Elucidating the Dark Side of Envy: Distinctive links of benign and malicious envy with dark personalities." *Personality and Social Psychology Bulletin*, 44(4): 601–614.

Lazar, S. W., J. Carmody, M. Vangel, C. Congleton, S. M. Yerramsetti, T. Gard, and B. K. Hölzel. 2011. "Mindfulness Practice Leads to Increases in Regional Brain Gray Matter Density." *Psychiatry Research: Neuroimaging* 191(1): 36–43.

Linehan, M. M. 2014. *DBT Skills Training Manual*. New York: Guilford

Press.

MacDonald, M., and S. Sherry. 2016. "N.S. Research Lays Out How to Recognize Narcissistic Perfectionists." CTV News, April 22. Accessed February 9, 2020. https://www.ctvnews.ca/lifestyle/n-s-research-lays-out-how-to-recognize-narcissistic-perfectionists-1.2870230.

Marazziti, D., H. S. Akiskal, A. Rossi, and G. B. Cassano. 1999. "Alteration of the Platelet Serotonin Transporter in Romantic Love." *Psychological Medicine* 29(3): 741-745.

Marsh, J., and V. Ramachandran. 2012. "Do Mirror Neurons Give Us Empathy?" *Greater Good*, March 29. Accessed October 12, 2018. https://greatergood.berkeley.edu/article/item/do_mirror_neurons_give_empathy.

Martinez-Lewi, L. 2018. "Are You Married to a Jekyll Hyde Covert Narcissist?" December 5. Accessed June 23, 2019. http://thenarcissistinyourlife.com/are-you-married-to-a-jekyll-hyde-covert-narcissist.

Mayer, F. S., C. M. P. Frantz, E. Bruehlman-Senecal, and K. Doliver. 2009. "Why Is Nature Beneficial? The Role of Connectedness in Nature." *Environment and Behavior* 41: 607-643.

McKay, M., J. C. Wood, and J. Brantley. 2010. The Dialectical Behavior *Therapy Skills Workbook: Practical DBT Exercises for Learning Mindfulness, Interpersonal Effectiveness, Emotion Regulation & Distress Tolerance.* Oakland, CA: New Harbinger Publications.

Mikkelsen, K., L. Stojanovska, and V. Apostolopoulos. 2016. "The Effects of Vitamin B in Depression." *Current Medicinal Chemistry* 23(38): 4317–4337.

Mogilski, J. K., and L. L. Welling. 2017. "Staying Friends with an Ex: Sex and Dark Personality Traits Predict Motivations for Post-Relationship Friendship." *Personality and Individual Differences* 115: 114–119.

Morey, A., A. L. Gold, K. S. Labar, S. K. Beall, V. M. Brown, C. C. Haswell, J. D. Nasser et al. 2012. "Amygdala Volume Changes in Posttraumatic Stress Disorder in a Large Case-Controlled Veterans Group." *Archives of General Psychiatry* 69(11): 1169.

Motzkin, J. C., J. P. Newman, K. A. Kiehl, and M. Koenigs. 2011. "Reduced Prefrontal Connectivity in Psychopathy." *Journal of Neuroscience* 31(48): 17348–17357.

National Domestic Violence Hotline. 2018. "Why We Don't Recommend Couples Counseling for Abusive Relationships." February 18. Accessed October 9, 2018. https://www.thehotline.org/2014/08/01/why-we-dont-recommend-couples-counseling-for-abusive-relationships.

Navarro, J. 2017. *Dangerous Personalities: An FBI Profiler Shows How to Identify and Protect Yourself from Harmful People.* Emmaus, PA: Rodale.

Neff, K. 2011. "The Chemicals of Care: How Self-Compassion Manifests in Our Bodies." HuffPost.com, August 27. Accessed February 8, 2020. https://www.huffpost.com/entry/self-compassion_b_884665.

Newberg, A. B., and M. R. Waldman. 2013. *Words Can Change Your Brain: 12 Conversation Strategies to Build Trust, Resolve Conflict, and*

Increase Intimacy. New York: Plume.

Odendaal, J., and R. Meintjes. 2003. "Neurophysiological Correlates of Affiliative Behaviour Between Humans and Dogs." *Veterinary Journal* 165(3): 296–301.

O'Haire, M. E., N. A. Guin, and A. C. Kirkham. 2015. "Animal-Assisted Intervention for Trauma: A Systematic Literature Review." *Frontiers in Psychology* 6:2.

Olds, J., and P. Milner. 1954. "Positive Reinforcement Produced by Electrical Stimulation of Septal Area and Other Regions of Rat Brain." *Journal of Comparative and Physiological Psychology* 47(6): 419–427.

Orloff, J. 2018. *The Empath's Survival Guide: Life Strategies for Sensitive People*. Boulder, CO: Sounds True.

Pacella L., B. Hruska, and D.L. Delahanty. 2013. "The Physical Health Consequences of PTSD and PTSD Symptoms: A meta-analytic review. *Journal of Anxiety Disorders*, 27(1): 33–46.

Palgi, S., E. Klein, and S. G. Shamay-Tsoory. 2016. "Oxytocin Improves Compassion Toward Women Among Patients with PTSD." *Psychoneuroendocrinology* 64: 143–149.

Pipe, J. 2014. "Stonewalling vs. Empathy." May 1. Accessed February 28, 2019. http://tapestryassociates.com/stonewalling-vs-empathy.

Reis, H. T., S. M. Smith, C. L. Carmichael, P. A. Caprariello, F. Tsai, A. Rodrigues, and M. R. Maniaci. 2010. "Are You Happy for Me? How Sharing Positive Events with Others Provides Personal and Interpersonal

Benefits." *Journal of Personality and Social Psychology* 99(2): 311–329.

Rhodes, A., J. Spinazzola, and B. van der Kolk. 2016. "Yoga for Adult Women with Chronic PTSD: A Long-Term Follow-Up Study." *Journal of Alternative and Complementary Medicine* 22(3): 189–196.

Rockliff, H., P. Gilbert, K. McEwan, S. Lightman, and D. Glover. 2008. "A Pilot Exploration of Heart Rate Variability and Salivary Cortisol Responses to Compassion-Focused Imagery." *Clinical Neuropsychiatry* 5(3): 132–139.

Sarkis, S. 2017. "Are Gaslighters Aware of What They Do?" *Psychology Today*, January 30. Accessed February 16, 2020. https://www.psychologytoday.com/us/blog/here-there-and-everywhere/201701/are-gaslighters-aware-what-they-do.

Schrodt, P., P. L. Witt, and J. R. Shimkowski. 2013. "A Meta-Analytical Review of the Demand/Withdraw Pattern of Interaction and Its Associations with Individual, Relational, and Communicative Outcomes." *Communication Monographs* 81(1): 28–58.

Schulze, L., I. Dziobek, A. Vater, H. R. Heekeren, M. Bajbouj, B. Renneberg, B. Heuser, and S. Roepke. 2013. "Gray Matter Abnormalities in Patients with Narcissistic Personality Disorder." *Journal of Psychiatric Research* 47(10): 1363–1369.

Schwartz, A. 2017. *The Complex PTSD Workbook: A Mind-Body Approach to Regaining Emotional Control and Becoming Whole*. Berkeley, CA: Althea Press.

Sherman, D. K., and G. L. Cohen. 2006. "The Psychology of Self-Defense: Self-Affirmation Theory." *Advances in Experimental Social Psychology* 38: 183-242.

Sibold, J., E. Edwards, D. Murray-Close, and J. J. Hudziak. 2015. "Physical Activity, Sadness, and Suicidality in Bullied US Adolescents." *Journal of the American Academy of Child & Adolescent Psychiatry* 54(10): 808-815.

Sieben, N. 2013. "Stories of Healing Emotional Trauma in My Acupuncture Clinic." NicholasSieben.com, January 30. Accessed February 7, 2020. https://nicholassieben.com/stories-of-healing-emotional-trauma-in-my-acupuncture-clinic.

Simon, G. 2018. "Personalities Prone to Narcissistic Manipulation." January 13. Accessed October 12, 2018. https://www.drgeorgesimon.com/personalities-prone-to-narcissistic-manipulation.

Smyth, J. M., J. R. Hockemeyer, and H. Tulloch. 2008. "Expressive Writing and Post-Traumatic Stress Disorder: Effects on Trauma Symptoms, Mood States, and Cortisol Reactivity." *British Journal of Health Psychology* 13(1): 85-93.

Stein, T. 2016. "Narcissist or Sociopath? Similarities, Differences and Signs." *Psychology Today*, August 11. Accessed October 14, 2018. https://www.psychologytoday.com/us/blog/the-integrationist/201608/narcissist-or-sociopath-similarities-differences-and-signs.

Stern, R. 2007. *The Gaslight Effect: How to Spot and Survive the Hidden Manipulations Other People Use to Control Your Life*. New York: Morgan

Road Books.

Stout, M. 2005. *The Sociopath Next Door: The Ruthless Versus the Rest of Us.* New York: Broadway Books.

Suomi, S. J. 2011. "Risk, Resilience, and Gene-Environment Interplay in Primates." *Journal of the Canadian Academy of Child and Adolescent Psychiatry* 20(4): 289-297.

Tatar, J. R., E. Cauffman, E.R. Kimonis, and J. L. Skeem. 2012. "Victimization History and Posttraumatic Stress: An analysis of psychopathy variants in male juvenile offenders." *Journal of Child & Adolescent Trauma*, 5(2): 102-113

Tourjée, D. 2016. "Narcissists and Psychopaths Love to Stay Friends with Their Exes." Vice.com, May 10. Accessed August 10, 2018. https://broadly.vice.com/en_us/article/ezjy3m/narcissists-and-psychopaths-love-to-stay-friends-with-their-exes.

Walker, P. 2013. *Complex PTSD: From Surviving to Thriving.* Lafayette, CA: Azure Coyote.

Walster, E. 1965. "The Effect of Self-Esteem on Romantic Liking." *Journal of Experimental Social Psychology* 1(2): 184-197.

Wang, D. V., and J. Z. Tsien. 2011. "Convergent Processing of Both Positive and Negative Motivational Signals by the VTA Dopamine Neuronal Populations." *PLoS ONE* 6(2).

Warshaw, C., E. Lyon, P. J. Bland, H. Phillips, and M. Hooper. 2014. "Mental Health and Substance Use Coercion Surveys: Report from the

National Center on Domestic Violence, Trauma & Mental Health and the National Domestic Violence Hotline."

Watson, R. 2013. "Oxytocin: The Love and Trust Hormone Can Be Deceptive." *Psychology Today*, October 14. https://www.psychologytoday.com/blog/love-and-gratitude/201310/oxytocin-the-love-and-trust-hormone-can-be-deceptive.

Westbrook, C., J. D. Creswell, G. Tabibnia, E. Julson, H. Kober, and H. A. Tindle. 2011. "Mindful Attention Reduces Neural and Self-Reported Cue-Induced Craving in Smokers." *Social Cognitive and Affective Neuroscience* 8(1): 73-84.

Williams, K. D., and S. A. Nida. 2011. "Ostracism." *Current Directions in Psychological Science* 20(2): 71-75.

Van der Kolk, B. 2014. *The Body Keeps the Score: Brain, Mind, and Body in the Healing of Trauma*. New York: Viking.

Zalta, A. K., P. Held, D. L. Smith, B. J. Klassen, A. M. Lofgreen, P. S. Normand, M. B. Brennan et al. 2018. "Evaluating Patterns and Predictors of Symptom Change During a Three-Week Intensive Outpatient Treatment for Veterans with PTSD." *BMC Psychiatry* 18(1): 242.

Zwolinski, R. 2014. "The Silent Treatment and What You Can Do to Stop It Cold." PsychCentral.com, November 18. Accessed February 28, 2019. https://blogs.psychcentral.com/therapy-soup/2014/11/the-silenttreatment-and-what-you-can-do-to-stop-it-cold.

유해한 관계로부터
나를 지키는 법

초판 인쇄 2022년 10월 19일
초판 발행 2022년 11월 2일

지은이 샤히다 아라비 | **옮긴이** 이시은
기획 박영신 | **책임편집** 김수현 | **편집** 임혜원 신기철 이희연
디자인 김유진 이현정 | **저작권** 박지영 형소진 이영은 김하림
마케팅 정민호 이숙재 박치우 한민아 이민경 안남영 왕지경 김수현 정경주
브랜딩 함유지 함근아 김희숙 고보미 박민재 박진희 정승민
제작 강신은 김동욱 임현식 | **제작처** 영신사

펴낸곳 (주)문학동네 | **펴낸이** 김소영
출판등록 1993년 10월 22일 제2003-000045호
주소 10881 경기도 파주시 회동길 210
전자우편 editor@munhak.com | **대표전화** 031) 955-8888 | **팩스** 031) 955-8855
문의전화 031) 955-2689(마케팅) 031) 955-8868(편집)
문학동네카페 http://cafe.naver.com/mhdn
인스타그램 @munhakdongne | **트위터** @munhakdongne
북클럽문학동네 http://bookclubmunhak.com

ISBN 978-89-546-8926-7 03180

• 잘못된 책은 구입하신 서점에서 교환해드립니다.
기타 교환 문의: 031) 955-2661, 3580

www.munhak.com